中國學術思想 研究輯刊

十一編

林慶彰 主編

第31冊

程端禮與《讀書分年日程》

黃漢昌 著

羅近溪學述

黃漢昌 著

花木蘭文化出版社

國家圖書館出版品預行編目資料

程端禮與《讀書分年日程》 黃漢昌 著／羅近溪學述 黃漢昌
著 — 初版 — 新北市：花木蘭文化出版社，2011〔民 100〕
目 4+122 面 ＋ 序 2+ 目 2+102 面；19×26 公分
（中國學術思想研究輯刊 十一編：第 31 冊）
ISBN：978-986-254-477-8（精裝）
1.（元）程端禮　2.（明）羅近溪　3. 學術思想　4. 教育哲學
030.8　　　　　　　　　　　　　　　　　　100000808

ISBN-978-986-254-477-8

9 789862 544778

中國學術思想研究輯刊
十一編　第三一冊　　　　　　　ISBN：978-986-254-477-8

程端禮與《讀書分年日程》
羅近溪學述

作　　者　黃漢昌／黃漢昌
主　　編　林慶彰
總 編 輯　杜潔祥
出　　版　花木蘭文化出版社
發 行 所　花木蘭文化出版社
發 行 人　高小娟
聯絡地址　新北市永和區中正路五九五號七樓之三
　　　　　電話：02-2923-1455 ／傳眞：02-2923-1452
網　　址　http://www.huamulan.tw 信箱 sut81518@ms59.hinet.net
印　　刷　普羅文化出版廣告事業
封面設計　劉開工作室
初　　版　2011 年 3 月
定　　價　十一編 40 冊（精裝）新台幣 62,000 元

程端禮與《讀書分年日程》

黃漢昌　著

作者簡介

黃漢昌，台灣省屏東縣人。政治大學中國文學研究所碩士，台灣師範大學教育研究所博士。曾赴美國 PSU 及 UCLA 進修，目前任教於新竹交通大學及清華大學，講授文學導讀、書學與書道、儒家與道家哲學、人生哲學、中文教材教法、教育哲學等科目，著有羅近溪學述、葛琳（Maxine Greene）存在現象學及其在覺醒教育之應用、我國大學通識教育的轉型及其可能途徑、在服務的行動中覺醒、習慣領域之研究——一個教育的觀點等專書及論文，與賈馥茗先生等合譯康德教育學（Vorlesungen über Pädagogik）。

提　　要

　　本論文探究元代儒學教育家程端禮的理學思想及其教學實踐，以了解元代儒學教育的實踐概況，並從當代教學設計的觀點，闡述程氏《讀書分年日程》的意義與價值。作者首先依程端禮的文章、墓誌及地方誌等文獻資料，考證其生平與著作，指出《四庫提要》、《元史》等書的謬誤，其次依端禮《畏齋集》、《讀書分年日程》等相關文章，整理出程端禮的理學思想，指出其與朱熹「性即理」的承繼脈絡，再其次則依《讀書分年日程》，闡述程端禮的教育目標與教學方法（含閱讀、作文、寫字等），最後則對程端禮讀書法的價值與其意義加以評論。全書共七章，各章要點如下：

　　第一章考證家世、生平與著作，指出黃溍所作墓誌的錯誤，辨明《元史》以他為衢州路儒學教授的誤載，並指明《畏齋集》中明顯誤入的文章，庶研究不致遭錯誤資料誤導。

　　第二章討論端禮的理學思想，從心性、修養與其人生哲學等方面著手，以辨明端禮似陸而實朱的理學內涵。

　　第三章論端禮的教育思想，以當代「系統教學設計」為架構，分別就教育目標、指導原則、教學設計、教學方法等方面加以闡明，並特別指出其所設計的「日程空眼簿」實有管理與指導的功效。

　　第四章論端禮的閱讀教學，主要以經書句讀及文章批點為討論重點，以說明元代閱讀教學的一般實況及其特色。

　　第五章論端禮的作文教學，以見出理學家教導作文的特殊立場、取則標準與教學步驟。並附論其文學思想，兼評《四庫全書》論端禮《畏齋集》之謬誤。

　　第六章論端禮的書法教學，可見出理學家對「藝」與「道」的基本看法，並從其教材教法中，了解元代寫字教學的概況。

　　第七章論端禮《讀書分年日程》對後代學校教育的影響，先引前賢對程氏日程的評論，以了解前人對《日程》的評價及該書對元代、明代社學乃至清代教育的影響，同時分析此影響的形成原因，然後就後人對日程的質疑作出解釋，最後總結前文，作結論。

目
次

程端禮與《讀書分年日程》

黃 漢 昌

研究動機

　　當代學者對程端禮的研究，早期有陳東原《中國教育史》（民國 25 年），該書第二十章「宋元之實際教育」有關「理學家之教育法」一節中說：「實際教學方法，其足爲宋元理學家之代表主張者，當推程端禮之《讀書分年日程》。」是頗有識見的斷語。唯自此以後，便少人再加以深入研究，大陸學者方面，熊明安有《中國教學思想史》（1989），其中敘程端禮部分，大體本於陳東原，並無新說。程方平《遼金元教育史》（1993）略有論及程端禮（見該書第三章第二節），然極簡略，又誤以端禮爲朱熹再傳弟子。侯外廬等主編的《宋明理學史》第十八章評介程端禮的教育理論，然說端禮「以讀書做官爲號召」，與事實頗有差距，又將程端禮與程端蒙、董銖合爲一章，置於「南宋理學」，而非「元代理學」，恐是疏於考證。以今看來，似以毛禮銳等所撰《中國教育史》（民國 78 年），歐陽周著《中國元代教育史》（1994），李國鈞主編《中國書院史》（1994）對端禮的評介較爲中肯，然以上各書，或爲教育之通史與斷代史，或爲專論書院，對於程端禮尚欠深入研究，資料亦限於《讀書分年日程》。至於台灣學者方面，由於研究者多注意於元代較有名的理學家，對於程端禮似不甚重視。

　　就理學思想看來，程端禮是比不上許衡、吳澄、鄭玉等理學家，然在佛學教育史上，程端禮的影響實超乎其他大家，在元代，國子監即將《讀書分年日程》頒示各郡縣學校，清人胡文楷說「明初諸儒讀書，大抵奉爲準繩」（見

《讀書分年日程》跋），乾隆皇帝更明確規定全國各地書院要「仿分年讀書之法予之課程，使貫通乎經史」（《清會典事例》卷 395），是程端禮《讀書分年日程》一書影響元、明、清三代學校教育甚鉅，這樣的儒學教育家，值得做更深入的研究。

研究方法與步驟

本文採文獻研究法，以程端禮《讀書分年日程》與《畏齋集》為主要研究資料，並以《元史》、《宋元學案》、地方文獻志及其他相關著作為參考資料，首先考證端禮家世、生平與著作，其次論敘端禮的理學思想與教育思想，再其次則敘端禮的教學實踐，分閱讀、作文、書法等項目，最後討論端禮對後世的影響，並作結論。

第一章　程端禮家世、生平與著作

　　程端禮，生於元世祖至元八年（1271），卒於元順帝至正五年（1345）是元代著名的儒者，畢生致力於儒學教育工作，著有《讀書分年日程》，對後世影響極大，唯史傳對其家世並無交代，有關生平行事亦不清楚，甚至互有牴牾，爰先作考證如下。

第一節　家世與生平考證

一、家　世

　　元史雖有程端禮、程端學二兄弟的列傳，然於二人家世未有記載，今依黃溍所寫的〈程端禮墓誌銘〉，可得其略：

> 先生諱端禮，字敬叔，姓程氏。其先遠有世序，而譜牒莫詳，所可見者，漢有海西令曾，唐有太子左衛率府冑曹參軍某，其自鄱陽徙家於鄞，則由冑曹之大父珍始，故今為慶元之鄞縣人。歷五代至宋，仕者恆弗絕，曾祖振父，承務郎平江府百萬倉司門，祖在孫，通直郎知平江府常熟縣事，父立，鄉貢進士，入皇朝贈從仕郎郊祀署承，母王氏、徐氏，並封宜人，先生徐氏出也。〔註1〕

　　據上引資料，可知程端禮祖籍在鄱陽（今江西波陽縣），最遲在唐代便已移居鄞縣（今浙江寧波）。端禮的祖先在漢、唐、五代、宋均有人仕為官吏。唯明人程敏政編《新安文獻志》亦載黃溍所撰之端禮墓誌銘，其下有按語，似是對黃溍墓誌的指正：

〔註1〕　見黃溍《文獻集》卷九。

按：忠壯十二世孫纂，纂四世孫煜，煜生承恭，承恭生公曾，公曾
生珍，珍六世孫良弼生振父，振父生在孫，在孫生立，立之子即畏
齋兄弟也。作誌者見公曾之名，誤以漢海西令曾歸之，上下懸絕，
舛之甚矣。〔註2〕

有關世系傳承，除非是端禮的家人或近親，其他人恐無法指出墓誌的錯
誤，以上的按語疑為端禮近親所加。如依按語所說，則漢海西令乃黃潛誤置，
其世系自良弼以下應為：

（珍六世孫）良弼——振父——在孫——立——┌ 端禮
　　　　　　　　　　　　　　　　　　　　└ 端學

二、生　平

有關程端禮的生平，《元史·儒林傳》的記載是這樣的：

慶元有程端禮、端學兄弟者。端禮字敬叔，幼穎悟純篤，十五歲，
能記誦六經，曉晰大義。慶元自宋季，皆尊尚陸九淵氏之學，而朱
熹氏學不行於慶元，端禮獨從史蒙卿游，以傳朱氏明體達用之指，
學者及門甚眾，所著有讀書工程，國子監以頒示郡邑校官，為學者
式。仕為衢州路儒學教授。卒年七十五。端學字時叔，通春秋。

《元史類編》的記錄大體從同。《宋元學案》對端禮的經歷有較詳細的記
載：

程端禮字敬叔，鄞縣人，學者稱為畏齋先生，初用舉者為建平、建
德兩縣教諭，歷稼軒、江東兩書院山長，累考授鉛山州學教諭，以
台州教授致仕。先生受學於史靜清，色壯而氣夷，善誘學者，使之
日改月化，其弟端學，剛明，動有師法，學者咸嚴憚之，人以比河
南兩程氏云。〔註3〕

上列資料大體於端禮的學術性格與師承淵源有相似的記載，唯在「經歷」
方面則頗有不同：《元史》說他「仕為衢州路儒學教授」，《元史類編》與《四
庫提要》從同，《宋元學案》則無教授衢州的記載。考諸端禮墓誌銘，其有關
經歷的記載如下：

〔註2〕見程敏政編《新安文獻志》卷七十一。
〔註3〕見黃宗羲《宋元學集》卷八十七〈靜清學案〉。

> 初用舉者爲廣德之建平、池之建德兩縣儒學教諭，歷信之稼軒、建
> 康之江東兩書院山長，用累考及格，上名中書，授鉛山州儒學教授，
> 秩滿，遂以將仕佐郎台州路儒學教授致仕。

如果端禮曾仕爲「衢州路儒學教授」，墓誌銘不合漏列，《宋元學案》所載與墓誌銘相符，元史誤載爲衢州路儒學教授，《元史類編》及《四庫提要》蓋沿史傳而誤。

依上列資料，程端禮一生從事教學工作，初以舉薦任廣德建平縣學教諭，再任池州路建德縣學教諭，隨後轉往信州路任稼軒書院山長，再任建康江東書院山長，後來授爲鉛山州儒學教授，終以將仕佐郎台州路儒學教授致仕。茲將上述六個地點，以輿圖考之如下：

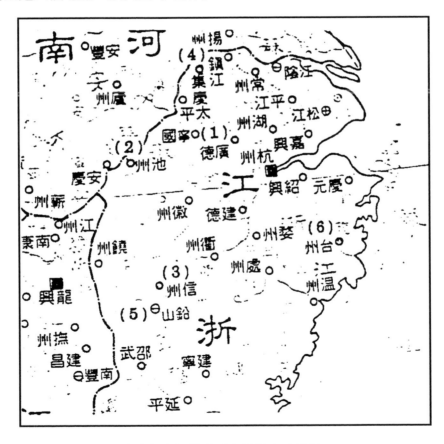

（依程光裕等編《中國歷史地圖》）

以上各個職稱，墓誌銘均未注明其任職年歲，今依墓誌銘及程端禮《畏齋集》有關資料，詳爲考證如下：

（一）出　生

元世祖至元八年（1271 年）

程端禮墓誌銘：

> 先生……復張目端坐而逝，至正五年夏六月甲子也，享年七十有五。

按：「至正」爲元順帝年號，以順帝至正五年（1345 年）推之，端禮當生於元世祖至元八年（1271 年）。

（二）任廣德建平縣學教諭：

約在元成宗大德四年～武宗至大元年（1300 年～1308 年）端禮約三十至三十八歲。

端禮《畏齋集》卷三〈東巖王公集後序〉云：

> 大德四年春，公宰廣德之建平，余幸得備員邑庠。

按：「大德」爲元成宗年號，大德四年爲西元 1300 年，當時既已「備員邑庠」，則端禮任建平縣學教諭至遲在大德四年，時年三十歲。其離開建平，轉任建德縣諭，當在武宗至大年間。此期間的重要事跡是：

> 其在建平，興舉廢墜，諸生之貧者必周給之。縣尹王君起宗，日率僚友聽其論説，且築室赤巖上，命其子楚龔受學焉。楚龔後出入臺閣，卒爲時之名人。繼王君爲其縣者，復倡好事之家，爲買書萬卷，覆以傑閣，永康胡先生長孺記之。（見〈墓誌銘〉，下同）

（三）任池州建德縣學教諭

約當武宗至大元年～仁宗延祐三年（1308 年～1316 年）端禮約三十八至四十六歲。

《畏齋集》卷四〈送王季方序〉云：

> 余至大問教建德，始識戚君子實於池。

按：「至大」爲武宗年號，「至大」計四年，當西元 1308 至 1311 年，則端禮任職建德，當不早於至大元年。

又《畏齋集》卷四〈送馮彥思序〉云：

> 皇慶間教池之建德學，諸生洪允文、汪務能輩從學者四十餘人。

按：「皇慶」爲元仁宗年號，皇慶元年當西元 1312 年，時程端禮四十二歲。

又據程端禮《讀書分年日程》自序，其末尾記書寫年月是「延祐二年八

月，鄞程端禮書於池之建德學」，延祐為元仁宗年號，延祐二年當西元 1315 年，時端禮四十五歲。

另《畏齋集》卷四〈送教授鄭君景尹赴浮梁任序〉亦云：「余延祐間嘗教池之建德學」。

端禮於至大、皇慶、延祐間教建德應無疑義，唯延祐計有七年（1314 年～1320 年），端禮究竟於何時離開建德，唯一可能的線索是〈送馮彥思序〉：

> ……改元延祐，而設科取士之制行……將代，余首遵科制，參朱子讀書法，以其先後本末節目，分之以年，程之以日，悉著於編，以為學校教法，藏於六經閣，彥思曰：勉敢不確守。……余自延祐三年別彥思……。

端禮是考滿「將代」，才與馮彥思作別，時為延祐三年，則端禮離開建德，轉任信州稼軒書院山長，應也在延祐三年（1316 年），重要事跡是：

> 其在建德，增學舍以居其徒，盡復民所占田。其始至也，有田三百畝，比受代而去，有田一千畝。

（四）任信州路稼軒書院山長

約在仁宗延祐三年～泰定帝泰定元年（1316 年～1324 年）端禮約四十六至五十四歲。

依墓誌所載，端禮任建德縣學教諭後，「歷信之稼軒、建康之江東兩書院山長」，唯《畏齋集》無直接資料涉及稼軒書院，據墓誌推之，約當延祐三年至泰定元年之間。

> 稼軒前賢遺蹟，多為人所據，悉按其籍，奪而歸之。

（五）任建康江東書院山長

約在泰定帝泰定元年～順帝至元三年（1324 年～1337 年）端禮五十四至六十七歲。

《畏齋集》卷三〈送鉛山州判官吳大任代歸序〉云：「余泰定間得交大任於金陵」

按：金陵即今南京市，屬建康路，天曆二年（1329 年）改稱集慶路，故端禮有時亦稱「集慶仁東書院」。「泰定」為元泰定帝年號，計有四年（1324～1327 年），端禮任職江東書院，應不能早於泰定元年（1324 年）。

另一可參考的旁證在泰定三年（1326 年）。據《畏齋集》卷三〈送宋主簿

詩卷序〉云：

> 泰定三年十一月二十五日，吉安宋元禮主江寧簿，得代且行，大夫
> 士出錢，爲歌詩頌公之美，謂余曰：江寧號難治……

按：江寧在今南京市東南，則至遲在泰定三年，端禮已在江東書院任職，
應可確定。其去職則在至元三年。

> 江東新界院額，有司奉臺府之命，選辟先生，以闡教事，學者翕然知
> 所宗仰。文宗在潛邸，遣近侍子弟來學，賜以金幣牢醴，禮遇甚至。

（六）任鉛山州儒學教授

順帝至元三年～至元六年（1337年～1340年）端禮六十七至七十歲。

> 《畏齋集》卷三〈送薛學正歸永嘉序〉云：「余至元間教鉛學」同上
> 書卷四〈送浙東帥掾朱子中考滿序〉又云：「余至元五年教鉛山」又
> 同書卷三〈送鉛山州判官吳大任代歸序〉更明確指稱「至元三年八
> 月，余來教授州，後大任四月」。

按：「至元」指後至元，爲元順帝年號，至元三年當西元1337年，時端
禮六十七歲。端禮於至元三年八月任鉛山州儒學教授，以元制三年一考
滿來估算，到至元六年「秩滿」，端禮已七十歲，古人七十致仕，端禮
應不例外。則墓誌銘稱其「秩滿，遂以將仕佐郎台州路儒學教授致仕」，
其實路學教授只是贈銜。端禮在鉛山的重要事跡如下：

> 於鉛山，則新其廟學。豪家築屋，侵入宮牆，久莫能正，先生白於
> 部，吏者命毀其室，乃懼而請以腴田二十畝易之。

> 鵝湖書院之旁有道觀，先生偶至其處，有驢跑觀前隙地，驅去復來，
> 默卜之曰：「地下果有物，驢當復至。」，已而驢果來，跑益力，乃
> 訪觀主，求發之，得石碣十餘，刻群賢像，因爲作群賢堂。

> 先是，平章政事趙涼公及王御史理嘗舉先生可教國子，趙御史承禧
> 舉先生可提舉儒學，俱不報。

（七）致　仕

順帝至元六年（1340年），端禮七十歲。

> 先生歸後，郡守王侯元恭踵門，禮請先生爲學者師，帥闔及旁郡講
> 行鄉飲酒禮，皆俟先生討論而後定，郡故有宋承相史越王所置義廩，
> 以助仕族儒流婚喪之不給，自先生爲之督視，貧者始實受其惠。

先生素所厚一二達官魁士，相繼凋謝，先生若有所不樂。一日，挈
舟游東湖，諸生載酒追及之，飲於中流，酒半酣，指所卜葬地，曰：
「若豈知我之歸於斯不久也耶？學問之道，具在聖經賢傳，吾嘗述
之矣，真知實踐，則存乎其人，尚懋之哉！」諸生為之黯然，各奉
觴為壽而歸。自是多以病不出。

（八）逝 世

元順帝至正五年（1345 年），端禮七十五歲。

久之，病如劇，客有將上京師者，過而言別，相與論宋季事，娓娓
不倦。既正冠送客，顏色忽變，痰氣作，醫者以丹劑進，先生卻之
曰：「不敢服也。」，目已瞑而頭微偏，門人樂良進曰：「先生頭容
稍偏矣。」，復張目端坐而逝，至正五年夏六月甲子也，享年七十
有五。

程端禮生平事跡大抵如上。以下考證其著作。

第二節　著作考證

史傳述程端禮的著作，只稱「所著有讀書工程」，不及其他。墓誌銘則稱
「先生所著有進學規程若干卷，國子監以頒於郡縣學，使以為學法」，又稱「有
畏齋文集若干卷，藏於家」。

上文所謂「讀書工程」或「進學規程」，均指《讀書分年日程》而言，台
灣商務印書館四庫叢刊廣編則稱為《程氏家塾讀書分年日程》，凡三卷。程端
禮另有詩文集，墓誌銘稱為《畏齋文集》，即《四庫全書》所謂《畏齋集》，
今詳為考訂如下：

一、《讀書分年日程》

依《讀書分年日程》端禮自序及書末跋語，《讀書分年日程》最初似稱《讀
書工程》，故今四庫叢刊廣編本版心猶有「工程」二字，後改稱《讀書分年日
程》。由於屢經刪修，故版本甚多，而元統三年（1335 年）刊本則為最後定本，
程端禮的跋語自稱：

余守此（指《讀書分年日程》）與友朋共讀，歲歲刪修，遂與崇德吳
氏義塾，台州路學，平江甫里書院陸氏，池州建德縣學友朋馮彥思

所刊，及集慶江東書院友朋，安西高郵六合江浙友朋所鈔，及定安
劉謙父所刊舊本不同，此則最後刊于家塾本也。覽者儻矜其愚，補
其所未及，實深望焉。元統三年十一月朔，程端禮書于甬東之思勉
齋。〔註4〕

是元統三年所刊的程氏家塾本乃《讀書分年日程》的最後定本。《讀書分
年日程》目前以文淵閣《四庫全書》本、康熙己巳陸隴其刻本及《四部叢刊
廣編》程氏家塾本較爲常見，近有大陸學者姜漢椿爲《讀書分年日程》作校
注（簡體字排印本），其序言稱：

今以清同治八年（西元 1869 年）五月江蘇書局重刊本爲底本，參
校了文淵閣《四庫全書》影印本（台灣商務印書館影印）、康熙己
巳（二十八年，西元 1689 年）陸隴其刻本，及叢書集成初編本，
加以點校。〔註5〕

文中未提及台灣商務印書館「四庫叢刊廣編」的程氏家塾本，且校注似
乎以《四庫全書》及陸刻本爲底本，其實在目前所見諸刊本中，《四庫叢刊廣
編》本應爲《讀書分年日程》之最善本。

今查台灣商務印書館四庫叢刊廣編本《程氏家塾讀書分年日程》共三卷，
書首注明：「上海涵芬樓景印常熟瞿氏鐵琴銅劍樓藏元刊本。原書板匡高二十
公分，寬十四公分」其下附注：「元刻刊印本讀書分年日程善本。卷參旁證，
明印本模糊，缺三十二字」旁蓋翁方綱等人印章及程恩澤識語。

該本卷三末尾附胡文楷跋語，胡氏說：

此爲元統三年甬東程氏家塾刊本，版心題「工程」二字，即此書
也。明初諸儒讀書，大抵奉爲準繩，清陸清獻公平生致力尤多，
宰靈壽時，有覆刻本，清獻跋稱舊板漶漫，不勝魯魚亥豕之訛，
故校而梓之，今校是本，頗有異同；卷一、二所標旁證，陸本均
佚，卷三「點畫訛舛」節，陸本僅存「卜角壺令玉王」六字，凡
闕三十三字（原注缺三十二字）。「彼此異音辨」節，「去」字注羌
舉切，與唐韻合，陸本舉誤與。「協音借義」節「噍」字注微噍之
音，與禮記樂記合，陸本噍誤啾。此外訛誤亦尚不渺，舊有序跋

〔註 4〕 見台灣商務印書館「四部叢刊廣編」第廿六冊《程氏家塾讀書分年日程》卷
三。
〔註 5〕 見姜漢椿校注《程氏家塾讀書分年日程》前言。黃山書社 1992 年版。

均無存焉。按畏齋自跋，歷舉江浙等處鈔刊諸本，今均不可復見，
陸氏所据殆非程氏勘定之本，故不免有所疏漏，然則程氏此書，
要以是本爲至善矣。

以上述各刊本相互校勘，四庫叢刊廣編據涵芬樓影印之刻本（以下稱涵
芬樓本）爲最善本，是胡文楷所判極是。本文許多資料，亦多引自涵芬樓本
卷一、二所標旁證，而爲他本所無，姜漢椿校注未引作底本，未免遺珠之憾。

《讀書分年日程》版本雖有整全與誤漏之不同，然卷數及主要內容大體
相近，《畏齋集》的文章則較爲複雜。

二、《畏齋集》

黃溍撰程端禮墓誌銘稱：「有畏齋文集若干卷，藏於家」

《四庫提要》云：

> 畏齋集六卷，元程端禮撰。端禮有讀書分年日程，已著錄，其詩文
> 名畏齋集，見于黃溍所作墓誌，而不著卷數，諸家書目亦多不載，
> 故世久無傳，惟散見永樂大典中者，尚得詩文百餘篇，謹依類編次，
> 釐爲六卷。

依提要之言，則今所見《畏齋集》六卷，乃《四庫全書》館臣自《永樂
大典》蒐集得來，並重新編次，殊非原貌。端禮《畏齋集》的卷數，雖不見
於墓誌銘，然明人程敏政所編《新安文獻志》明指端禮「詩文有畏齋集十卷」，
〔註6〕可見遺佚甚多。再加上館臣粗心誤錄，有程端禮弟端學所作而誤入者，
有不知何人所作而亦編入者，考訂如後：

（一）不知何人所作者

（1）卷三〈江浙進士鄉會小錄序〉

序文首稱：

> 至正十一年春，天下鄉貢進士雲會于京師……。

按：程端禮卒於元順帝至正五年（1345 年）夏月，此至正十一年（1351
年）的序文絕非端禮所作。

（2）卷五〈棗強縣學修飾兩廡及從祀先賢像記〉

記文末尾稱：

〔註6〕見程敏政《新安文獻志・先賢事略》。

至正十四年十二月記。

按：至正十四年當西元 1354 年，此記亦非端禮所能作。

（3）卷四〈送朵郎中使還序〉

序文末署：

至正十八年，歲在戊戌，四月甲申序。

按：至正十八年當西元 1358 年，此序亦非端禮所作。

（4）卷三〈寶林編後序〉

末尾署：

至正戊戌，二月之望。

按：至正「戊戌」是元順帝至正十八年（1358 年），顯然亦非端禮所能作。

（二）應是程端學所作者

（1）卷一〈送敬叔兄之建平〉

按：端禮字敬叔，大德年間任廣德建平縣諭，此詩應是端禮弟端學送兄之建平之作。且程端學《積齋集》卷一錄〈九日喜敬叔兄自建平歸〉詩二首，其詩題與此正相照應，此篇當是端學所作，而誤收入端禮詩文集者。

（2）卷三〈孫先生詩集序〉

……某後孫子六年，交而後師之。

按：孫先生即孫友仁，據程端叔《積齋集》卷五〈孫君行實〉：「君生於宋咸淳壬申九月……，端學後君生六年，自總角交遊，故知君爲悉。嘗北面事之，君終辭焉。」友仁生於咸淳壬申，即宋度宗咸淳八年，當元世祖至元九年（1272 年），晚端禮一年生。端學生於至元十五年（1278 年），則所謂「某後孫子六年，交而後師之」的「某」，應是端學而不是端禮。

（3）卷三〈張克寬義聚序〉

……余助教國學，伴讀張生克寬偕兄子汝遴從遊。

按：端禮終身未曾任教於國學，端學則曾擔任國子學助教，此篇絕非端禮所作，應爲端學作品。

（4）卷四〈四明鹿鳴宴序〉

……余自翰林歸於四明，是日間燕席禮畢。

按：端禮未曾任職翰林，端學則曾任翰林國史院編修，本篇亦應爲端學

作品。

（5）卷六〈祭友仁孫先生文〉

……昔與子交，晚事師禮；遽焉予棄，有憤誰啓？

按：端學尊孫友仁為師友，已如上述，此篇應為端學之作。

以上乃明顯非端禮所作者，其餘作品，有明顯自署端禮名字而未注明年月者（如卷五〈鏡波亭記〉等）；亦有雖不書姓名，然可信為端禮所作者（如卷四〈送馮彥思序〉明書：「以余再刪分年日程書贈之」）；至於既未書姓名，亦無明顯證據以定其是非者，仍依《四庫全書》所輯，歸於端禮名下。

三、其他著作

依墓誌銘看來，端禮的著作應只有《讀書分年日程》與《畏齋集》二書，然依涵芬樓本《程氏家塾讀書分年日程》卷一及卷二旁證，則端禮似乎另有著作，卷一頁 3 旁證說：

端禮有《廣王魯齋入韻正始音》一冊。

卷二頁 3 旁證則稱：

端禮有廣疊山批法及韓文敘事議論批點成書二冊。

以上三書，後世不傳，其內容如何已不可知。唯《讀書分年日程》卷三旁證錄有王柏（魯齋）〈正始之音序〉，及賈昌朔、鄭樵等人有關音韻、形、義的資料，或與《廣王魯齋入韻正始音》有關。又《讀書分年日程》卷二有「批點韓文凡例」，下注「廣疊山法」，主要是教導學生點斷文章、分析文脈，當與其餘二書有關，唯實際內容已無從考證，是端禮的著作，仍應以《讀書分年日程》及《畏齋集》為代表。

茲將《畏齋集》中明為端禮所作，且年代確定者，配合第一節生平考證，作程端禮年表如下：

程端禮年表

紀　年				大　事	相關要事及作品繫年
年　齡	朝代紀元	干支	西元		
一歲	元世祖至元八年（宋度宗咸淳七年）	辛未	1271	先生誕生於鄞縣（今浙江寧波）	

八歲	至元十五年	戊寅	1278		弟端學生
十五歲	至元廿二年	乙酉	1285	「年十五，能記誦六經，曉晰大義」	
廿五歲	成宗元貞元年	乙未	1295		作〈乙未閏四月十日，余宿東溪朱家，得夢甚異，覺而書之〉詩
廿七歲	成宗大德元年	丁酉	1297		作〈丁酉閏臘留杭歸別范史二兄〉詩
三十歲	大德四年	庚子	1300	※任廣德建平縣學教諭	作〈春日〉詩
三十二歲	大德六年	壬寅	1302		作〈壬寅孟春，有之劉君來自金壇，示我佳章，次韻，敘客懷以謝〉詩
三十六歲	大德十年	丙午	1306		作〈丙午代人送頓尉九首〉詩
三十八歲	武宗至大元年	戊申	1308	※任池州建德縣學教諭	
四十三歲	仁宗皇慶二年	癸丑	1313		十一月詔行科舉
四十五歲	仁宗延祐二年	乙卯	1315	出版《讀書工程》	
四十六歲	延祐三年	庚申	1316	※任信州稼軒書院山長	
五十一歲	英宗至治元年	辛酉	1321		作〈辛酉六月二日壽趙迂軒學士〉詩
五十四歲	泰定帝泰定元年	甲子	1324	※任建康江東書院山長	
五十七歲	泰定四年	丁卯	1327		作〈倪侯守濠州，泰定四年夏產瑞麥，自一莖兩穗至五穗〉詩
五十八歲	文宗天歷元年	戊辰	1328		作〈戊辰韓大雅自南台掾史赴湖北憲司知事〉詩
六十二歲	寧宗至順三年	壬申	1332		作〈三瑞圖記〉、〈慶元路總管沙木思迪音公去思碑〉
六十四歲	順帝元統二年	甲戌	1334		弟端學卒 作〈晏倪氏園池詩序〉

六十五歲	元統三年	乙亥	1335	出版《程氏家塾讀書分年日程》	十一月罷科舉
六十六歲	順帝至元二年	丙子	1336		作〈元故處士倪君墓誌銘〉
六十七歲	至元三年	丁丑	1337	※任鉛山州儒學教授	作〈慶元路推官胡公去思碑〉、〈送王副使序〉、〈丁丑正月四日，縣尉陳子淵見招，司理黃仲翬、處士謝彥實、州判葉敬常同會，仲翬有作次韻二首〉詩
七十歲	至元六年	庚辰	1340	※以台州路儒學教授致仕	十二月詔復科舉作〈鉛山州修學記〉、〈弋陽縣新修藍山書院記〉
七十一歲	順帝至正元年	辛己	1341	應王元恭居敬聘為訓導	作〈喜雨詩卷序〉、〈重修靈慈廟記〉、〈送道士薔齋呂君序〉
七十二歲	至正二年	壬午	1342		作〈慶元鄉飲小錄序〉
七十三歲	至正三年	癸未	1343		作〈送馮彥思序〉、〈重建寶梵教寺三門記〉、〈監抽慶元市舶右丞資德約蘇穆爾公去思碑〉
七十四歲	至正四年	甲申	1344		作〈謁勒哲圖公行狀〉、〈郭璡墓誌銘〉、〈三一堂記〉、〈甲申送鄭榮卿都目得代歸桐汭〉
七十五歲	至正五年	乙酉	1345	夏六月甲子，端坐而逝	

（有※號者，係依〈程端禮墓誌〉、《元史》本傳、《畏齋集》等資料推定）

第二章　程端禮的理學思想

　　程端禮是理學家，在元代儒者中，是具有代表性的人物，然其傳世之作的《讀書分年日程》基本屬教學設計，有關性理內容的闡揚似頗缺乏，其唯一較長的專論為〈集慶路江東書院講議〉，大體是引述朱子成說，雖無甚發明，卻是端禮教育思想的基礎，唯一般人多未予注意。《宋元學案》所錄既多偏於教學設計，後世論者也多述其教育學說，未探究其性理思想。本章將上溯其師承，以考述端禮的思想淵源，參取《畏齋集》相關資料，以闡明其思想內涵，先敘其師學淵源如后。

第一節　程端禮的師承淵源

一、從朱子到程端禮

　　關於程端禮的師學淵源，《元史本傳》說：

　　　　慶元自宋季，皆尊尚陸九淵之學，而朱熹氏學不行於慶元，[註1]
　　　　端禮獨從史蒙卿游，以傳朱氏明體達用之指，學者及門甚眾。

　　程端禮學於史蒙卿，史蒙卿也是鄞縣人，《宋元學案》有簡明的評介：

　　　　史蒙卿，字景正，號果齋，鄞縣人，獨善先生彌鞏之孫也。年十二，
　　　　入國子學，通春秋周官……咸淳元年進士，授景陵主簿，歷江陰平

〔註1〕慶元指慶元路，南宋為慶元府，元至元十四年（西元1277年）改稱慶元路，
　　　　治所在鄞縣（今浙江寧波市），參江西教育出版社1989年版《中國歷史地名
　　　　辭典》第332頁。姜漢椿校注以「慶元」為「南宋寧宗年號」，是以地名為年
　　　　號，誤矣。見姜注《程氏家塾讀書分年日程》第4頁。

江教授。四明之學，祖陸氏而宗楊袁，其言朱子之學，自黃東發與先生始。黃氏主於躬行，而先生務明體以達用，著書立言，一以朱子為法。宋亡，不復仕。自號靜清先生，有靜清集。〔註2〕

程端禮在《讀書分年日程》中，曾敘其師果齋先生的師承說：

果齋先生（名蒙卿，字景正，鄞人）早師常德小陽先生（名岊，號字溪），大陽先生（名枋，號存齋），陽先生師涪陵晏先生（名淵，字亞夫），晏先生師朱子。〔註3〕

據上列資料，從朱子到程端禮，其傳承大略是：

程端禮於朱熹是四傳弟子，有大陸學者以程端禮為朱熹的「再傳弟子」，誤。〔註4〕

二、史蒙卿的思想

全祖望於《宋元學案》的「靜清學案」中，有如下的案語：

四明史氏皆陸學，至靜清始改而宗朱，淵源出於蓮蕩晏氏，然嘗聞深寧不喜靜清之說易，以其嗜奇也，則似乎未必盡同於朱。其所傳為程畏齋兄弟，則純於朱者。

靜清「說易」是如何「嗜奇」，全祖望並無舉證，所謂「嘗聞」，也只是從袁清容撰寫的靜清墓誌所得到的印象，由此推論靜清「似乎未必盡同於朱」。靜清與朱子的異同，目前暫無法考訂，然從《宋元學案》選錄的「果齋訓語」看來，所謂「似乎未必盡同於朱」，恐是臆測之詞，未必可信。試看「果齋訓語」：

學問進修之大端，其略有四：一曰尚志，二曰居敬，三曰窮理，四曰反身。大抵為士莫先於尚志。孔子曰：吾十有五而志於學。孟子曰：士何事？曰尚志仁義而已矣。程子亦曰：言學便當以道為志，言人便當以聖為志。苟此志不立，而惟流俗之徇，利欲之趨，則終

〔註2〕見黃宗羲《宋元學案》卷八十七〈靜清學案〉。
〔註3〕見《讀書分年日程》綱領。
〔註4〕見程方平《遼金元教育史》第53頁。重慶出版社1993年版。

身墮於卑陋，而不足與詣高明光大之域矣，何足以爲士哉？此志既立，便當居敬，以涵養其本原。蓋人心虛靈，天理具足，仁義禮智，皆吾固有，聖賢之所以爲聖賢者，非自外而得之也，苟能端莊靜一以涵養之，則志氣清明，義理昭著，而人欲自然退聽，以此窮理，理必明，以此反身，身必誠，乃學問之大原也。夫既知涵養其本原，則天理之全體，固渾然於吾心矣。然一心之中，雖曰萬理咸具，天敘天秩，品節粲然，苟非稽之聖賢，講之師友，察之事務，驗之身心，以究析其精微之極至，則知有蔽，而行必有所差，此大學之誠意正心修身，所以必先格物致知；中庸之篤行，所以必先博學審問慎思明辨也。既知所以窮理矣，則必以其所窮之理，反之於身，以踐其實。日用之間，微而念慮，著而云爲，其當然者，皆天理之公，其不當然者，皆人欲之私也。於此謹而察之，果當然乎？則充之惟恐其不廣，行之惟恐其不至；果不當然乎？則改之惟恐其不速，去之惟恐其不盡。從事於斯，無少間斷，人欲日以銷泯，天理日以純熟，而聖賢之道，忽不自知其實有於我矣。窮則獨善其身，可以繼往聖而開來學，達則兼善天下，可以參天地而贊化育，其功用有不可勝窮者，若夫趨向卑陋，而此志不立，持養疏略，而此心不存，講學之功不加，而所知者昏蔽，反身之誠不篤，而所行者悖戾，將見人欲愈熾，天理愈微，本心一亡，亦將何所不至哉。書曰「惟聖罔念作狂，惟狂克念作聖」，聖狂之分，特在念不念之間而已矣，幷惟同志勉之。〔註5〕

「果齋訓語」是《宋元學案》中，唯一足以說明史蒙卿思想的代表作品，而仔細研讀上文，其思想要點有三：

1、爲學的目的是：爲道、爲聖

2、進學的大端是：尚志、居敬、窮理、反身

3、特別強調居敬、窮理

爲道爲聖本是儒家一貫的思想，不分朱陸。朱陸的主要差別在對「心」與「性」的詮解，其中象山主張「心即理」，認爲「天理不外人心」，「天理」是「超越而又內在」（牟宗三先生語）。朱子承認「性即理」，然對「心」則無此自信，尤不認爲人可以「任心而行」，在朱子看來，如無「居敬、窮理」工

〔註5〕同註2。

夫，則所謂「心即理」只是狂肆。

以「果齋訓語」看來，史蒙卿強調「格物致知」，強調「學問思辨」，與倡「主敬以立其本，窮理以致其知，反躬以踐其實」的朱熹如出一轍。《宋元學案》稱史蒙卿「著書立言，一以朱子為法」大抵可信，說他「未必盡同於朱子」則尚缺乏證明。

《宋元學案》又有附錄一條，稱：

> 果齋先生每教學者，以朱子日用自警詩，揭於座右，其詩曰「圓融無際大無餘，即此身心是太虛，不向用時勤猛省，卻於何處味真腴。尋常應對尤須謹，造次施為莫放疏，一日洞然無別體，方知不枉費工夫。」

其實此是全祖望抄錄程端禮《讀書分年日程》中史蒙卿訓語，而又誤讀，乃分成「果齋訓語」與「附錄」兩段。案：程氏《讀書分年日程》於卷一「工程綱領」選錄朱子語錄及詩一首（即日用自警詩）共十二條，並以其師史蒙卿訓語殿後，工程綱領云：

> 先師果齋史先生每教學者，必首以此篇，使之揭于座右，曰：學問進脩之大端，其略有四……（即前所謂「果齋訓語」，已如前引，不贅。）

《宋元學案》附錄蓋誤斷文句，以「座右」以前與朱子詩合讀，致生誤解，今為考證如上。

史蒙卿資料今不多見，茲據《程氏家塾讀書年日程》之「旁證」，略為補遺如下：

> 果齋先生常於座間大書『靜存動察』四字，以自點檢。〔註6〕
>
> 先師果齋史先生云：書自有當熟讀者，自有當玩讀者，自有當看者，自有當編鈔者，惟經要熟讀，非曰他書皆讀二百遍也。自看通鑑，則朱子已令只一遍便要作濟河焚舟計，蓋可知也。〔註7〕
>
> 果齋史先生云：胡致堂於貶所無書，作讀史管見，蓋胸中默記全史而作也。其記史之法，蓋用史貼壁，虛心覽記畢，方換一冊，再貼如前，其法妙絕，朱子亦取之。後有用其法者，於長廊壁上，以紙條兩條，上條黏兩頭虛插所看書，下條實黏橫條之半盛所插書，須

〔註6〕依涵芬樓本《程氏家塾讀書分年日程》卷一，頁17。
〔註7〕同上書卷二，頁1。

約友三四人同看，其先一人用濟河焚舟法，只頭一遍看一板，即要
盡記，如與死別狀，每一板看了，即仰屋思記得周匝，如未，更補
正記了，餘板亦如之。其後一人繼之，又其後一人繼之，三人皆了
會一處，先命一人說，兩人證其是非，餘人以次說證如前畢，卻倚
杖，於壁上虛心溫看令熟，并分項思玩其得失，或三五日，或旬日，
又換一冊，大勝案上看也。〔註8〕

果齋先生云：讀書如銷銅。聚銅入爐，大韝扇之，不銷不止，極用
費力。作文如鑄器，銅既銷矣，隨模鑄器，一冶即成，只要識模，
全不費力，所謂勞於讀書、逸於作文者此也。〔註9〕

李漢韓文序，記公為學教人，經書必通念曉析，諸史百子止搜抉無
隱，文則教人自為，果齋先生確守是以訓學者。〔註10〕

先生又云：敘事體，當自韓學上，儘簡古不妨，至史漢而止；議論
體，當自韓學下，要展開。格則兼歐、曾、王，料則兼朱、呂、張、
真、魏，方為盡善，所以欲先讀韓文敘事議論兩體者，蓋以韓能復
古文正體，酌之古今為得中故也。〔註11〕

又云凡學文，當以真西山文章正宗為準則，蓋其編選，一本朱子之
意。〔註12〕

果齋先生曰：能次朱子之文有華有實者，惟真、魏二先生而已。〔註13〕

果齋先生曰：名家之文，曰韓、柳、歐、蘇、曾、王、陳。〔註14〕
韓禮部名居仁，字君美，號艾溪，汴人，早與果齋史先生同師常德
陽先生。至元間，來為慶元路經歷，極力興學校，敦請果齋為大學
師，相與定議，諸生明經必主某說兼用某說，蓋用朱子貢舉私議法
也。〔註15〕

〔註8〕同上書卷二，頁2。
〔註9〕同上書卷二，頁4。
〔註10〕同上。
〔註11〕同上。
〔註12〕同上。
〔註13〕同上書卷二，頁5。
〔註14〕同上書卷二，頁9。
〔註15〕同上書卷二，頁15。

以果齋史先生法取黑角牙刷柄，一頭作點，一頭作圈，至妙。凡金
竹木及白角，並剛燥不受朱，不可用也。〔註16〕

由上引諸條並綜合《宋元學案》相關資料，可以看出史蒙卿的幾個面向：

（一）在學行方面，史蒙卿承襲儒家思想，主張為學在於學為聖人，特
別強調居敬、窮理、反躬實踐，常書「動存靜察」以自警，頗見
嚴毅。此如朱子。

（二）以讀書為格物窮理的入路，尤其經書，特別強調熟讀、背誦。

（三）其教諸生讀經，主一家兼用他家說法，本於朱子貢舉私議。

（四）評論文章，以朱子為華實兼具的楷模。

（五）論讀書與寫作，主張「勞於讀書」則能「逸於作文」。

（六）能採取有效方法及適當工具，便於批點經籍，增強閱讀效果。

以上雖論史蒙卿，然其影響於程端禮者，已隱然可見。

第二節　程端禮的思想內涵

作為理學家，無不關心天道、性理，端禮有關天道與性理的見解主要見於
箴銘，《讀書分年日程》卷三附有〈存存齋銘〉，本篇雖為趙去疾而作，〔註17〕
然既列於《讀書分年日程》，則在端禮心目中，應有相當代表性。《畏齋集》有
端禮為杜知能所作箴，亦為論心性之代表作品。《畏齋集》另有〈存心堂銘〉、〈求
放心齋銘〉、〈守拙齋銘〉、〈苦齋銘〉，可以見其理學思想。然以上作品均應他人
索求而作，端禮自號「畏齋」，其〈畏齋箴〉應不可忽視。此外，《畏齋集》另
有〈蘭谷說〉，論修身；有〈王元實字說〉，論本末；有〈儒史說〉，論體與用；
有〈順遷說〉，論儒與佛，雖理論不深，大體可以看出程端禮的思想內涵，分項
說明如下。

一、心性論

（一）心統性情

端禮論心、性的文字，可見於〈存存齋銘〉，其言曰：

〔註16〕同上書卷二，頁 26。

〔註17〕〈存存齋銘〉題下小注曰「為雲中趙去作疾作」，見《畏齋集》卷六。《讀書
分年日程》及《宋元學案》所錄者並無注文。

性與天道，夫子罕言，於《易》乃言成性存存。惟性之成，天與其
全，知禮畢具，無異愚賢。心統性情，性體惟靜。心乘氣機，存之
斯正。曰惟存心，所以存性，其方伊何？在乎主敬。其效伊何？動
靜皆定。無間無雜，始曰存存。虛閒靜一，細微糾紛。弗謹弗養，
千里其奔。勉強安行，聖賢是分。效天法地，道義之門。（《畏齋集》
卷六）

　　這篇銘文雖是爲趙去疾而作，然端禮特別將之列入《讀書分年日程》，
顯見其重要性。「存存」二字源於《易‧繫辭》：「成性存存，道義之門」，朱
熹《周易本義》說：「成性，本成之性；存存，謂存而又存，不已之義。」，
〔註18〕俞琰《周易集說》解釋說：「人之性渾然天成，無有不善者，更加以
涵養功夫，存之又存，則無所往而非道，無所往而非義矣。謂之門者，道義
皆自是而出也。」〔註19〕

　　端禮學宗朱子，故其論性，亦以「性」爲天成，《中庸》所謂「天命之謂
性」。此性兼有眾理，凡仁義禮智無不全備，故曰「知禮畢具」。而仁義禮智
乃凡人皆有，並非賢智之人所特具，故曰「無分愚賢」。以上論「性本於天」、
「性兼眾理」、「人無賢愚，四端畢具」，大體本於孟子。

　　下文論心、性、情三者之關係，與存心養性之方，是全文的重點。所謂
「心統性情，性體唯靜」，意指性體是客觀的眾理，無所表現，其表現在「心」。
心接外物，發爲四端，而有惻隱、羞惡、辭讓、是非。心動情牽，喜怒哀樂
之情隨之而發，然情依於人之氣質，或者過之，或者不及，轉生過惡，不能
如理，故需「心」來加以統攝，使歸於理。「心」率「情」而歸於「性」，即
所謂「心統性情」。心乘氣機以應事物，即藉每一來前之事物以涵養、省察此
心，俾得存心之正；唯心正意誠以處事接物，乃能不執不偏，中正如理，以
歸性體，故曰「心乘氣機，存之斯正。曰惟存心，所以存性」。至於存心的方
法，則全在「主敬」，所謂「敬」，依朱子說，是收斂身心、整齊統一、不放
縱，便是「敬」〔註20〕，涵養用敬，敬以直內，使「動靜皆定，無間無雜」，
才叫「存存」，即「存心養性，存養不已」之義。以下又說心必須謹愼存養，
否則自放其心，「千里其奔」；又勉勵人要勉強安行，才能修賢成聖。是端禮

〔註18〕見張善文編《周易辭典》第241頁。上海古籍出版社1992年版。
〔註19〕同上。
〔註20〕此牟宗三語。

論存心養性，與朱子並無大異。

〈存存齋銘〉有幾個值得注意的地方：

1、性只是理，本身並不表現，其表現在心，性體兼眾理，只是一綜名。

〔註21〕

2、「心」是表現原則，能統攝「性」使合禮義，以歸乎「性」體。

3、存養心性的方法在於「主敬」。

如此心、性、情三分，又特別強調「主敬」，顯見端禮所學確為朱子正傳，《宋元學案》說端禮是「純於朱者」，應該合於事實。

（二）心備萬理

端禮另有〈存心堂銘〉，對心性亦有究論，其說如下：

> 天心孔仁，篤生我人，全付天心，俾主人身。方寸之中，萬理畢備，
> 體全用大，實參天地。氣機所乘，危動難安，一刻弗存，思失其官，
> 雖視雖聽，弗見弗聞，役於耳目，私慾糾紛，泰越肥瘠，藩籬爾汝，
> 嗚呼不仁，如病痿痺。心學之傳，惟曰存存，其存之方，曰敬入門。
> 細微雜亂，于察其放，虛閒靜一，于以致養。天不在天，於予中居，
> 凡此百體，孰敢侮予。

本文說「心」是「方寸之中，萬理畢備」，而上列〈存存齋銘〉又說「性」是「惟性之成，天與其全，知禮畢具，無異愚賢」，則性兼眾理，自也是「萬理畢具」。「性即理」，此在朱學並無疑義，如果「心」也「萬理畢具」，是否意涵「心即理」而同於象山？此不可不辨。

案：「心即理」與「性即理」的關鍵分野，在於主張「心即理」者，以良知本心原具有能知主動之能力，此心能主動地創生，顯發義理，理不外在於心，理即心之表現顯發，故曰「心即理」，此陸、王所同。而主張「性即理」如朱子，對於人心並不如此信任，蓋因氣性有偏，如不經涵養省察工夫，則心為氣機所乘，至於悖理犯義，因此「心」不即是「理」；但「心」能認知「理」，以統情感意志，使應事接物如理合道，而歸於性，是「性」即理也，而「心」不即是理。此心則具「認知」義，而與「心即理」之「創生」義不同。朱子大體持後說。

依此看來，端禮此銘所謂「方寸之中，萬理畢備」，指的應是「心」的認

〔註21〕見牟宗三《心體與性體》第三冊，頁270。

知義，是說心能認知眾理，而不是心能主動創發義理，所以才會「氣機所乘，危動難安」。

此處不誤，則於下文容易理解。文中所謂「心學之傳，惟曰存存」，此心學絕非陸、王「心即理」之心學，而是一能認知義理的心。要存養此心，必須用「敬」，所以說「其存之方，曰敬入門」，如此強調「持敬」，自是朱學宗旨。

《畏齋集》卷六的〈求放心齋銘〉比較重在持養方法，其文曰：

> 寧夏神保生治書室於家庭之內，提其額曰求放心，余爲之銘曰，馬
> 縱而逸，鷹縱而飛，不逸不飛，維紲與韝。人心易縱，捷甚鷹馬，
> 何以制之，操而勿捨。操之之要，念茲敬茲，酬酢萬變，聖賢我師。
> 明窗之下，風日清晏，圖書几研，頃刻無間。是故學者，必求放心，
> 孟氏有訓，勗哉德臨。

此銘重點在持養的方法。較特殊者，在端禮之視「心」，似覺特別容易放失，故不但要「求放心」，還要求「何以制之」之道。其制心之道，則在「操而勿捨」，所謂「操而勿捨」，本孟子「操則存，舍則亡」之義，而「操之之要」則在「念茲敬茲」，特別強調「敬」字。主敬本是朱學所重，而端禮主張「制」心，亦可見其所謂「心」本身不能是純一、創生的心體，而是一易爲氣機所動搖的「人心」，必須以「敬」持心，使合於理，故其「心」不能即是「理」，與陸、王大不相同。

端禮另有爲杜知能請字而寫的箴，很能全面表現端禮對心性修養的看法，其文曰：

> 惟人之生，形性陰陽，仁義之心，曰惟其良。其良伊何？善之本然，
> 曰知曰能，一出於天。始自孩提，已知愛親，長知敬兄，義因乎仁。
> 良知良能，孟氏發之，謂不學慮，而能而知。擴而充之，萬善可行，
> 火然泉達，天之所命，去爲庶民，存則君子，所謂大人，以不失此。
> 眾人蚩蚩，孰無是心，放不知求，乃獸乃禽。此心未發，敬以存之，
> 迨其發也，敬以察之。必由勉行，以至安行，勉勉行行，聖賢是程。

文中首論人的形色本性，稟於天地陰陽，此爲儒家通說。所謂「仁義之心，曰惟其良」，此論似與陸、王無異，然依上列析解，則端禮「仁義之心」並非謂心能「創生仁義」，而是指心能「認知仁義」，如此方不扞格。下文講良知良能，講操存舍亡，擴而充之，義均本於孟子，並無疑義，較特殊的是「此心未發，敬以存亡；迨其發也，敬以察之」，以「敬」貫穿動靜，實是其

師史蒙卿「動存靜察」之義，而本於朱子之學。

二、修養論

　　端禮對心性的理解大抵本於朱子，由於其所謂「性」只是「理」，其「心」是「惟危」的人心，故須持敬以收歛此心，使不放縱。端禮對於持敬似乎特有心得，故屢說持敬，以「敬」為存心養性之門，其〈畏齋箴〉、〈苦齋銘〉、〈守拙齋銘〉、〈懶懶齋銘〉，大體可以見出端禮修養工夫之概略，敘之如下。

（一）居敬畏謹

〈畏齋箴〉云：

> 恐懼修省，嚴恭寅畏。夙興夜寐，克己復禮。罔不惟畏，弗畏入畏。
>
> 莫見乎隱，十目所視；莫顯乎微，十手所指。毋貳爾心，上帝臨汝。

　　端禮自號「畏齋」，顯見此箴乃端禮用以自警者。此「畏」字實自「敬」字衍申而來，蓋朱子即曾以「畏」訓「敬」，朱子說：

> 敬不是萬慮休置之謂，只要隨事專一謹畏，不放逸耳。非專是閉目靜坐，耳無聞、目不見，不接事物，然後為敬。整齊收歛這身心不敢放縱，便是敬。嘗謂敬字似甚字？恰似個畏字相似。[註22]

　　人不肯隨嗜欲、情緒去思慮云為，而自覺地收歛身心，此即是敬。唯持敬，然後於人所不見的隱微之地，有獨知之明，此時最須戒慎恐懼，恭敬寅畏，有如上帝昭臨。能如此修身，知有所畏，即是敬。人於安適、閑逸之中能自警省，以自覺地收束身心，居敬寅畏，此最為端禮所重，故《讀書分年日程》綱領亦引朱子說：

> 主敬致知，摧驕破吝。謹之於細微雜亂之域，而養之于虛閑靜一之中。

　　由此看來，在端禮的自我修持中，居敬畏謹，佔有關鍵的地位。

（二）靜坐調息

　　《讀書分年日程》雖未明設靜坐的節目，然卷三附錄有朱子〈調息箴〉，其文曰：

> 鼻端有白，我其觀之。隨時隨處，容與猗移。靜極而噓，如春沼魚；動已而吸，如百蟲蟄。氤氳開闔，其妙無窮。孰其尸之？不宰之功。雲臥天行，非予敢議。守一處和，千二百歲。

〔註22〕見明・胡廣等纂修《性理大全》卷四十六，頁18。

習靜坐的人必須收視返聽，心神專一。為免神馳，往往半闔雙眼，以凝視前方二、三公尺處某一定點，或即以鼻端為焦點，摒除雜思，專心於鼻息呼吸，務求綿長，以至於忘我。其要領必須全身放鬆，思慮滌蕩，才能入定，所謂「不宰之功」，即不為主宰，忘我忘身之意。然儒家靜坐蓋求收束精神，本不欲追求神通，故說「雲臥天行，非予敢議」。唯靜坐實可凝神定心，可以修心養身、延年益壽，故曰「守一處和，千二百歲」。

端禮又錄《雙峰語錄》有關持敬、靜坐的問答，作為〈調息箴〉的注腳，其文曰：

> 案《雙峰語錄》云：門人問涵養之道，須用敬否？曰：固是如此。但工夫熟時，亦不用說敬，只是才靜便存。而今初學，卻須把敬來作一件事。常常持守，久之而熟，則忘其為敬矣。

問：明道教人且靜坐是如何？曰：此亦為初學而言。蓋他從紛擾中來，此心不定，如野馬然，如何便做得功夫？故教他靜坐，待此心寧后，卻做功夫。然亦非教他終只靜坐也，故下「且」字。先生因言調息箴亦不可無，如釋氏之念佛號，道家之數息，皆是要收此人，使之專一在此。若此心不存，則數珠之數，數息之數，皆差了。調息亦然。人心不定者，其鼻息之噓氣常長，吸氣常短，故須有以調之。息數亭勻，則心亦漸定。調息又勝數息。

> 勉齋曰：須是靜，方看得道理出。廬山諸人如蔡元思、胡伯量輩，皆不肯于此著功。見某有時靜坐，諸公皆見攻，以為學禪，雖宏齋亦不能不以為慮也。看道理須是涵養，若此心不得其正，如何看得出？〈調息箴〉亦不可無，蓋心固氣之帥，然亦當持其志，無暴其氣也。

1、靜心是持敬的一端。
2、靜坐是初學者入道之門徑。
3、靜坐可以涵養，可以正心，非即學禪。

靜坐對學者既有收束身心之效，有持敬涵養之功，端禮又以錄入《讀書分年日程》，以教學者，則靜坐調息，亦應是端禮修身的門徑。

（三）讀書窮理

存心養性、居敬持志是儒家的共法，此不能見出端禮的特點。端禮最大的特色其實是在強調讀書窮理上，此源於其師史蒙卿。《宋元學案·靜清學案》稱：

> 四明之學，祖陸氏而宗楊、袁，其朱子之學，自黃東發與先生（指

史蒙卿）始。黃氏主於躬行，而先生務明體以達用，著書立言，一
以朱子爲法。〔註23〕

學案稱黃東發「主於躬行」，史蒙卿則「務明體以達用」，似以此爲兩派
的分野。實則實踐躬行，明體達用，本皆儒者共同主張，而竟成爲兩派的區
分標準，主要的原因不在於一派主張實踐力行而另一派反對，而是史蒙卿專
法朱子，認爲讀書可以「明體達用」，故而特別強調讀書，並藉讀書以窮盡天
下之理。由於特別強調「藉讀書窮理以獲明體達用」之效，遂顯得黃東發特
重「躬行」，而史蒙卿特重「明體達用」。其實說「明體達用」，並不能表出史
蒙卿的特色，其眞正特色實在「讀書窮理」，此則爲端禮所繼承，並加以發揚
光大者。

《讀書分年日程》綱領引述朱子的話說：

古之學者無他，明德、新民，求各止於至善而已。（朱子記經史閣）

又說：

人之有是身也，則必有是心；有是心也，則必有是理。若仁、義、
禮、智之爲體，惻隱、羞惡、恭敬、是非之爲用，則人皆有之，非
由外鑠我也。然聖人之所以教，不使學者收視反聽，一以反求諸心
爲事，而必曰興于詩，立于禮，成于樂。（朱子記稽古閣）

這是說「人性本善」、「理不外求」。而爲學的目的，即在明德、新民、止
於至善。但聖賢教人，不是要求學者收視返聽，「一以反求諸心爲事」，而是
要求「興于詩、立于禮、成于樂」，亦即說明：人必須藉讀詩、禮、樂，以興、
以立、以成，則學道必須讀書，明矣。

端禮又引朱子的話，強調讀書的重要性說：

爲學之道，莫先於窮理；窮理之要，必在於讀書。〔註24〕

又說明讀書可以見「明德體用之全」止於「至善精微之極」，引朱子的話說：

其所以必曰讀書云者，則以天地陰陽事務之理，修身事業，齊家及
國，以至于平治天下之道，與凡聖賢之言行，古今之得失，禮樂之
名數，下至于食貨源流、兵刑法制，亦莫非吾度內，有不可得而精
粗者，若非考諸載籍之文，沉潛參伍，以求其故，則亦無以明夫明

〔註23〕見黃宗羲《宋元學案》卷八十七。
〔註24〕見《讀書分年日程》綱領。朱子所上疏，見《朱子大全》卷四十《甲寅行宮
便殿奏扎》。

德體用之全，而止其至善精微之極。

窮理必在於讀書，藉讀書窮理，以明體達用，已成為端禮的特色。

以上論程端禮的心性與修養論。基本上，端禮以朱子為宗，主「性即理」；其實踐工夫則以「謹慎畏懼」來講「居敬」，以「靜坐調心」誘導初學，又以「讀書窮理」教導學者，使能全知體用、明體達用，這是端禮最大的特色所在。端禮另有相關的文章，不純論心性或修養，然均代表端禮人生哲學之一端，爰別為一彙，論之如下。

三、人生哲學

（一）避甜思苦

端禮教於池之建德學，曾取朱熹「小人惟思甜者，君子惟思苦者」之語，書壁自警，後有學生即以「苦」名其書齋，並請端禮作銘，端禮遂作《苦齋銘》，其文曰：

> 嗟世之人，匪甜無慕，匪苦無惡，君子反是，豈曰異趣。苦外無甜，孰謂之苦？其甜實苦，甜將焉取？茶甘如薺，義陳于詩；苓名大苦，醫師所知。豐性在口，耳目四肢，誘我皆甜，其機甚危。克復之功，在審于斯。菜根是甘，百事可為。我約我樂，不我淫移。嗜飴如兒，近憂弗思。名壞行隳，時去志違。枯落徒悲，小心之歸。商苦于行，千金在箱；農苦于耕，秋穀乃登；士苦于學，拂亂困橫。動心忍性，不能乃能。仁熟義精，學道大成。

所謂「甜」，指一切世俗的享樂、安逸、幸福；所謂「苦」，是在進學修道時的一切艱困、挫折。在現實社會中，人或為生活，或為理想而奔走，往往感覺疲累，需要休息；感覺緊張，需要放鬆；感覺孤寂無聊，需要娛樂慰藉；感覺壓力負荷，需要立即解除。此種由壓力負荷到壓力解除的過程，現代心理學家認為即是「快樂」情緒所由產生，亦即端禮的所謂「甜」。凡人勞而欲息，苦而欲樂的想法本極正常，然人在安逸、快樂中，則往往想要長期佔有，從而忘記積極進取，甚至為此作姦犯科，此種「甜」，端禮說「其甜實苦」，又說「誘我皆甜，其機甚危」，警戒學者在安逸舒適之中，要隨時警醒，所謂「克復之功，在審於斯」。要在「甜」中思「苦」，面對學道之艱困，動心忍性，才能增益其所不能，終成「仁熟義精，學道大成」。

端禮從實際生活中所感覺的苦樂出發，指點學生隨時警醒，極為親切。

（二）去巧守拙

端禮〈守拙齋銘〉見於《畏齋集》卷六，其文曰：

> 知及仁守，聖訓昭垂，守拙歸田，陶氏之辭。拙非成德，守奚取斯，
> 世降而偷，巧僞日滋。子當死孝，求生乃虧，臣當死忠，求生乃隳。
> 機變無恥，皆巧之爲。龍逢比干，申生伯奇，節以拙完，巧者所嗤。
> 巧令木訥，鮮近在茲，爲德爲賊，燕越其馳。惟巧似智，與知遠而，
> 惟拙非仁，成仁所資。拙如寧愚，聖猶取之。

這篇銘文，意旨淺白，認爲世俗以巧言機變爲明智，以木訥守節爲愚拙，其實巧著變者看似變通，實多詐僞，遂至無恥敗德；而訥者拙者雖似愚笨，乃能修德成仁。這是勉勵學者勿學機巧，應守拙修德，成知成仁。

（三）棄華取實

端禮論華實，實是因「會稽王元實，名華祖，字元實，求余發其義以自勗」，端禮因就華與實申論其義，其言曰：

> 士之爲學，惟實是務而已。華，實之效，實，斯華矣，華非所致力也。何謂惟實是務？古之教者，小學曰恆視毋誑，曰請肄簡諒，曰敎行孝弟，實若易然也。大學曰，物格而後知至，知至而後意誠，實又有未易言者。蓋求理一之理而實之易也，求分殊之理而實之難也。故曰不明乎善，不誠乎身，於是有存養省察之功，一言一行，純乎天理，念念相續，勉勉循循。自日月至焉，以至三月不違。賢希聖，聖希天，而后爲極致也。使有一毫人欲間之，則不誠無物矣，烏能實？何謂華非所致力？一言之實，一言之華也，一行之實，一行之華也。得善，服膺勿失，孔門獨稱好學，顏子之實而華也。與太極合德，萬世受罔極之恩，孔子之實而華也。和順積中而英華發外，剛健篤實而輝光也。故曰華非所致力也。〔註25〕

全文的主旨，大抵至「士之爲學，惟實是務」，與「實斯華矣，華非所致力也」二句。其中有幾個要點，說明如下：

1、端禮認爲：爲學必須落實，必須在生活中實踐力行。

2、以求學先後來分，小學只教導行爲準則，所謂「知其然」；大學則須講求格物致知，是「知其所以然」，此皆實務，然小學爲易，大學爲難。

〔註25〕見〈王元實字說〉，《畏齋集》卷六，頁6。

3、以大學階段來說，了解「理一」較爲容易，因「理一」是普遍原則，比較籠統，不易起爭執；而「分殊」要求落實在一一具體事物上，以求其如理合道。然每一具體事物常因時空、內容、對象的特殊性，差異頗大，如何才是合道，又往往仁者見仁，智者見智，取捨困難，是「理一」爲易，「分殊」爲難。

4、爲學之道在明善誠身，存養省察，使「一言一行，純乎天理；念念相續，勉勉循循」，由勉強而安行。

5、「實」指德行實修，「華」指一切榮名、聲譽，乃至世俗的富貴、幸福。端禮認爲：學者須知「實」爲本，「華」爲末，實下存養省察工夫，以修其德，則「實」至自然名歸，所謂「實斯華矣」，不可舍本逐末，逐華而忘實。

本文論華實，大體爲儒家正論。端禮另有〈蘭谷說〉，大旨謂：「士之爲善於己所獨知之地，是蘭之在谷，不爲無人而不芳也。……士知爲善而已，用不用不知也；蘭知在谷而已，佩不佩不知也。」「爲善」是本，是實；「有無人知」是末，是華，儒者之爲善，蓋「爲善」本身即是目的，而非獲致善名之手段，絕不因人不知而不爲。〈蘭谷說〉彰顯學道修德的獨立、眞實性，與華實之說可以參看。

（四）以儒為宗

《畏齋集》卷六有〈順遷說一道遺章生〉，頗能代表端禮的儒家立場與他對佛家的態度，其文曰：

> 番陽章氏子克己，父令其舍刀筆而爲儒家于江東精舍，知自奮勵，呻吟簡編，夙夜勤苦，比年素食，身臞且病，問之則曰：曩嘗以身三年茹素盟于佛，以禱母病。今母病愈，茹素未三年，弗敢渝也。余曰：人之所以靈于物者，以其能推也。釋推之爲義者曰順遷也。今爾母病而禱，是孝于以動心也；茹素三年，是口之于味不能動而忍性也；盟佛而不敢渝，是畏神明而戒愼恐懼也，皆其良心之所發，不謂之善不可也。今學于儒而猶守是焉，則未盡善也。爾其資飲食以稗勤苦，力所學以慰父心，雖曰渝佛盟，而實順遷其所謂動心忍性，戒愼恐懼者耳。曰順遷奈何？曰：順其母病而禱之心，而遷以孝其親。凡立身揚名以顯父母者，無不爲也。順其茹素三年而遷以敬其身。凡從欲以傷父母遺體者，爲終身之戒也。順其盟佛而不敢

渝之心，遷而爲暗室之不欺。明理之即天，獲罪之無禱，福善禍淫，
非鬼神之得司也。非使之渝佛盟，而渝其所謂動心忍性，戒愼恐懼
也。順而遷之，以至于盡云爾，爾其勉之。曰唯。余旣喜其志，見
今世咸知夷鬼是畏，而知畏聖言以事天者少也。故并書其説以遺之。

儒者極重視倫理關係，從夫婦、父子、兄弟、朋友、君臣，莫不有當盡
之理，宋儒更將之推極於天，認其爲天理，乃凡人所不能逃。而釋氏捨親離
家，若置親子於不顧；長年茹素，似傷於身體髮膚；不治生產，又影響社會
經濟，故爲儒者所不滿。端禮以理學家立場，固以釋氏爲「未盡善」，本文除
表現端禮對佛家的批評立場外，其應注意者有二：

1、當機指點良心

文中章生「以身三年茹素盟於佛，以禱母病」，端禮認爲「母病而禱」、「茹
素三年」、「盟佛而不敢渝」都是「良心之所發」，隨即應機指出三者爲良心之
發用，以見人性本善。如此當機的指點極親切，《宋元學案》説他「色壯而氣
夷，善誘學者，使之日改月化」，很能説明端禮教學的特色。

2、引導升入儒學

端禮既指佛家爲「未盡善」，則必須另以一更高的價值來作爲替代，端禮
認爲儒家比佛家更能體現高層價值，他對章生的指點，首先是以儒家立場，
指出「母病而禱」、「茹素三年」、「盟佛而不敢渝」，實分別具「有孝于以動心」、
「口之於味不能動而忍性」及「畏神明而戒愼恐懼」的價值意義。其次，端
禮更要提升其價值層次，導入儒學的高層境界。所謂的「順遷」，即是：「順
其母病而禱之心，而遷以孝其親」，「順其茹素三年，而遷以敬其身」，「順其
盟佛而不敢渝之心，遷而爲暗室之不欺」，而「孝親」、「敬身」、「不欺於暗室」
的範圍與層次境界，均遠較禱母、茹素、守盟爲高明廣大。端禮「順遷」的
教育意義，其實是：順學生的行爲，當下指點價值意義，使明性善；復指引
更高遠的境界，使明進德修業之路徑。此文不但明其儒家立場，並可以見其
教學特色。

（五）明體達用

《畏齋集》卷六有〈儒吏説〉，代表他對「體」與「用」的看法，其文曰：
儒爲學者之稱，吏則仕之名也，名二而道一也，儒其體，吏其用也。
學古入官，古之制也，皋夔稷契伊傅周召，無儒吏之名，而無非儒

吏之實，周官九兩始曰儒曰吏，亦因其得民以道與治而言之耳，自
李斯嚴是古非今之禁，一以吏爲師，儒吏雖分，道法裂，蕭曹以秦
吏相漢，至趙張而文法弊極矣，漢非不知用儒以救之也，有一董仲
舒不能用，所用者不過章句儒，嗚呼！章句儒與文法吏，其弊等耳，
兒寬，儒也，能以儒術飾吏事，當時稱之，飾之爲言，不過以儒術
爲吏事之文飾而已，若曰飾之而已，雖以湯之深文舞法，已能鄉上
意，取博士弟子，補廷尉吏，傅大義，決大獄矣，奚侔於寬哉？其
後薛貢、韋匡之迭相，終無以收儒吏之實效，可勝嘆哉？天開文運，
聖朝自許文正公得朱子之學，以光輔世祖皇帝，天下學者始知讀朱
子所釋之經，知眞儒實學之所在，然則士生今日者，可不自如其幸
歟？誠能讀其書而眞修實踐焉，以儒術而行吏事，於從政乎何有？
若於此猶或以語言文字求之，而無自得之實，一旦見案牘之嚴密，
其能不疑爲政之道在彼而不在此者幾希？子夏曰，仕而優則學，學
而優則仕，然則儒吏果二道而有所輕重於其間哉？泰山張孟周以儒
生推擇爲路吏，余謂路吏，古諸侯之士也，豈輕也哉？作儒吏説以
贈之。

儒是學者，吏指官吏，端禮首先指出二者只是從事工作的不同，其根本應
該是一致的，所謂「名二而道一也」。下文「儒其體而吏其用」，是說儒者所追
求的道術是根本，而從政（或爲學）只是道術的發用，而無論讀書人或官吏（乃
至其他行業），都應該以儒家道術爲本。不能以儒術自修，只會誦文背書的讀
書人，叫「章句儒」；只會深文舞法的從政者，叫「文法吏」，都是不知根本，
他認爲「誠能讀其書而眞修實踐焉，以儒術而行事」，才能算明體而達用。此文
雖主要是以儒說吏，但很顯然他反對「章句儒」，反對只知「以語言文字求之，
而無自得」的讀書人。這與端禮「讀書窮理」的主張可以配合參看。

以上論端禮的理學思想。大體說來，端禮的本體論雖兼談心性，甚至談
「心學」，然其論「心」，實偏在「人心惟危」的一面，是易爲「氣機所乘」
的，於是心的創生、主宰性不足，而主要爲認知作用。其論「心統性情」，也
是心、性、情三分，以「心攝「情」而歸「性」體。在工夫論方面，端禮特
別強調「持敬畏懼」與「讀書窮理」，的是朱學宗旨。《宋元學案》說他是「純
於朱者」，是有見地的說法。端禮尊信朱子，在理學思想上是述而不作，其眞
正的用心全在於儒學教育，下章敘端禮的教育思想。

第三章　程端禮的教育思想

　　理學家的教育思想與其理學思想是分不開的，端禮的教育思想也是源自於理學思想，其畢生致力全在於學校教育。本篇討論端禮的教育思想，首先敘其教育思想的淵源與其時代背景，其次論端禮的教育計畫，分敘如下：

第一節　教育思想淵源

一、源於朱熹

　　程端禮的教育思想受朱子影響極深，就《讀書分年日程》看來，端禮尤重學校教育與讀書方法，其讀書方法固根據朱子讀書法，其學校教育的意見也本於朱子，《讀書分年日程》卷三錄朱子〈學校貢舉私議〉，實代表端禮對學校教育的主張，茲據〈學校貢舉私議〉中，主張學校教育應與選舉用人配合，其言曰：

> 古者學校選舉之法，始于鄉黨，而達于國都。教之以德行道藝，而興其賢者能者，盡其所以居之者無異處，所以官之者無異術，所以取之者無異路。是以士有定志，而無外慕，早夜孜孜唯懼德業之不修，而不憂爵祿之未至。夫子所謂「言寡尤，行寡悔，祿在其中，」孟子所謂「修其天爵，而人爵從之，」蓋謂此也。
>
> 若夫三代之教，藝為最下，然皆猶有實用而不可闕。其為法制之密，又足以為治心養氣之助，而進于道德之舊，此古之為法所以能成人材而厚風格，濟世務而興太平也。今之為法不然。雖有鄉舉，而其

取人之額不均。又設太學，利誘之一途；監試、漕試、附試，詐冒之捷徑，以啓其奔趨流浪之意其所以教者，既不本于德行之實，而所謂藝者，又皆無用之空言，至于甚弊。則其所謂空言者，又皆怪妄無稽，而適足以敗壞學者之心志，是以人才日衰，風俗日薄。朝廷州縣，每有一事之可疑，則公卿大夫，官人百吏，愕眙相顧，而不知所出，是亦可驗其爲教之得失矣。〔註1〕

在這段文字中，朱熹認爲古代「人成材、風俗厚」，今（宋）代「人材衰、風俗薄」，其原因有二：

（一）古代的學校教育與選舉用人，一以德行道藝爲教，而興舉賢能。而今代之教學與考試，不本德行，徒啓學者逐利奔競之心。

（二）古代以德爲本，而藝雖末事，猶足爲治心養氣之助。今代用以教學、取人之藝事，不惟無益於德行，乃皆無用之空言，甚者爲怪妄無稽。

然後朱子針對當時學校與科舉制度的缺失，提出檢討與改進。他說：

蓋嘗思之，必欲乘時改制，以漸復先生之舊，而善今日之俗，則必如明道先生熙寧之議，然后可以大正其本，而盡革其末流之弊。如曰未暇，則莫若且均諸州之解額，以定其志；立德行之科，以厚其本。去罷詞賦，而分諸經子史時務之年，以齊其業；又使治經者必守家法，命題者必依章句；答義者必通貫經文、條舉眾說，而斷以己意；學校則遴選實有道德之人，使專教導，以來實學之士，裁減解額、舍選謬濫之恩，以塞利誘之途。至于制科、詞科、武舉之屬，亦皆究其利病，而頗更其制，則士有定志而無奔競之風，有實行而無空言之弊，有實學而無不可用之材矣。此其大略也。〔註2〕

朱子認爲：如要復先王之道，改善風俗，最好的方法是採用明道（程顥）在熙寧年間所提的改革意見。案：明道有〈請修學校尊師儒取士疏〉，〔註3〕對北宋教育和科舉取士制度提出改革，然未被採用。朱子提出的第二方案是：

（一）**均諸州之解額，以定其志**——平均錄取員額符合公平原則，也可以避免學者智巧鑽營。

〔註 1〕見《讀書分年日程》卷三。
〔註 2〕同上。
〔註 3〕同上。

（二）立德行之科，以厚其本──這是提倡道德倫理，俾改善社會風氣。

（三）去罷詞賦，而分諸經子史時務之年，以齊其業──這是將諸經子史分年輪流考試，希望藉此達到「士無不通之經，無不習之史，而皆可為當世之用」，至於詞賦，則應罷去。

（四）使治經者必守家法，命題者必依章句，答義者必通貫經文，條舉眾說而斷以己意──這是有關命題及評鑑標準的建議，希望所錄取的人真有實學。

（五）學校遴選實有道德之人，使專教導，以來實學之士──這是選用實有道德之人來擔任教職，俾改善學風。

（六）裁減解額、舍選謬濫之恩，以塞利誘之途──這是避免舍選等特種甄選方式另開捷徑，既不公平，又敗壞人心。

以上六點，綜合言之，即提升師資水準、改進評鑑方法、修訂考試科目、平均錄取名額，朱子認為：如依上述要點切實推行，則可以使「士有定志而無奔競之風，有實行而無空言之弊，有實學而無不可用之材」，達到改善士風、舉拔真材的效果。

朱子學校貢舉私議在當時並未被採用，其成效不得而知，然端禮顯然服膺朱子之說，在《讀書分年日程》卷三，即以朱子學校貢舉私議全文附錄於後，是端禮對學校教育與選舉用人的看法，大抵認同朱熹。

然而實際上，格於元代異族統治與種族歧視的特殊背景，端禮有許多意見實不能明顯提出，其有關考試科目與師資選聘的問題，固是不在其位，不謀其政。有關錄取名額的問題，尤為當政者所忌諱，端禮實際所提出來的，其實只是「治經者必守家法，命題者必依章句，答義者必通貫經文，條舉眾說而斷以己意」等有關評量之改革而已。此蓋時代使然，不能深責。

除了教育與用人的看法外，端禮對讀書的重要性與讀書的方法，更是全受朱子影響。朱子曾說：「為學之道莫先於窮理，窮理之要必在於讀書。讀書之法莫貴乎循序而致精，而致精之本，則又在於居敬而持志」，端禮對此奉為圭臬，在其〈集慶路江東書院講義〉中，前半段幾全為朱子讀書法的抄錄，後段略有己見，其言曰：

> 愚按：此六條者，乃朱子教人讀書之要。故其誨學者，告君上，舉不出此。而自謂其為平日艱難已試之效者也。竊嘗論之，自孔子有「博學于文，約之以禮，亦可以弗畔矣夫」之訓。以顏子之善學，

其贊孔子循循善誘，亦不過曰「博我以文，約我以禮」而已。是孔子之教、顏子之學，不越乎博文、約禮二事。豈非以學者捨是無以為用力之地歟？蓋盈天地間，萬物萬事，莫非文也。其文出于聖人之手，而存之于書者，載道為尤顯。故觀孔子責子路「何必讀書，然后為學」之語，可為深戒。豈非讀書為博文之大而急者歟？朱子曰：「約禮則只是這些子，博文各有次序，當以大而急者為先」蓋謂是也。然則博文豈可不以讀書為先，而讀書又豈可不守朱子之法？朱子平日教人千言萬語，總而言之，不越乎此六條。而六條者，總而言之，又不越乎熟讀精思、切己體察之兩條。蓋熟讀精思即博文之功，而切己體察即約禮之事。然則欲學顏子之學者，豈可不由是而求之哉！今幸其說具存，學者讀書，能循是六者，以實用其力，則何道之不可進？何聖賢之不可為？使朱子復生，身登其門，耳聞其誨，未必若是之詳且要也。學者可不自知其幸歟？

端禮首先將「為學」約簡為「博文」、「約禮」二事，又以「讀書為博文之大而急者」。其次又將朱子讀書法六條，所謂「循序漸進、熟讀精思、虛心涵泳、切己體察、著緊用力、居敬持志」約簡為「熟讀精思」、「切己體察」二條，認即孔門「博文」、「約禮」之訓。如作表解，大抵如下：

$$為學 = \begin{cases} 博文 = 讀書 = 熟讀精思 \\ \\ 學禮 = 修身 = 切己體察 \end{cases}$$

由於此約簡的思考歸納，使得端禮將「博文」化約為「讀書」，更化約為「熟讀精思」，成為《讀書分年日程》的基本骨架。

二、源於史蒙卿

端禮學於史蒙卿（果齋），依端禮記載：

　果齋先生常於座間大書『靜存動察』四字，以自點檢。〔註4〕

端禮親受果齋的身教，著力於存養省察，其自號「畏齋」，以「切己體察」來詮解「約禮」，應是受果齋影響。此外，端禮在《讀書分年日程》卷一、二

〔註4〕見涵芬樓本《程氏家塾讀書分年日程》卷一，頁17旁證。

旁證常提到果齋，更多是有關讀書方法的討論，如：

> 韓禮部名居仁……至元間來爲慶元路經歷，極力興學校，敦請果齋
> 爲大學師，相與定義，諸生明經必主某說兼用某說，蓋用朱子貢舉
> 私議法也。〔註5〕

可見史蒙卿亦採朱子貢舉私議之說，而間接影響於端禮。又如對讀書與
寫作的教導，端禮亦多引史蒙卿之說，如：

> 果齋先生云：讀書如銷銅。聚銅入爐，大鞴扇之，不銷不止，極用
> 費力。作文如鑄器，銅既銷矣，隨模鑄器，一冶即成，只要識模，
> 全不費力，所謂勞於讀書、逸於作文者此也。〔註6〕

> 李漢韓文序，記公爲學教人，經書必通念曉析，諸史百子止搜抉無
> 隱，文則教人自爲，果齋先生確守是以訓學者。〔註7〕

史蒙卿主張經書要背誦，子、史要熟讀，至於文章的寫作方法則未有特
別指導，端禮《讀書分年日程》亦多談經書之熟背、子史之誦讀，對於文章
寫法著墨較少，似亦受果齋影響。其他如對文章的看法，亦多本於果齋，於
此可見師承影響之深。

三、博採各家

端禮的教育思想與教學方法，受朱子與史蒙卿影響最深。唯依《讀書分
年日程》看來，端禮的「批點四書例」學自黃幹（勉齋）〔註8〕，「批點韓文」
則學自謝枋得（疊山），其教導科舉文字，則間採眞德秀的《應舉工程》，其
他偶列的作者與參考書尤多（如王應麟（厚齋）的《詞學指南法》、《玉海》
等），不及詳論，然於此亦可概見端禮的教學方法，實是轉益多師了。

第二節　程端禮的教育計劃

程端禮的教育計畫主要見於《讀書分年日程》，其篇首的「綱領」實爲教
育目標，卷一與卷二爲各階段教學設計，卷三是有關文字、聲韻的補充教材，

〔註 5〕 同上書卷二，頁 15 旁證。
〔註 6〕 同上書卷二，頁 4 旁證。
〔註 7〕 同上。
〔註 8〕 吳師道認爲「批點四書例」是王柏（魯齋）所定，見《禮部集》卷十七〈讀
　　　　程敬叔讀書工程後〉。

教學方法則散見於各卷。本文依教育目標、指導原則、教學設計、教學方法等各項分述如下：

一、教育目標

（一）根本目標：修道學聖

端禮的教學以修道成聖爲終極目標，《讀書分年日程》自序引《論語》及《周禮》說：

> 孔子之教序：志道、據德、依仁居游藝之先；周禮大司徒列六藝居六德、六行之後，本末之序，有不可紊者。

如此重德行、輕文藝，自是理學家本色。端禮的教育目標本於朱子「白鹿洞書院教條」（或稱「白鹿洞書院學規」），故《讀書分年日程》列爲篇首，其主要綱領有三：

一、五教之目：父子有親、君臣有義、夫婦有別、長幼有序、朋友有信。

二、爲學之序：

　　1、窮理：博學、審問、愼思、明辨。

　　2、篤行。

三、篤行之要：

　　1、修身：言忠信、行篤敬、懲忿窒慾、遷善改過。

　　2、處事：正其誼不謀其利、明其道不計其功。

　　3、接物：己所不欲，勿施於人；行有不得，反求諸己。

「五教之目」是白鹿洞書院的教學目標，其意義在於：「使學者在五倫的人際關係中，體現親、義、別、序、信等道德價值」，這自然是長遠的、抽象的目標。「篤行之要」則較具體的從人日常修身、處事、接物等實際活動中，指出行爲要領，其意義是：「使學者在日常言言行動及至思想念慮均能如理合儀」。

五教之目較爲抽象，在教學歷程中不易考核成效，以行爲目標的角度來看，教學目標必須具體，可以觀察、測量得出，如此才易於學習及評鑑。上列教條中，所謂「有親」、「有義」過爲抽象，「忠信」、「篤敬」的標準也不明確，爲使學者易於持循，端禮更取《程董二先生學則》及眞西山《教子齋規》作爲補充，使目標更加具體。

《程董二先生學則》詳訂言行舉止的各項標準與禁止事項，共一十八則，

其條目爲：

嚴朔望之儀、謹晨昏之令、居處必恭、步立必正、視聽必端、言語必謹、容貌必莊、衣冠必整、飲食必節、出入必省、讀書必專一、寫字必楷敬、几案必整齊、堂室必潔淨、相呼必以齒、接見必有定、修業有餘功、遊藝有適性、使人莊以恕而必專所聽。

每一條目下各有小注，提示要領及禁忌，如「步立必正」條下注「行必徐，立必拱，必後長者。毋背所尊，毋踐閾，毋跛倚」，「飲食必節」條下注：「毋求飽、毋貪味，食必以時，毋恥惡食。非節假及尊命不得飲，飲不過三爵，勿至醉」，這些規定自比「白鹿洞書院教條」所訂更爲具體明確。

眞西山《教子齋規》性質與程、董《學則》相近，唯較簡明，僅八條，計有「學禮、學坐、學行、學立、學言、學揖、學誦、學書」等條目，各條亦有小注，如「學言」下注：「樸實語事，毋得妄誕。低細出聲，毋得叫喚」，大體也是要領與禁忌之提示。

綜合以上所述，端禮最終極的教育目標可說是：

培養完美的道德人格，使學者在五倫的人際關係中，成就親、義、別、序、信的道德價值；在日常言語語舉動乃至思慮中，尤須如禮合節，動合規矩。

端禮終極的教育目標與朱熹似無太大差異，眞正的差異在其次要目標。

（二）次要目標：應舉出仕

一般說宋代理學家有尊德性、道問學二派，前者以象山，後者以朱子爲代表。象山著重發明本心，對讀書較不看重，故說：

若某則不識一個字，亦須還我堂堂地做個人。〔註9〕

又說：

學苟知本，六經皆我註腳。〔註10〕

朱子則頗重讀書，他曾說：

爲學之道，莫先於窮理；窮理之要，必在於讀書。〔註11〕

端禮學宗朱子，其主張讀書窮理本不足怪，唯在朱子看來，讀書窮理純是爲修道成聖，絕不爲科舉利祿，所以他曾慨歎當時學風的敗壞說：

〔註 9〕見《宋元學案》卷五十八〈象山學案〉。
〔註10〕同上。
〔註11〕見《朱子讀書法》卷一。又《讀書分年日程》綱領亦引述原文。

　　　熹竊觀古昔聖賢所以教人爲學之意，莫非使之講明義理以脩其身，
　　　然後推以及人，非徒欲其務記覽、爲詞章，以釣聲名、取利祿而已。
　　　今之爲學者則既反是矣。〔註12〕

　　端禮的終極教育目標固也在學道成聖，然在指明「道德爲本、詞章爲末」
的同時，對於科舉考試，他不但不像宋代理學家般持反對或輕視的態度，甚
至是表示歡迎的，他說：

　　　今制取士，以德行爲首，經術爲先，詞章次之……況今明經一主朱
　　　子說，使理學與舉業畢貫于一，以便志道之士，漢、唐、宋科目所
　　　未有也，誠千載學者之大幸。〔註13〕

　　以上的序文寫於元仁宗延祐二年（1314年），正是元廷首次科考。所謂「理
學與舉業畢貫于一」，是指考試科目以諸經及理學家的傳注爲主要範圍。案：
元代考試分蒙古、色目爲一榜，漢人、南人爲一榜，考試規定如下：

蒙古、色目人

第一場：經問五條。大學、論語、孟子、中庸內設問，用朱氏章句集註。
　　　　其義理精明、文辭典雅者爲中選。

第二場：策一道。以時務出題，限五百字以上。

漢人、南人

第一場：明經、經疑二問。大學、論語、孟子、中庸內出題，並用朱氏
　　　　章句集註，復以己意結之，限三百字以上。經義一道，各治一經，
　　　　詩以朱氏爲主，尚書以蔡氏爲主，周易以程氏、朱氏爲主，已上
　　　　三經兼用古註疏。春秋許用三傳及胡氏傳，禮記用古註疏。限五
　　　　百字以上，不拘格律。

第二場：古賦、詔、誥、章、表內科一道。古賦、詔、誥用古體，章表
　　　　四六參用古體。

第三場：策一道。經史時務內出題，不矜浮藻，唯務直述。限一千字以
　　　　上。〔註14〕

　　由上看來，元代科考大體以理學家尤其朱子的傳注爲標準本，這種讀書

〔註12〕見《宋元學案》卷四十九〈晦翁學案〉下「白鹿洞書院教條」。《讀書分年日
　　　　程》綱領亦有引述。
〔註13〕《讀書分年日程》自序。
〔註14〕《元史》選舉志。

學道與應舉出仕的結合，程端禮極為重視及肯定，甚至將元代科舉的應試資格與上引考試規定著錄於《讀書分年日程》。〔註15〕是以在宋代理學家看來，讀書窮理應純粹是本質意義，而在端禮看來，讀書窮理則不止有本質意義，它還附帶有「工具價值」。儘管端禮亦主張「道德為本，辭章為末」，然他的教學目標與朱子實有一間之隔，這固是程端禮個人主觀的認取，卻也是蒙元時代客觀環境促成的。

二、指導原則

程端禮雖注意到「讀書」的工具價值，而身為一位理學家，他更知道「德業為本，舉業為末」的道理。所以《讀書分年日程》序說：

> 嗟夫！今士之讀經，雖知主朱子說，不知讀之固有法也。讀之無法，故猶不免以語言文字求之，而為程試資也。昔胡文定公于程學盛行之時，有不絕如線之嘆，竊恐此嘆將復見於今日也。余不自揆，用敢輯為《讀書分年日程》，與朋友共談，以救斯弊，蓋一本輔漢卿所粹《朱子讀書法》修之，而先儒之論有禆於此者，亦間取一二焉。

從這段話可以看出：

1、端禮反對把讀書純粹視為舉業的工具，亦即認為：讀書應有更高的目的，即在「修己安人，學道為聖」，不能本末倒置。

2、端禮認為：當時士子因不懂得正確的讀書方法，所以雖讀的是聖賢經書，卻不能起到提升道德、變化氣質的作用，以致讀書只有舉業的工具價值，令人慨嘆。

3、端禮認為撥亂反正之道，在於教導正確的讀書方法，而所謂正確的讀書法即是《朱子讀書法》，這是《讀書分年日程》的最高指導原則。

《讀書分年日程》綱領錄《朱子讀書法》六條，即「居敬持志，循序漸進，熟讀精思，虛心涵泳，切己體察，著緊用力」六項，然只錄要目，未附條文。端禮自注「右詳見輔漢卿所編，近已刊集慶學」，似另有指定參考書。唯《讀書分年日程》卷三附有端禮所著〈集慶路江東書院講義〉，實即《朱子讀書法》六條之扼要說明，各條目的解釋也全引朱子本人的解說。依其內容

〔註15〕見涵芬樓影印元刊本「程氏家塾讀書分年日程」卷二旁證。《四庫全書》所錄本與世界書局重排本皆佚。

看來,「循序漸進、熟讀精思、虛心涵泳」三條較偏於「知」,類似於「讀書要領」;「切己體察、著緊用力、居敬持志」三條較偏重「行」,可說是「實踐要領」,各條目要點如下:

（一）**循序漸進**

依書的首尾次第,字求其訓,句索其旨,由字句而章篇,循序玩索。讀通一書,再讀另一書。未得乎前則不敢求乎後,未通乎此則不敢志乎彼。

（二）**熟讀精思**

（1）讀書必須成誦。背誦宜記遍數,遍數已足而未成誦,必須成誦;遍數未足,雖已成誦,必滿遍數。

（2）讀經書正文、注解,須成誦精熟。於注中訓釋文意,事物名件發明相穿紐處,須一一認得,如自己做出底一般。

（三）**虛心涵泳**

（1）宜正確讀解經書,不可心下先有個意思,卻將聖賢言語來湊他底意思。

（2）須能記誦、辨明諸家說法,然不必急於立說。

（四）**切己體察**

學者讀書須要將聖賢言語體之於身。如「克己復禮」,如「出門如見大賓」等事,須就自家身上體覆:我實能克己復禮、主敬行恕否?件件如此,方有益。

（五）**著緊用力**

要寬著期限,緊著課程。為學須剛毅果決,悠悠不濟事。

（六）**居敬持志**

涵養須用敬,進學則在致知。方無事時,敬以自持,凡心不可放入無何有之鄉,須是收斂在此,及應事時,敬於應事,讀書時,敬於讀書,便自然該貫動靜,心無不在。須要養得虛明專敬,使道理從裡面流出方好。

以上讀書法六條,大抵是朱子本人意見,端禮更將六條讀書法約簡為「熟讀精思」、「切己體察」兩條,他說:

朱子平日教人千言萬語,總而言之,不越乎此六條。而六條者,總

而言之，又不越乎熟讀精思、切己體察之兩條。蓋熟讀精思即博文
之功，而切己體察即約禮之事。〔註16〕

熟讀精思以博文，切己體察以約禮，前者重在讀書窮理，屬「知」的層面；
後者重在體察實踐，屬「行」的層面，《讀書分年日程》的教學要點，即以「博
文」解決「知」的問題，以「約禮」解決「行」的問題，「如何熟讀群經」與「如
何踐禮行道」幾可說是全書的思考核心。至其具體落實，則詳見於教學設計。

三、教學設計

理學家的教育目的必在培養道德人格，而培養道德人格不能求速成，必
須從小長期地陶養訓練，以是端禮把課程分作三個階段，第一個階段是八歲
以前，可稱爲「啓蒙階段」；第二個階段是八至十四歲，可稱爲「小學階段」；
第三個階段是十五至約二十三歲，有學者稱爲「成人教育階段」，〔註17〕然古
人實以十五歲爲入大學之齡，本文依端禮意，稱作「大學階段」，以下說明各
階段的教學設計。

（一）啟蒙階段（八歲以前）

1. 教　材
    （1）程逢原增廣《性理字訓》
    （2）朱熹《童子須知》

2、教學進度
    日讀字訓綱三五段，另於飯後使記說《童子須知》一段。

（二）小學階段（八至十四歲）

1、教材（依序背讀）
    （1）《小學書》正文
    （2）《大學》經傳正文
    （3）《論語》正文
    （4）《孟子》正文
    （5）《中庸》正文
    （6）《孝經》刊誤

〔註16〕《讀書分年日程》卷三「集慶路江東書院講義」。
〔註17〕侯外盧等人編《宋明理學史》第550頁。

（7）《易》正文

（8）《尚書》正文

（9）《詩》正文

（10）《儀禮》並《禮記》正文

（11）《周禮》正文

（12）《春秋》經并三傳正文

2、參考書

六經正文依程子、朱子、胡氏、蔡氏；句讀參廖氏及古注、陸氏音義、賈氏音辨、牟氏音考。〔註18〕

3、要求標準

《小學》、《四書》及諸經正文背誦爛熟。

4、讀書要領

端禮的讀書要領大體本於朱子，主張每日止讀一書，不可貪多博雜，又主張限定字數，分段讀背，其說法如下：

（1）專讀一書

日止讀一書，自幼至長皆然。

必待一書畢，然後方換一書，不得兼讀他書。

（2）限定字數

隨日力性資，自一二百字漸增至六七百字，日永年長，可近千字乃已。

（3）分段讀背

每大段內必分作細段，每細段必看讀百遍，倍（背）讀百遍，又通倍讀二三十遍。後凡讀經書仿此。

5、每週功課（四日一周）

小學以讀背群經為重點，間以習字、演文。每讀經四日，內分一日習字、演文，並考音義偏旁。附「小學習字演文日程空眼簿」如后。（見59頁）

這一階段的學習以背誦為主要活動，程端禮說：

前自八歲約用六七年之功，則十五歲前，小學書、四書、諸經正文

〔註18〕見涵芬樓本《讀書分年日程》卷一，頁14。

可以盡畢。既每細段看讀百遍、倍遍百遍，又通倍大段。早倍溫冊
首書，夜以序通倍溫已讀書。守此，決無不熟之理。〔註19〕

　　端禮自稱《讀書分年日程》是一本《朱子讀書法》而修，然在讀書的順
序上是略有差異的。朱子曾說：

　　人自有合讀底書，如大學、語、孟、中庸，讀此便知人不可不學底
　　道理，與爲學之次第。然後更看詩、書、禮、樂，某才見人說看易，
　　便知他錯了，未嘗知爲學之序。……上古之書，莫尊於易；中古後
　　書，莫大於春秋，此二書皆未易看。〔註20〕

　　朱子主張先讀四書，後讀群經，蓋本程子教法，元人教育亦大體遵循，
唯各書的先後次序則頗有異同。朱子以理解的難易程度作先後的區分，以四
書而言，先大學，次論、孟，中庸較難，故殿後。至於群經，則先讀詩、書
及禮，易與春秋隱奧難知，宜後讀。茲將朱子與端禮所列書次序，表列如下：

	（1）	（2）	（3）	（4）	（5）		（6）	（7）		（8）	（9）	（10）
朱子	〔小學〕	大學	論語	孟子	中庸		詩	書		禮	春秋	易
端禮	小學	大學	論語	孟子	中庸	孝經	易	書	詩	禮	春秋	

　　由上表看來，除朱子未論及的《孝經》外，其餘各經次序大體是相當的，
朱子雖不提《小學書》，然《小學書》本朱子所輯，以作爲幼學教科書之用，
置於《大學》之前，大抵不違朱子本意。詩、書先後稍有不同，較大的差異
是《易》的次序，朱子以爲《易》難讀，故宜置後，端禮則提置五經之首，
推測其意，恐是以字數多寡爲考慮。案：五經字數，以《易》二萬四千一百
七字爲最少，《書》二萬五千七百字次之，《毛詩》二萬九千二百三十四字又
次之，三禮合計有二十萬餘字，三傳合計二十八萬餘字，〔註21〕字數的多寡
與端禮所列五經先後次序正合，可見端禮是著重以字數爲程的。如以閱讀理
解而言，朱子先詩書禮而後易春秋，實合程序；如以背誦難易而言，以較短

〔註19〕同上書，頁15。
〔註20〕見《四庫全書》錄《朱子讀書法》卷一，頁14。
〔註21〕依清人王錫范所計。見今人姜漢椿校注《程氏家塾讀書分年日程》附錄。

的易、書、詩置三禮三傳之前，亦有理據。由此亦可見二人之重點不同：朱子重理解，端禮似更重背誦。

（三）大學階段（十五至二十三歲）

這一階段的主要教學活動是：讀經、讀史、讀文、作文四項，分述如下：

1、讀 經

大學階段讀經，主要範圍仍為四書、五經，唯小學階段強調背誦諸經正文，大學階段則除倍溫正文外，更旁及傳注與性理諸書，強調分析、比較各家說法，注重筆記鈔寫與自學能力的培養，而學問的根本則在「尚志」。

（1）尚 志

程端禮說：

> 自十五志學之年，即當尚志，為學以道為志，為人以聖為志。〔註22〕

更引述朱子的話說：

> 學者書不記，熟讀可記；義不精，細思可精。唯有志不立，眞是無著力處。只如今人，貪利祿而不貪道義，要作貴人而不要作好人，皆是志不立之病。〔註23〕

如此強調學道之「志」、義利之辨，固全是理學家立場，端禮對於志學以後的讀經尤為重視，他說：

> 前自十五歲讀四書經注、或問、本經傳注、性理諸書，確守讀書法六條，約用三四年之功，晝夜專治，無非為己之實學，而不以一毫計功謀利之心亂之，則敬義立而存養省察之功密，學者終身之大本植矣。〔註24〕

（2）教 材

A. 四書：朱熹集注、或問。先大學，次論、孟、中庸。

B. 五經：端禮所錄五經讀本及參考書目頗多，為使讀者對元代士人所讀書有較充分的理解，仍侈錄如下：

　　a、易：朱子本義、程子傳、古注疏、胡庭芳所附朱子語錄文集、何北山啟蒙繫辭發揮、朱子孫鑒所集易遺說、董氏所附程子

〔註22〕涵芬樓本《讀書分年日程》卷一，頁 15。
〔註23〕同上書卷一，頁 16。
〔註24〕同上書卷一，頁 25。

語錄文集、胡庭芳所纂諸家解、胡雲峰易通及諸說精確有裨朱子本義者。

b、書：蔡氏傳、古注疏、朱子語錄文集相干者、金氏表注、董氏纂諸儒之說及諸說精確有裨蔡氏傳者。

c、詩：朱子傳、古注疏、朱子語錄文集相干者、輔氏童子問、王魯齋詩疑辨及諸說精確有裨朱子傳者。

d、禮記：朱子儀禮經傳通解、朱子語錄文集相干者、黃氏日鈔、陳氏櫟詳解、衛氏集解精確而有裨正經古注疏著。

e、春秋：三傳、胡氏傳、諸說之合於經之本義者、程端學辯疑、或問。

五經並參陸德明音義。

C、性理諸書：

小學書、程氏增廣字訓綱、北溪字義、續字義、太極圖、通書、西銘（並有朱子解及何北山發揮）、近思錄、續近思錄、讀書記、大學衍義、程子遺書、外書、經說、文集、周子文集、張子正蒙、朱子大全集、語類。

以上所列科目一方配合考試，一方於相關科目中多列參考書，以免學者陷於固陋，此見程端禮實有心調合道德與現實二者間的矛盾。

2. 讀　史

學生讀「史」的年歲，端禮未曾明訂，只說「四書本經既明之后，自此日看史」〔註25〕。又說：

竊謂明四書本經，必用朱子讀法，必專用三年之功，夜止兼看性書，並不得雜以他書。……看史及學文必在三年之外。〔註26〕

既在「三年之外」，則讀史的年齡當在十七、八歲左右。

（1）教材：資治通鑑、朱子綱目。

另參史記、漢書、唐書、范氏唐鑑、通鑑釋文、諸儒論斷、管見、綱目凡例、尹氏發明、金仁山通鑑前編、胡庭芳古今通要。

（2）讀史要領

〔註25〕同上書卷二，頁 1。
〔註26〕同上書卷二，頁 17。

A、反覆熟看

雖不必如讀經之遍數，亦須虛心反覆熟看，如一事之始末，一人之姓名、爵里、諡號、世系，皆須細考強記。

B、分項思玩

對於當時君臣心德之明暗、治道之得失、紀綱之脩廢、制度之因革、國本之虛實、天命人心之離合、君子小人之進退、刑賞之當濫、國用之奢儉、稅歛之輕重、兵力之強弱、外戚宦官之崇抑、民生之休戚、風俗之厚薄、外夷之叛服等類，以項目寫貼眼前，以備逐項思玩當時之得失。

C、論斷鈔記

每事以我得於四書者照之，思其得失，合如何論斷、如何區處，有所得與合記者，用冊隨鈔。

（3）每週功課（五日一周）

端禮最重讀經，即讀史書之時，亦以五日爲一周，其中三日讀史，二日「倍溫玩索四書經注或問、本經傳注；倍溫諸經正文。夜間讀看玩索溫看性理書」〔註 27〕，附「讀看史日程空眼簿」如后。（見60頁）

3、讀　文

（1）讀韓文

A、鈔讀背誦

鈔讀眞西山《文章正宗》內韓文議論、敘事兩體華實兼者七十餘篇，正以朱子考異表，以廣謝疊山法詳細批點。

B、讀文要領

每篇先看主意，以識一篇之綱領；次看其敘述，抑揚輕重、運意轉換、演證開闔關鍵、首腹結束、詳略淺深次序。既於大段中看篇法，又於大段中分小段看章法，又於章法中看句法，句法中看字法。

C、學文關鍵

端禮認爲文章原出於自然，非模擬所致，凡有意爲文，已落第

〔註27〕同上書卷二，頁 1。

二義。關鍵在於經史熟、析理精，有學有識有才，又能集義於養氣，這才是文章的根本。果能如此，甚至可以「突過（韓）退之」。

（2）讀楚辭

讀楚辭，正以朱子集注，詳其音讀訓義，須令成誦。

（3）考索制度、治道

須參讀通典、續通典、文獻通考等書，計數十種。（書繁，茲不錄）

（4）每週功課（六日一週）

端禮仍依「日知月毋忘」的原則，雖讀看文，仍分日溫倍經、史，他要求：

六日內分三日倍溫玩索四書經注或問、本經傳注、諸經正文及溫看史。〔註28〕

這是六日之中，讀文三日，另二日溫經，一日溫史。附「讀看文日程空眼簿」如后。（見60頁）

4、作　文

端禮認為經史熟、文體明，則可以作文。唯作文並不全為舉業，故其教學仍分「非舉業文」與「舉業文」二類：

（1）非舉業文：史筆

端禮認為文章寫作不必全為應舉，而應可成為史筆之才，其教法是先讀真西山《文章正宗》及湯東澗所選史記、漢書，然後熟看班、馬全史。

（2）舉業文

舉業文則全針對考試。按：元代考試第一場考明經（三百字以上）、經疑（五百字以上），第二場於古賦、詔誥、章表內科一道，第三場試策（一千字以上）。端禮針對各個考試科目，亦提出對應方案：

A、經　問

欲學經問，直以大學、中庸或問為法。平日既讀四書注及讀看性理文字，則為文不患於無本矣。

〔註28〕同上書卷二，頁6。

B、經　義

欲學經義，亦倣或問文體，用朱子貢舉私議中作義法爲骨子，
必通貫經文，條舉眾說而斷以己意。

C、古　賦

欲學古賦，讀離騷，更看讀楚辭後語，並韓柳所作。又擇《文
選》中漢魏諸賦、七發及晉問熟看。

D、古體制誥章表

欲學古體制誥章表，讀《文章正宗》辭命類，選看王安石、曾
鞏、蘇軾、汪龍溪及周平園《宏辭總類》。

E、策

欲學策，以平日得於四書者爲本，更守平日所學文法，更略看
漢唐策、陸宣公奏議、朱子封事書疏、宋名臣奏議、范仲淹、
王安石、蘇軾萬言書、策略、策別等，學陳利害則得矣。今日
時務得失，亦須詳究。

（3）每週功課（十日一周）

仍依「日知月毋忘」原則，以九日溫看經史韓文離騷，考索性理、
治道，第十日以全日作頭場文。附「讀作舉業日程空眼簿」如后。
（見 60 頁）

端禮認爲：學生依工程讀經、讀史、讀文之後，專以二三年工學文，即
可以應舉。由於《讀書分年日程》有不少針對考試科目的設計，致有學者認
爲程端禮是：「以讀書做官爲號召，把青年人引上白首窮經，脫離實際，徒尚
浮華，追求功名利祿的歧路。」〔註29〕

其實端禮並未專以科舉爲號召，即使在學「作文」的兩三年間，也有「非
舉業文」的教導。而科舉考試自宋代程子、朱熹，均以爲士子參加科考已是
時勢所趨，並未反對，只是要辨別義利、本末而已。程子說：

人多說某不教人習舉業。某何嘗不教人習舉業？人若不習舉業而望
及第，卻是貴天理而不修人事。但舉業既可以及第即已，若去上面
力求必得之道，是惑也。〔註30〕

朱子曾論科舉說：

〔註29〕見今人姜漢椿校注《程氏家塾讀書分年日程》前言。
〔註30〕涵芬樓本《讀書分年日程》卷二，頁 10 旁證。

　　非是科舉累人，自是人累科舉，若高見遠識之士，讀聖賢之書，據
　　吾所見而爲文以應之，得失利害置之度外，雖日應舉，亦不累也。
　　居今之世，使孔子復生，也不免應舉，豈能累孔子耶？〔註31〕

　　端禮也嚴判君子、小人，對於專以應付科考爲目標的教學尤其反對，他
說：

　　方今學校教法未立，不過隨其師之所知所能，以之爲教爲學。凡讀
　　書，才挾冊開卷，已準擬作程文用，則是未明道已計功，未正誼已
　　謀利。其始不過因循苟且，失先後本末之序而已，豈知此實儒之君
　　子小人所由以分，其有害士習乃如此之大。嗚呼！先賢教人格言大
　　訓，何乃置之無用之地哉？〔註32〕

　　儘管程端禮認爲：考試科目與理學書目相配合，可以增強士子讀書的動
機，然而純以通過考試爲讀書目的，卻是端禮所反對的。他認爲讀書窮理有
其絕對價值，即使通過科考，仍須讀書，所以說：

　　（科考）三場既成，卻旋明餘經及作古文。〔註33〕

　　考試過後還必須讀經、作文，此時所讀之經、所作之文與科考絕無關係，
可見端禮確以讀書窮理本身爲目的，它可以附帶工具價值，但不能被貶爲純
工具作用。

　　綜合以上所說，可見端禮的教學設計既有承先，亦有新創。其啓蒙、小
學、大學的課程設計即承前代而來，朱子〈大學章句序〉說：

　　人生八歲，則自王公以下，至於庶人之子弟，皆入小學，而教之以
　　灑掃應對進退之節，禮樂射御書數之文。及其十有五年，則自天子
　　之元子眾子，以至公卿大夫元士之適子，與凡民之俊秀，皆入大學，
　　而教之以窮理正心修己治人之道。

　　端禮以八歲入小學，十五入大學的規劃，與各階段教學重點，正本於朱子
說法。然端禮自有創新的地方，他所設計的「日程空眼簿」即可以培養自學能
力，亦便於督導考核，頗合管理原則。即衡以近代課程理論，端禮的設計亦有
可觀之處，美國課程理論專家泰勒（Ralph W. Tyler）論及課程組織，曾指出有
效的課程設計必須符合三個效標，即「繼續性」、「程序性」、「統整性」，他說：

〔註31〕同上書卷二，頁11旁證。
〔註32〕同上書卷二，頁19。
〔註33〕同上書卷二，頁17。

「所謂『繼續性』指的是對於課程中所包含的主要因素，予以『直
線式』的重複敘述。」〔註34〕

這意味著：同一種技能須在一段時間內有繼續操作的機會。在端禮的教學設計中，讀經的「自學能力」訓練、讀史的「批判能力」、讀文的「分析能力」訓練，均符合「繼續性」原則。

所謂「程序性」，即是「對同一素材作更廣泛、更深一層的處理」〔註35〕，它所強調的不是「重覆」，而是「加深、加廣」。

以端禮所分的三階段課程而言，啓蒙所念的《童子須知》，到小學念《小學書》而嚴幼儀，到大學則思玩禮儀形式背後的「性理」，正是一階段一階段的加深、加廣。又小學只讀四書群經正文，大學則兼及或問，更須比較分析諸說異同，這樣的安排頗符合「程序性」的原則至於「統整性」，指的是課程間的「橫」的聯繫，亦即一學科所學到的某種能力，必須「能將此一能力有效而廣泛地應用於其日常生活的各種不同情境之上」。〔註36〕泰勒是依西方的學術分科觀念說的，而中國傳統的四書五經雖可略歸爲文學（如《詩經》）、史學（如《春秋》、《左傳》）、哲學（如《易經》）等不同門類，然傳統談四書五經主要著重倫理道德，其統整的關鍵在知行問題，在如何把所知的「理」具體落實在生活當中，是以端禮極強調思玩體察，其教學內涵與西方雖不相同，而形式意義與泰勒所說的「統整性」則有相通之處。

程端禮課程設計的特色大略如上，以下說其教學方法。

四、教學方法

（一）有效的教學法

教學法是教師爲達成教學目標，所採用的手段與方法。端禮的具體目標一在「博文」，即熟背群經，尤其是四書五經；一在「約禮」，即禮儀合度，盡性踐形。爲有效達成「博文」的目的，端禮所用的方法亦靈活多變，與現代教學法中的練習、問答、發表及自學輔導等方法，頗有相似之處，茲說明如下：

1、練習教學法

練習教學法是「把某種動作、技能或需要記憶的材料，經常反覆練習，

〔註34〕見《課程與教學的基本原理》黃炳煌譯本第 95 頁。
〔註35〕同上書第 96 頁。
〔註36〕同上書第 97 頁。

以期養成機械的和正確的反應。」〔註37〕

　　端禮既強調「諸經需能背誦熟爛」，自須加強背讀，所以每天必須背書，自一二百字至千字不等，各看讀百遍、倍讀百遍，夜間又溫背經書。「讀經」時固是每天背誦，即「讀史」、「讀文」時，亦須每週分三、兩天讀經。如此長年練習，對於材料記憶自有顯著效果。

2.問答教學法

　　問答教學法的特點是師生間一問一答，其認知層次可以自記憶、理解到分析、評價。端禮自常使用此種方法，《讀書分年日程》說：

> 假如說小學書，先令每句通說朱子本註及熊氏解。及熊氏標題已通，方令依傍所解字訓句意說正文字，求其訓註中無者……既通，說每句大義。又通，說每段大義，即令自反覆說通，面試通乃已。久之，才覺文義粗通，能自說，即使自看註，沈潛玩索，使來試說，更詰難之，以使之明透。〔註38〕

3、自學輔導法

　　自學輔導法是「學生在教師指導下，運用有效的學習方法，自行學習教師所定之功課」，〔註39〕這種方法可以訓練學生獨立學習的能力，養成自發的讀書習慣。上面引文已可看出端禮的教學頗合「自學輔導法」原則。在指導學生自讀方面，他的教法是：

> 先計字數，畫定大段，師記號起止於（日程空眼）簿，預令其套端禮所參館閣校勘法，黃勉齋、何北山、王魯齋、張導江及諸先生所點抹四書例，及仿王魯齋正始音等書點定本，點定句讀，圈發假借字音，令面讀仔細正過。〔註40〕

　　上文所謂「館閣校勘法」，其實是一套標點斷句原則與方法的歸納，端禮綜合黃勉齋等人的說法，以教導學生點斷文句，如館閣校勘法的要點是：

> 側點為句，中點為讀。凡人名、地物名，並長句內短句，並從中點。

〔註41〕

〔註37〕見高廣孚《教學原理》第362頁。
〔註38〕涵芬樓本《讀書分年日程》卷一，頁5。
〔註39〕依王明通《中學國文教學法研究》第106頁。
〔註40〕涵芬樓本《讀書分年日程》卷一，頁3。
〔註41〕同上書卷二，頁20。

其他亦有關於文句結構的分析，均先列原則，後舉例，如：文意，斷爲句，如『此對小子之學言之也』。「者也」相應爲讀，如「大人者，大人之學也」〔註42〕。

可見端禮的教學重點是在使學生能自行點讀書籍，教師的工作則在：視學生能力給予適度深淺及份量的作業，並作考核、指正。

爲了有效督導學生，端禮所設計的「日程空眼簿」實發揮了極大作用。它的特點在於：

（1）明列教學進度	（2）靈活規定作業份量
（3）列出每日各時段應讀書目	（4）提示讀書要領
（5）明訂考核方法及標準	（6）要求學生自我考評訂正
（7）融會自學、練習、發表等教學法	

一個簡單的表格竟然有這麼多重的作手，實在令人驚歎！

端禮所使用的教學方法當然不止上列三種，其中必有講述法，也可能與「問答法」並用「發表」或「啓發」法，然針對「熟背經書」的目標，練習、問答與自學輔導法可能較其他方法更爲有效。

理學家的教育目標當然不是在造就背書或考試的機器，熟讀經書的目的爲了讀書窮理，爲了變化氣質、修身行道。在這一方面，端禮的教學方法大體本於朱子讀書法六條，即「居敬持志」、「循序漸進」、「熟讀精思」、「虛心涵泳」、「切己體察」、「著緊用力」，端禮則約簡爲「博文」、「約禮」兩條，其有關「博文」的教法已如上述，以下論其有關「約禮」，即道德實踐方面的教法。唯中國傳統在道德教學上有極深刻的洞見，與西方今日偏重道德認知的路線大不相同，故本節仍以傳統所述的教法論列。

（二）道德實踐的門徑

1、教導禮儀規範

端禮極重視禮儀規範的教導，故《讀書分年日程》綱領首列朱子〈白鹿洞書院教條〉，其次即列〈程、董二先生學則〉與眞西山〈教子齋規〉，詳細規定言語、行、坐、立、揖等儀節，又每日須遵行學堂禮儀，每月朔望須禮拜先聖及師長，養成一套禮儀習慣，這雖是小學階段的工作，然卻是修、齊、

〔註42〕同上書卷二，頁22。

治、平的根本，故在童蒙之時，即須講明熟習，俾日後能「化與心成」。

2、激發學聖志向

大抵理學家均以立志學道為聖學關鍵，朱子即說：「學者書不記，熟讀可記；義不精，細思可精，唯有志不立，真是無著力。」〔註43〕陽明撰〈教條示龍場諸生〉也首列「立志」，以為「志不立，如無舵之舟，無銜之馬」，〔註44〕這當然也是鼓舞立志學聖，端禮教人亦說：

> 自十五志學之年，即當尚志，為學以道為志，為人以聖為志。〔註45〕

這是由俗學到聖學的關鍵，「小人」與「大人」的分野，端禮自極重視。

3、思考玩索，主動實踐

學生遵行禮儀規範固是理學教育的一環，然學生日行其禮，不能心知其義，仍不是成功的教育，是以大學階段的教育目的即在「明明德、親民、止至善」，使學生不僅知其然，而且知其所以然；不僅知禮「儀」，而且知禮「義」；不僅能依禮而行，而且是所行皆理，能主動的實踐道德理性。《讀書分年日程》未記載端禮的道德教學方式，然端禮曾引朱子的話說：「持敬、讀書，止是一事」，〔註46〕這是以「讀書」作為持敬的手段與試金石，讓學生在讀書中鍛鍊勤奮（緊著課程）、有恆（背溫群書）、虛心（不妄評議）、明辨是非（以義理為斷）的能力，養成智禮兼備的賢能君子，並在日常禮儀規範中，使學生體會「禮儀形式」背後的「義理」，從而主動踐行，這就是朱子〈白鹿洞書院教條〉所說的：

> 苟知其理之當然，而責其身以必然，則夫規矩禁防之具，豈待他人
>
> 設之，而后有所持循哉！〔註47〕

朱子所謂的「理」，具體落實則在五倫，學生能時時自明其德，主動實踐五倫，則是理學教育的大成。端禮《讀書分年日程》綱領首列〈白鹿洞書院教條〉，顯然是遵循朱子之教。

4、靜存動察，敬義夾持，知行並進

立志學聖只是確立一理想方向，理想不能蹈空，必須具體落實在日常生活事物上，理學家大抵主張在動靜之間作存養省察功夫，端禮亦說：

〔註43〕同註6。
〔註44〕見上海古籍出版社印《王陽明全集》卷廿六。
〔註45〕同註15。
〔註46〕涵芬樓本《讀書分年日程》卷一，頁17旁證。
〔註47〕同註5。

　　　必以身任道，靜存動察，敬義夾持，知行並進，始可言學。不然，
　　　則不誠無物，雖勤無益也。〔註48〕

以「敬」持心，在動靜之際存養省察，又言「知行並進」，幾全是朱子的口氣。

　　5、靜坐、調心

　　端禮未明言靜坐調心的方法，然《讀書分年日程》卷三錄朱子〈調息箴〉，並引饒雙峰、程明道、黃勉齋等人對靜坐、調心的方法，顯見端禮必曾教導學生調息、靜坐。理學家固反對禪定，然並不反對靜坐調心，而把它視為存養體察的輔助工夫。

　　從以上看來，端禮有關道德實踐的方法，幾全本朱子之說，並無新創；至其論學重點，主要著落在「如何有效地背讀群經」上，在有關「博文」的課程教學這一方面，說程端禮是集宋元以來經書教學之大成，似不為過。

五、結　語

　　程端禮學術本於朱子，他個人的學行，依《宋元學案》所說，是「色壯氣夷，善誘學者，使之日改月化」，〔註49〕仍是合格的理學家色彩，唯其學說重點大多放在「如何有效熟讀經書」上面，對於理學教育的核心：「道德實踐」，大體只是綜合宋元理學大家的說法，對於道德實踐中較具爭議性的問題，如：心與理、理與氣、知與行、已發未發、他律與自律道德等重要問題，端禮並未深論，其畢生專注的重點，實落在「教學設計、讀書方法與技巧」上，即「如何有效地教導學生讀背經書」，就理學教育來說，恐怕是一種歧出。儘管端禮本意是希望調和理想（道德）與現實（功利）之矛盾，其教學設計亦以大學之首三年為立本工夫，然其實際成效恐仍待考核。端禮門下如王楚鼇雖有名於世，亦只是官位稍高，在理學上並無特殊創見，如依端禮另一著作《畏齋集》看來，恐端禮的教學成效主要還在「幫助學生通過科考」上面，《畏齋集》卷四〈送馮彥思序〉曾談到端禮出長江東書院時，依《讀書分年日程》教法以教馮彥思，「彥思尋中江浙鄉試冠左榜（漢人、南人）」，後來馮彥思亦循端禮之法教人，而「彥思門人咼哲台舜臣鄉試中江浙冠右榜（蒙古、色目人）」，〔註50〕至於端禮門人在「讀書」以外的「道德實踐」上究有多少成就，則不得而知。

〔註48〕涵芬樓本《讀書分年日程》卷一，頁16。
〔註49〕《宋元學案》卷八十七〈靜清學案〉。
〔註50〕《四庫全書》集部所錄《畏齋集》卷四，頁16。

　　持平而論，儘管端禮個人在理學核心問題上稍乏創見，在教學成果上，也是讀書記誦重於道德實踐，然在教育史上，端禮的貢獻並不容忽視，首先他綜合宋元以來的教學心得，保留了當時教育的部分實況，使後人對於元代教育有較為深刻的理解。其次，在教學設計上，端禮一面綜合朱子、朱子門人、真西山等理學家的教法，一面自己設計了「日程空眼簿」，以督導學生養成自學習慣，頗有創意，所用的教學法亦能有效達成「博文」的教學目標，如果我們不過於求全責備，則端禮在中國教育史上的成就，應是值得後人肯定的。

【附錄】

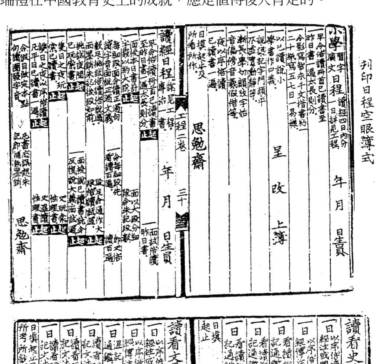

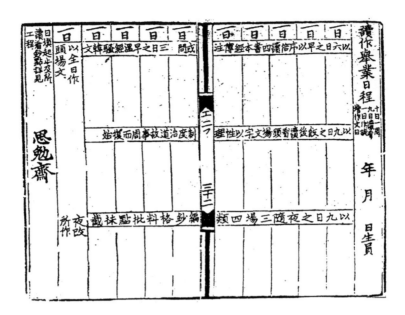

第四章　程端禮的閱讀教學

　　程端禮的課程設計已如前述。在端禮的教學中，閱讀活動實佔了極重要的地位，《讀書分年日程》卷二末尾附有「批點經書凡例」及「批點韓文凡例」，可說是程端禮閱讀教學之最核心部分，本章即分二節，分別對上述「凡例」加以探討。

第一節　論經書批點法

　　在古籍閱讀中，學會句讀標點是讀懂經籍的先決條件，《禮記・學記》說「一年視離經辨志」，「離經」即離斷經文。程端禮特別重視基礎閱讀能力的培養，在《讀書分年日程》中，明列「批點經書凡例」、「實勉齋例」、「續補句讀例」，甚至連如何製作點書工具，如何用鉛粉改正誤處，均詳細解說，本節著重端禮「離斷經文」的教學法，故以「批點經書凡例」、「實勉齋例」、及「續補句讀例」為討論重點。

一、批點經書凡例

　　「批點經書凡例」主要包含「館閣校勘法」及「勉齋批點四書例」兩種點書方法：

（一）館閣校勘法

　　「句讀二字，側點為句，中點為讀。凡人名，地物名，並長句內小句，並從中點。」〔註1〕

〔註1〕見《讀書分年日程》卷二。

茲以上句文字內容爲例，示其句讀如下圖：

案：此教法提示兩點，前段說明點書的方法是：「點」在側邊爲「句」，「點」在中間爲「讀」。後段則對初學者較常見及較易混淆的「長句內小句」爲人名、地物名，指明它們都是「讀」，「並從中點」。此方法較爲簡單，「勉齋批點四書例」則較爲詳明。

（二）勉齋批點四書例

勉齋批點四書例實包括「句讀例」與「點抹例」，「點抹例」將於後面論「批點文章」時一併討論，此先說明「句讀例」。

「句讀例」說：

句：舉其綱。文意斷。

讀：「者也」相應。文意未斷。覆舉上文。上反言而下正。上有呼下字。下有承上字。〔註2〕

勉齋對於句讀的解說，不從形式、位置上說明，而是從內涵上加以解說。凡是羅列大綱，或是文意完盡者，即爲「句」；如文意未盡，或有「者也」相應，

〔註 2〕同上。

覆舉上文等情形，則為「讀」。此種說明比館閣校勘法更詳細，也更具指導功能。唯未舉實例，稍欠具體，端禮另有「實勉齋例」，即配合勉齋句讀例所作的補充，述之如下。

二、實勉齋例

「實勉齋例」，文淵閣四庫本《讀書分年日程》作「釋勉齋例」，即針對勉齋批點四書之「句讀例」所作的補充與說明，「勉齋句讀例」釋「句」有二條，釋「讀」有六條，「實勉齋例」則句讀平列，共為八條，依次是：

（一）舉其綱為句

　　如「大學之道，在明明德，在親民，在止於至善。」

　　案：例句釋「大學之道」，先舉三綱，「在明明德」、「在親民」、「在止於至善」是三個平列的補充語，必須盡舉其綱，才算完句，所以此句從「大學之道」到「止於至善」，須待三綱畢舉，才加「句」點，點於「善」字之下側。

（二）文意斷為句：如「此對小子之學言之也。」

　　案：此條說明一般的斷句原則，以文意完盡為一整句。其所以先特例，後一般，蓋因元儒教四書是依朱子之見，以《大學》為先，而《大學》首句即較特殊，故先提「舉其綱」，其實「舉其綱」仍不能違反「文意斷」的原則。

（三）者也相應為讀

　　如「大學者・大人之學也・」

　　案：此是從外顯句型即可斷其句讀者，蓋「者」「也」相應的文句，多是以下釋上，以「大人之學」釋「大學」，故凡遇此種句型，在「者」「也」之間（即「者」字之下）應加讀（逗）點，點於「者」字下中央。

（四）文意未斷為讀

　　如「言既自明其德・又當推以及人・使之亦有以去其舊染之污也・」

　　這是一長句，從「言」字以下一直到「也」字才是完句，中間雖有短句，然文意未全盡，正是「館閣校勘法」所謂「長句內小句」，每一小句下（本句在「德」字、「人」字下），均加讀點。

（五）覆舉上文爲讀

如「曰然則此篇所謂在明明德·在親民·在止於至善者·亦可得而聞其說之詳乎·」

案：上述「舉其綱爲句」（第一條）的規則，雖以綱領盡爲句，然此句的三綱領只是「覆舉上文」，須連下問語始爲完整的問句，故雖已舉其綱，仍不得以「止於至善」爲句，而是以三綱領下「者」字爲「讀」。

（六）上反言而下正爲讀

如「不親其親·不長其長·則所厚者薄而無以及人之親長·」

案：所謂「上反言而下正」，即上爲否定，下爲肯定，否定只是條件，意不完整，故「不親其親，不長其長」下只能加「讀」，而不是「句」。嚴格講，此例句實帶因果關係。

（七）上有呼下字爲讀

如「中庸何爲而作也，子思子憂道學之失其傳而作也。」

案：此條所謂「上有呼下字」，即上下文意有呼應時，以呼應完盡爲「句」，文意未盡時（如「中庸何爲而作也」）仍只加「讀」。

（八）下有承上字爲讀

如「德者本也，財者末也。」

案：例句中「本」、「末」爲相對字眼，在此「德者本也」並不單舉，而是與「財者末也」並列，其意始完，故類此有上下承應意者，意未盡時，只能加「讀」。

以上「實勉齋例」八條，其實眞正的規則只有兩條，即「文意斷爲句」、「文意未斷爲讀」，其他六條，或從外表（句型特徵），或從內涵（文句意旨）歸納原則，使學生更易於分辨。以上的規則頗爲扼要，然對初學者來說，有許多文句仍難斷其句讀，故端禮有「續補句讀例」，對上列規則再加補充。

三、續補句讀例

此句讀例，依端禮所注是「並以諸子門人以下諸儒所點修之」，共二十條。古書習慣於每條凡例上加一橫畫，今爲解說方便，不作橫畫，而依原書順序標號，錄原文如下：

（一）「曰」字是作本書者記當時對面答問之辭者，並作句。「曰」字是援
　　　引他日他人之言，止作言字說者，並無點。有句長欲讀者，寧讀於
　　　上文，仍以曰字連下文。
　案：此條針對有「曰」字的文句，說明句讀原則，其實包含三種情況：

　　1、「曰」字作句
　　　　當「曰」字是記錄當時對答的語辭，則「曰」字為句，如「朱子
　　　　曰。天地以生物為心者也。」〔註3〕「也」字固為句，「曰」字也
　　　　作「句」號，點於「曰」字下側。

　　2、「曰」下不點
　　　　當「曰」字是援引他書，他人之言，解作「言」字時，如「故論
　　　　天地之心者，則曰乾元坤元。」〔註4〕此句「曰」下不點。

　　3、讀於「曰」字上文
　　　　當「曰」下句長欲讀時，則讀於「曰」字上文，而以「曰」字與
　　　　下文連讀，如「蓋天地之心，其德有四，曰元亨利貞。」〔註5〕
　此條蓋針對有「曰」字的文句而設。

（二）凡呼「小子」或「二三子」或「參乎」，對面呼之而欲重其聽者，皆
　　　為句。
　案：此條針對文句中有「呼告對象」者而設，如《論語・述而》：「子曰。
　　　二三子。以我為隱乎。」，「二三子」下為「句」。又《論語・為政》：「子
　　　曰。由。誨汝知之乎。」，「由」下為「句」。

（三）綱在上而目在下者，綱為句，目為讀，目盡為句。
　案：綱為綱領，目為細目，此針對文句中有綱領、細目關係者而言，如
　　　《孟子・盡心下》：「孟子曰。諸候之寶三。土地、人民、政事。」其中
　　　「諸候之寶三」為「綱」，作「句」號，「土地」、「人民」、「政事」為「目」，
　　　中間加「讀」號，至「政事」則細目已盡，故「政事」下加「句」號。

（四）目在上而綱在下者，諸目皆讀，目盡為句，綱獨為句。或下是繳語、

〔註3〕見《性理大全》卷三十五。
〔註4〕同上。
〔註5〕同上。

解語、意短急者，目盡為讀。

案：此條論先細目、後綱領的文句。仍有兩種情況：

1、目盡為句，綱獨為句：

如《中庸》二十章：「或生而知之，或學而知之，或困而知之。及其知之一也。」

2、目盡為讀：

如《論語·為政》：「知之為知之，不知為不知，是知也。」

（五）無綱之目，並為讀，目盡為句。

案：此條論無綱有目的文句，如《論語·子罕》：「子曰。知者不惑，仁者不憂，勇者不懼。」

（六）無綱之目，每目自有抑揚及自解者，解盡為讀，目盡為句。

案：此條有端禮自加的注文，謂「如易三陳九卦則可，中庸九經則不可，更詳文義所宜。」

（七）有綱之目，每目自有抑揚及自解者，解盡為讀，目盡為句。

案：端禮於此條下注「同前例」，則有綱、無綱似無區別。

（八）上段正下段反，或上段反下段正，短者可為讀。若是長段反正，有能字轉者，及有大轉語辭者，當為句。

案：此條論文意正反，似不限於單一文句，而更可推之於段落章節，仍分兩項：

1、短者為讀：

如《大學》傳之十章：「仁者以財發身，不仁者以身發財」，以文句短，正反之間用「讀」即可。

2、長段為句：

如此《中庸》三章，朱子注曰：「過則失中，不及則未至，故唯中庸之德為至。然亦人所同德，切無難事，但世教衰，民不興行，故鮮能之，今已久矣。」

（九）引用他書他人語，上有「所謂」字，下有「者」字，急繳歸主意者，

所引句下「者」字為讀，繳語盡為句。

案：此條從「所謂……者」的句型教導句讀，如《大學》傳十章：「所謂平天下在治其國者，上老老而民興孝，上長長而民興弟，上恤孤而民不悖，是以君子有絜矩之道也。」

（十）凡引他書、他人、他日及覆舉上文之辭者，其中未盡之語為讀，至所引辭盡為句。

案：此條有注語，云「如所引他書語及事實太長，如孟子引齊景公、晏子答問，各以答問盡處為句。」孟子引齊景公、晏子答問語，見《孟子·梁惠王》下篇，其文曰：

> 齊宣王見孟子於雪宮。王曰：賢者，亦有此樂乎，孟子對曰：有。人不得，則非其上矣。不得而非其上者，非也，為民上而不與民同樂者，亦非也。樂民之樂者，民亦樂其樂，憂民之憂者，民亦憂其憂，樂以天下，憂以天下，然而不王者，未之有也。昔者齊景公問於晏子曰，吾欲觀於轉附朝舞，遵海而南，放於琅邪，吾何修而可以比於先王觀也？晏子對曰：善哉問也。天子適諸侯曰巡狩，巡狩者，巡所守也。諸侯朝於天子曰述職，述職者，述所職也。無非事者，春省耕而補不足，秋省斂而助不給，夏諺曰：吾王不遊，吾何以休，吾王不豫，吾何以助，一遊一豫，為諸侯度。今也不然，師行而糧食，飢者弗食，勞者弗息，睊睊胥讒，民乃作慝，方命虐民，飲食若流，流連荒亡，為諸侯憂。從流下而忘反謂之流，從流上而忘反謂之連，從獸無厭謂之荒，樂酒無厭謂之亡。先王無流連之樂，荒亡之行，惟君所行也。景公說，大戒於國，出舍於郊，於是始興發，補不足，召太師曰：為我作君臣相說之樂，蓋徵招角招是也，其詩曰：畜君何尤。畜君者，好君也。

此引例極長，已不限單一文句，而是論章節段落。

（十一）凡詩銘韻語，以韻為句，未至韻皆讀。

案：此條有注語，云「此謂特意全載者。若經傳中引者，如引書例，至引盡處方為句。更詳文義所宜。詩經自依章句。」此解說頗明白，不另舉例。

（十二）凡議論體，自然讀多句少。

（十三）凡敘事體，自然句多讀少。（意未盡者，或為讀亦可）

案：以上兩條是就不同文體，說明句讀多少的現象，其實並非句讀方法。

（十四）提解經文訓詁「某者某也」之下意盡者，以也字為句。如貼解本
意未盡者，雖也字亦為讀，至意盡方為句。（「某也」下如插見章
旨者，「也」字別為句，更詳文意所宜。）

案：此條論傳注釋經時，較常見之「某者某也」的句型，分兩類斷句：

　　1、「也」字為句：

　　　　如《大學》傳六章〈釋誠意〉，朱注云：「誠其意者，自脩之首也。」
　　　　又「獨者，人所不知而己所獨知之地也。」（同上），「也」字意盡，
　　　　故為句。

　　2、「也」字為讀：

　　　　如《大學》傳六章「此之謂自謙」句，朱注：「謙・快也・足也。」，
　　　　「快也」意未盡，故為「讀」，至「足也」意盡為句。

（十五）注文釋經訓詁就兼見章旨，以義已明，不再通說經文，後即以大
圈斷之者，其中章旨未盡，小句皆讀，意盡為句。（如止釋訓詁，
欲人自玩味經文者，不當拘此。）

案：此條亦論傳注。注文有時上釋經文之要字、難詞，而未通說全句（或
全段）文意，如《大學》傳之首章「帝典曰：克明峻德」句，朱注云：「峻・
《書》作俊。帝典・堯典・舜書。峻・大也。」，以下不通說經文，則小
句皆讀，意盡為句。其實此條與一般經文句讀方法，並無不同，其下注
「如止釋訓詁，欲人自玩味經文者，不當拘此」更令人費解，以理推之，
其意恐在提醒學者，當注文較簡，未通說經文時，即須自玩味文意，不
可拘守表面的詁訓文字。

（十六）以言字通敘貼解一段經文大意者並讀，意盡方為句。亦有無言字
而意實貼解段意者，並同。

案：此條也是講注文，蓋論以「言」字（或無「言」字）通說經文時的
句讀原則，如《大學》傳二章「詩曰：周雖舊邦，其命惟新」句，朱注：
「言周國雖舊・至於文王・能新其德以及於民・而始受天命。」，此有「言」
字通說經文者。至於《大學》傳之十章「德者本也，才者末也，外本內

末，爭民施奪」句，朱注：「人君以德爲外，以財爲內，則是爭鬥其民，而施之以劫奪之教也。蓋財者人之所同欲，不能絜矩而欲專之，則民亦起而爭奪矣。」，此無「言」字起頭，然實通說經文之例。

（十七）敘論發明文義，本意已盡爲句，其下有繳歸章旨，及別貼贊歎勸勉之辭以結者，別爲句。

案：本條仍以傳注爲主，「意盡爲句」仍爲主要原則，有時後面還有繳歸章旨，或附贊歎、勸勉語者，應別爲句，如朱子《中庸章句》第三十三章云：「右第三十三章。子思因前章極致之言，反求其本。復自下學爲己謹獨之事，推而言之，以馴致乎篤恭而天下平之盛。又贊其妙，至於無聲無臭而後已焉。蓋舉一篇之要而約言之。其反復丁寧示人之意，至深切矣。學者其可不盡心乎。」，自「其反復丁寧」以下即所謂「贊歎勸勉之辭」，別爲一「句」。

（十八）上發明所以然，下以「此」字或「是」字再指上段繳歸所當然，或繳歸主意者，「此」字「是」字上並爲句。下段如文意短急者，「此」字「是」字上爲讀。

案：此條針對下文有解釋上文，且文句明顯有「此」字或「是」字者爲言。仍分二種情況：

　　1、此（是）上爲句：

　　　　如《大學》傳之六章：「小人閒居爲不善，無所不至，見君子而後厭然，揜其不善而著其善，人之視己，如見其肺肝然，則何益矣。此謂誠於中，形於外，故君子必愼其獨也。」

　　2、此（是）上爲讀：

　　　　如《孟子·梁惠王上》：「（孟子）曰。疱有肥肉，廄有肥馬，民有饑色，野有餓莩，此率獸而食人也。」

（十九）上發明所然，下以故字繳歸所當然者，故字上爲讀。如上是長段，故字下發意又長者，故字上爲句。

案：此條針對用下文解釋上文，且文句中有「故」字者而論。仍分二種情況：

　　1、「故」上爲讀：

如《中庸》首章:「莫見乎隱·莫顯乎微·故君子慎其獨也。」

2、「故」上為句:

如《大學》傳之八章:「所謂齊其家在脩其身者·人之其所親愛而辟焉·之其所賤惡而辟焉·之其所畏敬而辟焉·之其所哀矜而辟焉·之其所敖惰而辟焉。故好而知其惡·惡而知其美者·天下鮮矣。」

(二十) 或問中問目之末「何也」、「若何而用力邪」、「奈何」、「亦可得而聞其說之詳乎」、「如之何」之類,「何也」之上,並讀。或「何也」之上無「者」字者,及句短者,不讀。或大段內自提問己意,「何者」、「何哉」、「何則」、「何也」之類,又自發大段意者,「何者」之上,並句。

案:此專論「或問」中提問語的句讀規則,分三種情況:

1、句尾問詞上讀:

如《大學》傳之八章或問:「八章之辟·舊讀為譬·而今讀為僻·何也。」〔註6〕

2、句尾問詞上不讀:

如《大學》傳之三章或問:「此引玄鳥之詩何也。」〔註7〕

3、句尾問詞上句:

如《中庸》首章或問:「既曰道也者不可須臾離也·可離非道也·是故君子戒慎乎其所不睹·恐懼乎其所不聞矣。而又曰莫見乎隱·莫顯乎微·故君子慎其獨也。何也。」〔註8〕

以上二十條,除第十二、十三兩條是說明「不同文體有句讀多少的差異現象」外,其餘都明確指示句讀規則,比「實勉齋例」更詳細,也更瑣碎,有時實可合併,如第六條與第七條講「無綱之目」與「有綱之目」,不但後面的說明相同,規則相同,連舉例也是「同前例」,則不管「有綱」或「無綱」,只要「每目自有抑揚及自解者」,其句讀方法完全相同(解盡為讀、目盡為句),實不必分為兩條。唯此二十條規則雖有些零亂與瑣碎,卻非全無是處,其特點是:

〔註6〕 見趙順孫《四書纂疏》。
〔註7〕 同上。
〔註8〕 同上。

（一）注意到句型中的關鍵字

在「勉齋批點四書例」中，只提出「者也」相對的句型，而「續補句讀例」則更明確提出了「曰」字（有關「說話內容」的句讀法）、「二三子」、「參乎」等（呼告語的句讀法）、「某者某也」「所謂……者」及「言……」字、「此……」字、「故」字（解釋性及因果性的句讀法），以及「何也」、「奈何」等（疑問詞的句讀法），對於古書的句讀，從明確的句型與關鍵字上作了進一步的掌握。

（二）注意到章段的劃分

一般句讀法只談到單一句子的「完盡」與「停頓」而已，並不談兩個句子以上，或一章一段的長篇文字如何劃分，「續補句讀例」則大談綱目（如第三至第七條）及大段文字（如第八條及第十條）的句讀法，綱目固可有一句即結束者，亦有兩三個甚至更多句子的段落篇章，這種較長篇幅文字的句讀劃分，其實已牽涉到分段與分章，不止是單一文句的句讀而已。

（三）注意到不同文體的句讀多寡

如上所述之第十二條與第十三條，說「議論體讀多句少，敘事體句多讀少」，其實並不指示如何實際標斷句讀，然既指出不同文體的句讀多寡現象，則對學生亦多少有些指引作用。此外，句讀的多寡亦顯示文氣的緩急，這些都是前人所未明確指出的。

《讀書分年日程》的句讀方法並非鐵則，有時應為「句」或應為「讀」，亦頗游移，如第十三條注說「意未盡者，或為讀亦可」，第六、十一及十四條，亦均注說「更詳文義所宜」，顯見「規則」雖具，仍有「例外」。

以上是《讀書分年日程》中有關句讀標點的教學，端禮另有「批點韓文凡例」（下注「廣疊山法」），應是端禮集前人教學經驗，並參以己見的作品，在端禮的教學中亦頗重要，詳於下節論之。

第二節　論韓文批點法

端禮對於文章教學，首重韓文，尤以真西山《文章正宗》所錄韓文之議論、敘事兩體，作為讀文的範本，（參本書第三章第二節「教學設計」段，有關「大學階段」之「讀文」部分，及第五章第三節之「選取範本」部分。）

《讀書分年日程》卷三「批點韓文凡例」，主要以韓愈文章中的議論體與敘事體為例，教導文章的分段與點讀方法。茲依原文次序，先敘「議論體」。

一、議論體

對於議論文的批點讀閱，共錄規則一十八條，依原文次序條列如下：

（一）句讀並依點經法。

（二）大段意盡。　　　　　　　　　　　　　　　黑畫截（於此玩篇法）

（三）大段內小段。　　　　　　　　　　　　　　紅畫截（於此玩章法）

（四）小段內細節目及換易句法。　　　　　　　　黃半畫截（於此玩句法）

（五）論所舉所行事實及來書之目，及所以作此篇之　黑側抹
　　　故，每篇首末常式。

（六）所論援引他書及考證，及舉制度，及舉前代國名。　青側抹

（七）所論綱要及再舉綱要及或問體問目，及提問之語，　黃側抹
　　　及斷制之策。

（八）義理精微之論。　　　　　　　　　　　　　黃中抹

（九）凡人姓名初見者。　　　　　　　　　　　　紅中抹

（十）繳上文結上文緊切全句，或發明于事實之下，或　紅側圈
　　　先發明事之所以然于事實之上者。

（十一）轉換呼應字及用力字，及繳結句內雖已用紅側圈　黃側圈（於此玩字法）
　　　　而字合此例者，每字

（十二）假借字先考始音隨四聲。　　　　　　　　紅圈

（十三）有韻之韻。　　　　　　　　　　　　　　黑側圈

（十四）造句奇妙者　　　　　　　　　　　　　　紅側點

（十五）補文義不足（反覆提論德行及推說虛敘總述其所　黑側點
　　　　以然）

（十六）譬喻。　　　　　　　　　　　　　　　　青側點

（十七）要字為骨初見者。　　　　　　　　　　　黃正大圈

（十八）要字為骨再見者。　　　　　　　　　　　黃正大點

以上批點規則計十八條，除第一條講句讀原則外，其下第二至第四計三條以黑、紅、黃三色畫截，分別教導篇法、章法、句法的批讀。第五至第九計五條，以黑、青、黃、紅四色及側抹、中抹來標示文章內容，指點精要所在。第十至第十三計四條，以紅、黃、黑三色及側圈、正圈來標示要字及音韻。第十四至十八計五條，以紅、黑、青、黃四色及側、正圈點來標示妙句要字，這是韓文議論體的批點原則。

案：端禮所選的韓文實出自真西山《文章正宗》，該書錄韓愈文議論體，計有〈復讎議〉、〈諫佛骨表〉等三十二篇，唯端禮實際如何運用以上批點法於韓愈文章，已無可考證，唯一足以作為推論的資料，當以涵芬樓本《程氏

家塾讀書分年日程》綱領所錄朱子諸文，以及卷三所錄朱子〈學校貢舉私議〉較有代表性，茲以綱領所錄朱子上疏論爲學、讀書之文爲例，推論端禮批點文章的法則，先影印原文如下：

朱子上疏曰爲學之道莫先於窮理窮理之要必在於讀書讀書之法莫貴於循序而致精而致精之本則又在於居敬而持志此不易之理也夫天下之事莫不有理爲君臣有君臣之理爲父子有父子之理爲兄弟爲夫婦爲朋友以至出入起居應事接物之際亦莫不各有其理爲臣則自君臣之大以至事物之微莫不知其所以然與其所當然而一纖芥之疑善則從之惡則去之而無毫髮之累此爲學所以莫先於窮理也至論天下之理則要妙精微各有攸當亘古亘今不可移易惟古之聖人爲能盡之而其所行所言無不可爲天下後

世不易之大法其餘則順之者爲君子而吉背之者爲小人而凶吉之大者則能保四海而可以爲法凶之甚者則不能保其身而可以爲戒是其燦然之迹必然之効蓋莫不具於經訓史策之中欲窮天下之理而不即是以求之則是正牆面而立耳此窮理所以必在於讀書也若夫讀書則其不好之者固息息間斷而無所成矣其好之者又不免乎貪多務廣往往未啟其端而遽已欲探其終未究其意緒紛然勢常若有所奔走迫逐終日勤勞不得休息

而無從容涵泳之樂是又安能深信自得常久不厭以異於彼之息息間斷而無所成者哉孔子所謂欲速則不達孟子所謂進銳退速正謂此也誠能鑒此而有以反之則心潛於一久而不移而所讀之書自接連脈通貫自然漸漬浹洽心與理會而所讀之書爲勤者深惡之爲戒者切矣此循序致精所以爲讀書之法也若夫致精之本則在於心而心之爲物至虛至靈神妙不測常爲一身之主以提萬事之綱而不可有頃刻之不存者也一不自覺而馳騖飛揚以循物慾於軀殼之外則

一身無主萬事無綱雖其俯仰顧眄之間蓋已不自覺其身之所在而況能反覆聖言參考事物以求義理至當之歸乎孔子所謂君子不重則不威學則不固孟子所謂學問之道無他求其放心而已矣者正謂此也誠能嚴恭寅畏常存此心使其終日儼然不爲物欲之所侵亂則以之讀書以之觀理將無往而不通以之應事以之接物將無處而不當矣此居敬持志所以爲讀書書之本也皆愚臣平生爲學艱苦已試之効竊意聖賢復生所以教人不過如此蓋雖帝王之學始亦無以易之。

綱領 十三

以上文的批點看來，全篇應爲三大段，即自「朱子上疏曰」至「此不易之理也」（下有一畫截）爲第一大段。自「夫天下之事」至「所以爲讀書之本也」（下有一畫截）爲第二大段。自「皆愚臣平生爲學」至文末爲第三大段。如此分段大抵合理，唯「批點韓文凡例」列有「黑畫截」（玩篇法）、「紅畫截」（玩章法）、「黃半畫截」（玩句法）等三種畫截，可見三種畫截非必同時出現，要以文章爲定。本文只用「畫截」與「半截」兩種，每一畫截皆是「大段意盡」，依凡例可用黑畫截。而用「半畫截」之處共有四，分別爲「此爲學莫先於窮理也」、「此窮理所以必在於讀書也」、「此循序致精所以爲讀書之法也」、「此居敬持志所以爲讀書之本也」。以上四小段，末句之句型相似，然說是「玩句法」，實不如說是「玩章法」，因以文意看來，四小段實較近於「大段內小段」，應可用紅畫截，其所以只用「半畫截」，蓋因文短不至發生誤會，則用「半畫截」以標小段亦無不可。然此亦可見「批點韓文凡例」所列的圈點抹畫，不必於一篇文章同時出現。

分章截段是閱讀文章的基本步驟之一，然如要進一步精讀，則必須找出關鍵文句及精要字眼，以掌握全文意旨，並學習鍛句鍊字。以上文看來，端禮在第一段用了側抹，則「爲學之道莫先於窮理，窮理之要必在於讀書，讀書之法莫貴於循序而致精，而致精之本則又在於居敬而持志」四句，此四句爲全文綱要，依凡例應爲黃側抹。

除了側抹之外，本文亦有「側點」與「側圈」的句子，計有四處，分別是：

（一）窮之，則自君臣之大以至事物之微，莫不知其所以然與其所當然，而無纖介之疑。善則從之，惡則去之，而無毫髮之累。（以上側點。依文義看來，與「譬喻」及「補文義不足」無關，應是「造句奇妙者」，依凡例當爲「紅側點」），此爲學所以莫先於窮理也。（本句爲側圈，此與「有韻之韻」無干，應是「繳上文，結上文緊切全句」者，依凡例當爲「紅側圈」。）

（二）是其粲然之跡，必然之效，蓋莫不具於經訓史策之中。欲窮天下之理而不即是以求之，則是正牆面而立耳。（以上側點，依前所述，當爲「紅側點」）此窮理所以必在於讀書也。（本句側圈，依前述應爲「紅側圈」。）

（三）誠能監此而有以反之，則心潛於一，久而不移，而所讀之書，文意接連，血脈通貫，自然漸清浹洽，心與理會，而善之爲勸者深，惡之爲戒者切矣。（以上紅側點）此循序致精所以爲讀書之法也。（本句紅側圈）

（四）誠能嚴恭寅畏，常存於心，使其終日儼然，不爲物欲之所侵亂，

則以之讀書，以之觀理，將無往而不通，以之應事，以之接納，將無所處而不當矣。（以上紅側點）此居敬持志，所以爲讀書之本也。（本句紅側圈）

　　畫分段落及找出關鍵文句，基本上已足以瞭解文章大旨，唯以本文看來，至少還有四種特殊的批點，似與「字法」有關。其方法是在「字」的左上、右上、左下、右下四個方位視情況如「圈」，以本文爲例：

　　（一）加圈於字之右下者

　　在本文有「莫」（凡七見）、「不」（凡廿五見，猶有似遺漏而未加圈者）、「樂」、「覆」（各只出現一次），以「莫」、「不」及「莫不」等語詞看來，似皆屬「用力字」，當爲黃側圈。

　　（二）加圈於字之右上者

　　在本文有「當」（凡四見）、「正」（凡三見）、「應」、「又」、「好」、「聞」（各二見），其他「累」、「要」、「廣」、「厭」、「復」、「過」等各只出現一次，似屬「要字爲骨」一類，爲「黃正大圈」。

　　（三）加圈於字之左下者

　　在本文有「其」（凡十二見）、「於」（凡十見）、「無」（凡五見）、「能」（凡三見）、「夫」（二見），「朋」、「論」、「虛」則各出現一次，似與假借字考音有關，當作「紅圈」。

　　（四）加圈於字之左上者

　　此類字較少，只有「斷」（二見）、「去」、「頃」、「重」各一見，似與上述三者有別，然與「有韻之韻」似亦無關，以資料少，無從判別，暫從缺。

二、敘事體

　　端禮有關韓文敘事體之批點法則，有十九條，其規則與議論體實大同小異，這十九條依次是：

（一）句讀並依點經法。

（二）大段意盡。　　　　　　　　　　　　　　　　黑畫截（篇法）

（二）大段內小段。　　　　　　　　　　　　　　　紅畫截（章法）

（四）小段內細節目及換易句法。　　　　　　　　　黃半畫截（句法）

（五）敘所行事實及年號及人名爵里謚號，父祖妻子兄弟等及敘　黑側抹
　　　所以作此篇之故，銘曰詩曰及每篇首末常式。

（六）敘教詔對答之語　　　　　　　　　　　　　　　　　紅側抹
　　　　舉制度，及舉前代國名。　　　　　　　　　　　　青側抹
（七）所敘引援他書及考證，及舉制度，及舉前代國名。　青側抹
（八）所敘綱要及再舉綱要及提問之語，所提問難事實雖已用黑　黃側抹
　　　　側抹而合此例者。
（九）義理精微之論。　　　　　　　　　　　　　　　　　黃中抹
（十）凡姓名初見者。　　　　　　　　　　　　　　　　　紅中抹
（十一）造句奇妙者。　　　　　　　　　　　　　　　　　紅側點
（十二）反復提論其德行及推說其用心而虛敘總述其所以然及補　黑側點
　　　　文議不足。
（十三）譬喻。　　　　　　　　　　　　　　　　　　　　青側點
（十四）繳上文結上文切緊全句或發明于事實之下或先發明事之　紅側圈
　　　　所以然于事實之上者。（敘事此例頗少，不可強求）
（十五）轉換呼應字及繳結句內雖已用紅側圈而字合此例者每字　黃側圈
（十六）假借字先考始音隨四聲。　　　　　　　　　　　　紅圈
（十七）有韻之韻。　　　　　　　　　　　　　　　　　　黑側圈
（十八）要字為骨初見者。　　　　　　　　　　　　　　　黃正大圈
（十九）要字為骨再見者。　　　　　　　　　　　　　　　黃正大點

　　以上除第六條「敘教詔對答之語」用「紅側抹」一條為議論體所無外，其餘原則，兩種批點法實大同小異，覽而可知，故不再詳為比較。

　　程端禮的點抹例自非首創，在「勉齋批點四書例」即有「點抹例」，不過遠為簡略，只有紅中抹（綱、凡例）、紅旁抹（警語、要語）、紅點（字義、字眼）、黑抹（考訂、制氷）、黑點（補不足）等五種點抹方法。眞西山《文章正宗》亦教導「用丹鉛法」，然只有點、抹、撇、截四種，遠不及端禮的周全，則端禮在教導文章句讀與點抹方面，仍是集宋元點讀教法之大成的。

第五章　程端禮的作文教學

　　程端禮是理學家，本不以文學見長，然由於他實際教導文章寫作，對於文章的好壞，更不能不予以評價，從而顯露他對文學的看法，本章即先論析其文學思想。

　　談到程端禮的文學思想，《四庫提要》對《畏齋集》的評論便不容忽視，然以其疏於考證，故評論未免誤謬，本章先糾正《四庫提要》的錯誤，再依《畏齋集》與《讀書分年日程》相關資料，說明端禮的文學思想如后。

第一節　《四庫全書》論程端禮《畏齋集》

　　《四庫全書》對《畏齋集》的評述如下：

　　　臣等謹案：《畏齋集》六卷，元程端禮撰。端禮有讀書分年日程，已著錄。其詩文，名畏齋集，見于黃溍所作墓誌，而不著卷數，諸家書目亦多不載，故世久無傳。惟散見永樂大典之中者，尚得詩文百餘篇，謹依類編次，釐為六卷。其學以朱子為宗，故作孫叔會詩集序云：詩至七言而衰，律而壞，詞而絕。自朱子出而古詩遺意復見。蓋朱子之學不在乎詩，故其作有自然之妙、諷詠勸懲之實。又送牟景陽序云：蜀文再變於魏了翁，了翁學程朱學，故未嘗有意為文人之文，而文特妙。其全集宗旨不出於是。夫朱子為講學之宗，誠無異議。至於文章一道，則源流正變，其說甚長，必以晦菴一集律天下萬世，而詩如李杜，文如韓歐，均斥之以衰且壞，此一家之私言，非千古之通論也。然端禮所作〔註1〕尚皆明白淳實，不戾于正，而

　　─────────────────────────────
〔註1〕文淵閣《四庫全書》作「端禮」，誤，依藝文印書館印《四庫全書總目》校改。

其持論亦足以矯淫哇艷冶之弊，於文章尚不爲無功，故糾其膠固之
失，而仍裒緝其佚篇，備一格焉。〔註2〕

《提要》首先說明《畏齋集》的編輯經過，然後對端禮的文學評議提出
批評。依前段看來，編者未曾見到《畏齋集》，亦不知卷數，大抵其書已佚，
所幸《永樂大典》尚保存端禮部分詩文，乃從中輯出，重新分類，共爲六卷。
案《永樂大典》共二萬二千餘卷，以戰火之故，至今殘存七百餘卷，所亡失
者近百分之九十七，端禮的詩文已不見於今殘本《永樂大典》，則《四庫全書》
館臣的輯錄，實有功於古籍保存。唯其中有部分文章誤入，已予考證，詳本
書第一章「著作考證」節。

《提要》後段敘端禮對詩文的看法，所根據的文章是永樂大典本《畏齋
集》中的兩篇序文：〈孫叔會詩集序〉與〈送牟景陽序〉。〈孫叔會詩集序〉
有「詩至七言而衰，律而壞，詞而絕」之論，又以朱子詩爲具「自然之妙、
諷詠勸懲之實」者，對朱子詩頗爲肯定。然序文中明有「某後孫子六年，交
而後師之」之文，而端禮生於宋度宗咸淳七年（1271 年），孫叔會生於咸淳
八年（1272 年），與序文明顯不合，唯程端學《積齋集》有〈孫君行實〉，自
稱「端學後君生六年，自總角交遊，故知之爲悉，嘗北面事之」，以年齡及二
人交情考之，〈孫叔會詩集序〉的作者絕不能是端禮，而是其弟程端學（參本
書第一章「著作考證」節）。《提要》據〈孫叔會詩集序〉所作的評論，批評
端禮「必以晦菴一集律天下萬世，而詩如李杜、文如韓歐，均斥之以衰且壞，
此一家之私言，非千古之道論也」，未免對象錯誤。

〈送牟景陽序〉見今《畏齋集》卷四，題爲「送牟景陽都事浙東代歸序」，
當爲端禮所作，唯《提要》摘敘，不無斷章取義之嫌，茲錄原文如下：

余讀陵陽牟景陽大父清忠公奏議，未嘗不嘆蜀人之文之美至于斯也。
蓋蜀自漢已能以文擅天下，司馬王揚闢其端，一變于蘇氏，再變于魏
文靖公，文靖學程朱學，碩大光明，掩前聞人，清忠則學于文靖者也。
又能以其踐諸躬者格其君，自朝廷宮掖，賄相權奸，宦官宮妾，言人
之所不能與所不敢，其君不改不止也，故終理宗世，宋能以危爲安，
且未嘗高談性命而略事功，未嘗有意爲文人之文，而文特妙，所謂蜀
文變而益美者歟？此有志之士願爲執鞭而不可得者歟？余大父常熟
府君嘗受知清忠，以余之生晚，得拜景陽父大理公于雩，交兄成甫于

〔註2〕見《四庫全書總目》卷一百六十六，頁56。台灣藝文印書館。

渼，今又得交景陽焉。其學一再傳而益粹，著述行學者，莅官行己，具有本末二百年，文獻之族，孰與為比？景陽都事浙東宣慰元帥府，人皆知其器識高遠，遇事立剖，治法兵謀，風行霆流，恩淪威懾，厥績大著，而豈知其本之家學者蓋如此也。昔大理以不能媚權臣久歷外服，嘗治折東獄，德在人心，今景陽又歷此，凡六年，其去也，益重浙士之思，咸為歌詩，以頌其美。而余因序其文獻為世忻慕，遠有所自，著于卷首。

序文首自牟景陽祖父清忠公談起，蓋因清忠公為四川人，故端禮歷敘蜀地能文之士，自司馬相如以至蘇洵父子及魏了翁（文靖），而清忠公為魏了翁學生，其善為文已無可疑，又能以正道格君，言人之所不敢言，因盛讚其「未嘗高談性命而略事功，未嘗有意為文人之文，而文特妙」。中段說明兩家交誼深厚，並讚牟景陽之學行功績卓著，乃本於家學，最後說明作序之緣由，作為結束。

案：本文屬送別應酬之作，文中談到對方的祖父，自應特別尊禮，故所頌揚未免稍嫌誇大，如文中把「終理宗世，宋能以危為安」的成就全歸於清忠公，恐非持平之論，又讚牟景陽「器識高遠」諸語，亦不免溢美，然既為應酬之作，倒也不必深責。唯《提要》獨摘「蜀文再變於魏了翁，了翁學程朱學，故未嘗有意為文人之文而文特妙」，似將重點從牟清忠轉移到魏了翁，恐非端禮本意。

《四庫提要》據誤入的文章批評端禮，又將端禮論牟清忠之語轉移至魏了翁，有斷章取義之嫌，爰為辨正如上。以下依《畏齋集》中可信的資料，及《讀書分年日程》之有關文學者，敘端禮之文學思想於后。

第二節 程端禮的評文標準

一、尊朱子為文家極則

理學家論文章，自有其特殊立場，與文章家不同。端禮雖少直接評陟文家，然常引述他人的相關評論，其立場亦可以推知。《讀書分年日程》卷二旁證曾引真德秀與史蒙卿的評語說：

西山真先生曰：朱子之文，有東坡之氣燄，東坡無朱子之理致。讀朱子之文，古人之文幾為之盡廢。又曰：朱子之文，如揚鸞振策於

　　九軌之衢，有蕩蕩平平氣象。〔註3〕

　　果齋先生曰：能次朱子之文有華有實者，惟眞（德秀）、魏（了翁）

　　二先生而已。〔註4〕

　　端禮引眞德秀的評論，以朱子文章爲最高，認爲既有「氣燄」，又有「理致」。復引其師史蒙卿的觀點，以朱子爲文兼有華實，後世惟眞德秀、魏了翁可以爲次，可見程端禮乃以朱子文章爲極則。《四庫提要》引〈孫叔會詩集序〉以批評端禮，固是疏於考證，然端禮與其弟端學同師史蒙卿，《提要》說端禮推尊朱子爲文章正宗，大抵符合事實。

二、文章須有華有實

　　依上列評述看來，無論說朱子的文章是「有華有實」，還是說兼具「氣燄」、「理致」，均是指朱子的文章在形式與內涵上，都極盡完美。端禮另有文章論華實，以爲「華、實之效。實、斯華矣，華非所致力也」〔註5〕，雖是講道德實踐，推之於文章亦不悖謬，蓋理學家認爲「有德者必有言」，道德爲本，語文是末，如能實修道德，則發爲語文，自然動人。《讀書分年日程》卷二旁證又引朱子說法，其文曰：

　　朱子曰：貫穿百氏及經史，乃所以辨驗是非，明此義理，豈特欲使文辭不陋而已。義理既明，又能力行不倦，則其存諸中，必也光明四達，何施不可。發而爲言以宣其心，當自發越不凡，可愛可傳矣。今執筆以習研鑽華采之文務悅人者，外而已，可恥也。〔註6〕

　　「朱子一日說作文，曰：不必著意學如此文章，但須明理。理道精後，文字自典實。〔註7〕

　　（朱子）又曰：前輩文字有氣骨，故其文壯浪，如歐公、東坡，亦皆於經術本領上用功，今人只是於枝葉上粉澤耳。〔註8〕

　　朱子認爲「理道精後，文字自典實」，故學文章寫作應「於經術本領上用

〔註3〕見涵芬樓本《程氏家塾讀書分年日程》卷二，頁5旁證。

〔註4〕同上。

〔註5〕見《畏齋集》卷六〈王元實字說〉。

〔註6〕見註3。

〔註7〕見涵芬樓本《程氏家塾讀書分年日程》卷二，頁10旁證。

〔註8〕同上。

功。」端禮也說：

> 經史熟，析理精，有學有識有才，又能集義以養氣，是皆有以爲文
> 章之根本矣。不作則已，作則沛然矣。〔註9〕

　　對於文字技巧（華）與文章內涵（實）的關係，理學家似認爲二者不是
平行關係，而是主從關係，有實才有華，而其所謂「實」則是讀書窮理，兼
力行不倦，這種對文章內涵的要求，顯然與文章家的標準是不同的。

第三節　程端禮的作文教學

　　端禮的作文教學並不是獨立的，而是依附於讀書窮理，與閱讀經史相配
合的。此主張蓋源於其師史蒙卿，認爲「勞於讀書」則可「逸於作文」（參本
書第二章「師學淵源」節）。本節敘端禮教導寫作的過程，依選取範本、擇篇
鈔背、分析文脈、旁及名家、分類指導、答題規格、作文日程、作文要領及
進步關鍵等項，分述如后。

一、選取範本

　　端禮教導寫作，首先是選取眞德秀《文章正宗》作爲範本，其主張亦源
自史蒙卿。《讀書分年日程》卷二旁證引述史蒙卿的話：

> （果齋先生）又云：凡學文，當以眞西山《文章正宗》爲準則，蓋
> 其編選，一本朱子之意。〔註10〕

有關《文章正宗》的內容特色，眞德秀自己作了如下的說明：

> 正宗云者，以後世文辭之多變，欲學者識其源流之正也。自昔集
> 錄文章者眾矣，若杜預、摯虞諸家往往埋沒弗傳，今行於世者，
> 惟梁昭明文選，姚鉉文粹而已，縣今胝之，二書所錄，果皆得源
> 流之正乎？夫士之於學，所以窮理而致用也，文雖學之一事，要
> 亦不外乎此，故今所輯，以明義理，切世用爲主，其體本乎古，
> 其指近乎經者，然後取焉，否則辭雖工亦不錄。其目凡四，曰辭
> 命，曰議論，曰敘事，曰詩賦，今凡二十餘卷云。〔註11〕

〔註 9〕見《讀書分年日程》卷二「讀韓文」節。
〔註10〕見涵芬樓本《程氏家塾讀書分年日程》卷二，頁 4 旁證。
〔註11〕見眞德秀《文章正宗》綱目。台灣商務印書館《四部叢刊廣編》第四十冊。

　　眞德秀是史蒙卿評爲「有華有實」，可以「次朱子之文」的理學兼文章家，其所編選的《文章正宗》既「一本朱子之意」，在端禮看來，自是極適當的教本。

二、擇篇鈔背

　　《文章正宗》有辭命、議論、敘事、詩賦四類，作品年代自《康衢謠》（傳堯時）以迄於唐，端禮獨取集中所錄韓愈文議論、敘事兩體，要求鈔讀，他說：

> 讀韓文，先鈔讀西山《文章正宗》內韓文議論、敘事兩體兼華實者
> 七十餘篇，要認此兩體分明後最得力。〔註12〕

　　除了鈔讀以外，端禮要求批點、背誦，他教導學生「正以朱子考異表，以（端禮）所廣謝疊山批點，日熟讀一篇或兩篇，亦須百遍成誦，緣一生靠此爲作文骨子故也。」〔註13〕

三、分析文脈

　　鈔讀、批點、背誦後，端禮還要求學生反覆詳看，以分析篇章結構與句法、用字，他說：

> 既讀之后，須反復詳看。每篇先看主意，以識一篇之綱領。次看其
> 敘述抑揚輕重，運意轉換演證，開闔關鍵，首腹結末，詳略、淺深、
> 次序。既于大段中看篇法，又于大段大中分小段、看章法。又于章
> 法中看句法，句法中看字法。則作者之心，不能逃矣。譬之于樹，
> 通看則繇根至表，幹生枝，枝生華葉，大小次第相生而爲樹。又折
> 一幹一枝看，則又皆各自有枝幹華葉，猶一樹然，未嘗毫髮雜辭。
> 此可以識文法矣。〔註14〕

四、旁及名家

　　學者既鈔背韓文，又反覆詳看之後，必須泛覽韓文公全集及其他文章大家的作品，以開拓眼目，端禮說：

> 既知篇法、章法、句法、字法之正體矣，然後更看（韓文公）全集
> （有謝疊山批點）及選看歐陽公（有陳同父選者佳）、曾南豐（類稿）、

〔註12〕同註9。
〔註13〕同上。
〔註14〕同上。

王臨川三家文體，然後知展開間架之法，緣此三家俱是步驟韓文，

明暢平實，學之則文體統一，庶可望其成一大家數文字。如柳子厚

文、蘇明允文，皆不可不看，其餘諸家之文不須雜看。〔註15〕

　　從上段文字看來，端禮所列的名家，首先是韓愈，其次有歐陽修、曾鞏、王安石，再其次則柳宗元與蘇洵，共六家。然依《讀書分年日程》卷二旁證所引，似乎不止六家。依卷二旁證：

（朱子）又曰：人要會作文，讀取一部西漢文、歐陽文、南豐文、

韓文。〔註16〕

朱子曰：東坡文字明快，老蘇文雄渾，儘有好處。如歐公、曾南豐、

韓昌黎之文，豈可不看？柳文雖不全好，亦當擇，合數家之文擇之，

無二百篇，下此則不須看，恐低了人手段，但採他好處以爲議論足

矣。若班馬孟子，則是大底文字。〔註17〕

（朱子）又曰：某嘗最愛看陳無己文，他文字也多曲折。〔註18〕

果齋先生曰：名家之文，曰韓、柳、歐、蘇、曾、王、陳。〔註19〕

（果齋）先生又云：⋯⋯議論體當自韓學下，要展開。格則兼歐、

曾、王，料則兼朱、呂、張、眞、魏，方爲盡善。〔註20〕

　　如將旁證所敘名家也予列入，則除端禮所列的六家外，還有朱熹、呂祖謙、眞德秀、魏了翁等人，〔註21〕或許還有東坡與陳后山，如連朱子所說的「西漢文」名家也計入，家數就更多了。

五、分類指導

　　端禮教導寫作，依寫作目的分爲史筆文字與應舉文字兩類：

（一）史筆文字

　　這是教導史家文筆，端禮的教法是直接學習《史記》與《漢書》，他說：

〔註15〕見《讀書分年日程》卷二「學作文」節。

〔註16〕見涵芬樓本《程氏家塾讀書分年日程》卷二，頁9旁證。

〔註17〕同註7。

〔註18〕同註7。

〔註19〕同註16。

〔註20〕同註10。

〔註21〕果齋云：「轉則兼朱、呂、張、眞、魏」，張究指何人，待考。

如欲敘事雄深雅健，可以當史筆之任，當直學史記、西漢書，先讀
眞西山文章正宗及湯東澗所選者，然後熟看班馬全史，此乃作紀載
垂世之文，不可不學。〔註22〕

端禮視文藝爲末事，以爲文藝最高的價值，應在於「作紀載垂世之文」、
「當史筆之任」。然以當時環境看來，讀書人既須應付科舉，則教舉業文字，
幫助學生通過科考，亦是應有的考量。

（二）應舉文字

端禮對教導應舉文字，顯然下過一些工夫，《讀書分年日程》卷二旁證即
抄錄當時的貢舉規則與考試程式〔註23〕，按元代科舉考試規定：蒙古、色目
人考兩場，第一場經問五條，第二場試策。漢人、南人考三場，第一場明經、
經疑二問，經義一道，第二場古賦詔誥章表內科一道，第三場策一道。端禮
的教學亦作分類指導：

1、經 問

端禮的教法是直接學習大學、中庸或問，他說：

欲學經問，直以大學中庸或問爲法。平日既讀四書注及讀看性理文
字，又不患於無本矣。〔註24〕

2、經 義

端禮認爲「欲學經義，亦倣或問文體，用朱子貢舉私議中作義法爲骨子。
方今科制，明經以一家之說爲主，兼用古注疏，乃是用朱子貢舉私議之說。」
〔註25〕

端禮對明經「以一家之說爲主，兼用古注疏」的原則頗爲堅持，下文當
更詳之。

3、古賦詔誥章表

對於古賦詔誥章表的教法，端禮說：

欲學古賦，讀離騷已見前。更看讀楚辭後語，並韓柳所作，句法韻
度則已得之。欲得著題、命意、閒架、辭語縝密而有議論爲科舉用，
則當擇文選中漢魏諸賦、七發及晉問熟看，大率近世文章視古漸弱，

〔註22〕同註15。

〔註23〕見涵芬樓本《程氏家塾讀書分年日程》卷二，頁13旁證。

〔註24〕同註15。

〔註25〕同上。

其運意則縝密於前，但於文選、文粹、文鑑觀之便見。欲學古體制誥章表，讀文章正宗辭辭命類，及選看王臨川、曾南豐、蘇東坡、汪龍溪、周平園、宏辭總類等體。四六章表以王臨川、鄧潤父、曾南豐、蘇東坡、汪龍溪、周平園、陸放翁、劉後梭及宏辭總類爲式，其四六表體，今縱未能盡見諸家全集選鈔，亦須得舊本翰苑新書觀之，則見諸家之體，且並得其編定事料爲用。〔註 26〕

4、策

對於策論的寫作，端禮說：

欲學策以我平日得於四書者爲本，更守平日所學文法，更略看漢唐策、陸宣公奏議、朱子封事書疏、宋名臣奏議、范文正公、王臨川、蘇東坡萬言書、策略策別等，學陳利害，則得矣。況性理、治道、制度三者已下工夫，亦不患於無以答所問矣。雖今日時務得失亦須詳究。〔註 27〕

以上蓋針對科舉的考試內容作分類指導，大抵仍重在閱讀範文，而不是直接習寫，此大抵來自「勞於讀書，逸於作文」的師訓。

六、答題規格

端禮對科舉的看法，主要來自於朱子《學校貢舉私議》，他說：

按貢舉私議云：今應舉人各占兩家以上，將來答義，則以本說爲主，而旁通他說，以辨其是非，則治經者不敢妄牽己意，而必有據依矣。又云：使治經者必守家法，命題者必依章句，答義者必通貫經文，條舉眾說，而斷以己意。當更寫卷之式，明著問目之文，而疏其上下文，通約三十字以上。次列所治之說，而論其議。次又旁引他說，而以己意反復辨析，以求至當之舊。但令直論聖賢本意，與其施用之實。不必如今日分段破題、對偶敷衍之體，每道只限五六百字以上。至于舊例經義禁引史傳，乃王氏末流之弊，皆當有以正之。此私議之說也。竊謂今之試中經義，既用張庭堅體，亦不得不略仿之也。考試者是亦不思之甚也，張庭堅體已具冒原講證結，特未如宋末所謂文妖經

〔註 26〕同上。
〔註 27〕同上。

賊之弊耳。致使累舉所取程文，未嘗有一篇能盡依今制，明舉所主所用所兼用之說者，此皆考官不能推明設科初意，預防末流輕淺虛衍之弊，致使舉舉相承，以中為式。今日幾試經義，欲如初舉方希願禮記義者，不可得矣。科制明曰不拘格律，蓋欲學者直寫胸中所學耳。奈何陰用冒原講證結格律，死守而不變，安得士務實，得實材為國家用，而為科目增重哉？因著私論于此，以待能陳于上者取焉。〔註28〕

對於當時程文以「冒原講證結」中試的情形，端禮尤其不滿，為了證明他的主張正確，他還親自請教曾任江浙儒學提舉的鄧文原（善之），《讀書分年日程》卷二旁證說：

端禮嘗疑方今取中經義格用冒原講證結，似宋末第二篇義樣，書坊又刊以為定式，恐非設科初意，延祐七年正月廿七日，親以質之鄧善之，善之曰：前年會試所落者，皆冒原講證結者，今後只宜仔細看朱子貢舉私議，守之為法，某已於試院碑上明言之，以戒舉子矣。設科時，某在朝與聞貢舉之議，正欲革宋經義敷衍虛浮之弊，所以用貢舉私議，明經主某說兼用某說，要人實下工夫讀傳註，豈宜自誤。〔註29〕

端禮甚至引劉恕以「先注疏，次異說，末論斷」答法而被握第一的例子說：

皇祐初，司馬溫公為貢院屬官，時有詔士能講解經義者聽別奏名，應詔者數十人，趙周翰為侍講，知貢舉問以春秋禮記大義，其中一人所對甚精詳，先具注疏，次引先儒異說，末以己意論而斷之，凡二十問，所對皆然，主司驚異，擢為第一，及進糊名，乃進士劉恕方年十八，溫公以是慕重之。〔註30〕

為了更詳細說明答題的規格，端禮舉尚書及易為例：

假如《書》義仿張體，以蔡傳之說為終篇主意（如論破然）。如傳辭已精緊，而括盡題意，則就用之為起，或略而泛，則以其意自做。次略衍開。次入題發明以結之。次官題，題下再提起前綱主意，歷

〔註28〕同上。
〔註29〕見涵芬樓本《程氏家塾讀書分年日程》卷二，頁12旁證。
〔註30〕同上。

提上下經文，而歸重此題。次反覆敷演，或正演，或反演；或正引事證，或反引事證，繳歸主意。次結，或入講腹，提問逐節所主之說，所以釋此章之意（如孔穎達疏文釋注之體）。逐節發明其說，援引以證之，繳歸主意。后節如前，又總論以結之。〔註31〕

如《易》，又旁通所主次一家說，又發明其異者，而論斷之。又援引以證之、結之。次兼用注疏，論其得失而斷之，證之，結之。平日既熟讀經傳，又不患于無本矣。〔註32〕

端禮亦知作文答卷，本無一定不可易之法，故提醒學者：

此亦姑言大略耳。在作者自有活法，直寫平日所得經旨，無不可者。

〔註33〕

七、作文日程

端禮教導應舉文字，曾取法真德秀，據《讀書分年日程》卷二旁證，端禮說：

按西山應舉工程云：時文有四類，一性理，二治道，三故事，四制度。自初一日至初九日，編性理賦，日一道或半道，如無箋本，即檢經史對過，然後自寫。初十日作性理賦，或一二課，亦從其便。十一日至十九日，編性理論，二十日作性理論，二十一日至二十八日或二十九日，編性理策，論策亦皆檢用事處箋寫。月終則作性理策，次月再輪如初。賦論策每類只須二三十篇，惟擇其最佳者，性理賦畢，編治道賦，治道賦畢，編制度及故事賦，論策亦然。既知格式，又能遣辭，即參以古文，如韓歐曾蘇等集，各取明白純粹及近於時文者，與時文閒讀，則散文不患不工，此西山之訓，愚今倣其法，亦以今制三場，分四類輪流編鈔讀作。〔註34〕

但端禮並非一味抄襲，而是根據教學實效加以改良，他說：

端禮始者亦嘗用西山應舉工程法教友朋矣，蓋其一日之內，讀四書本經看文作文看史，兼此五項工夫，而其用工迫促，所讀之書不精

〔註31〕同註15。
〔註32〕同上。
〔註33〕同上。
〔註34〕見涵芬樓本《程氏家塾讀書分年日程》卷二，頁16旁證。

不熟，無一種可了，而所作之文亦不能工，與今俗學無異，且使學者終身無爲己自得之實，所謂本末俱失者也。其後直用朱子法，爲此分年日程，確守以與友朋共學，極有實效。然亦約自十五志學起，不過三年，讀四書本經傳注並考索，三年之外看史學文編鈔，共六年耳，所謂本末俱得者也。端禮不才，職教事者四十年，日夕從事，備究得失，深知朱子所謂橫渠成誦爲學者捷徑之說，誠確論也。敢述于此，與四方有志之士共守之。〔註35〕

端禮認爲眞德秀《應舉工程》的設計太過迫促，反導致書讀不熟，文亦不能工的缺點，他的改良是：「讀看近經問文字九日，作一日。讀看近經義文字九日，作一日。讀看古賦九日，作一日。讀看制誥章表九日，作一日。讀看策九日，作一日。作他文皆然，文體既熟，旋增作文日數。」〔註36〕大抵本朱子「寬著期限，緊著課程」的原則。

八、作文要領

端禮認爲作文要以「主意」攝「事料」，如主意未定，匆促下筆，必不成文。他說：

大抵作文辦料識格，在于平日（此用剡原戴氏法）。及作文之日，得題即放膽（此用迭山謝氏法）。立定主意，便布置間架。以平日所見，一筆掃就，卻旋改可也，如此則筆力不餒。作文以主意爲將軍，轉換開闔，如行軍之必縣將軍號令。句則其裨將，字則其兵卒，事料則其器械。當使兵隨將轉，所以東坡答江陰葛延之萬里徒步至儋耳求作文秘訣曰：「意而已。作文事料，散在經、史、子、集，惟意足以攝之。」正此之謂。如通篇主意間架未定，臨期逐旋摹擬，用盡心力，不成文矣。切戒。〔註37〕

九、進步關鍵

端禮認爲文章必須「改而又改」，才能寫出好文章，故舉歐陽修的例子說：

按歐陽永叔每以所作貼壁，待心事虛閒時，如瞥見他人文字相似，

〔註35〕同上書，卷二，頁18旁證。
〔註36〕見《讀書分年日程》卷二「作科舉文字」節。
〔註37〕同上。

則得失瞭然。篇篇如此改過，所以居士集最佳。〔註38〕

又教導後學作文：

凡有所作，即以貼壁，改而又改，自畫截圈抹，用平日看文例，以求

篇章句字，一一中的方止，每種作得一二十篇，則能事畢矣。〔註39〕

「改而又改」的主張雖不新鮮，卻是寫好文章的不二法門。

以上是程端禮的文學主張與作文教學。綜合說來，端禮的文學主張承襲朱子及史蒙卿，純是理學家立場。在作文教學方面，端禮也認為「勞於讀書」則可「逸於作文」，「有德者」必能「有言」，故於讀書的指導極多，而實際的作文指引較少。端禮雖不以應舉為教學目的，然對於應舉文字的教導仍極重視，其綜採前賢教法，復依教學實效而適當改良，是值得稱讚的。

〔註38〕見涵芬樓本《程氏家塾讀書分年日程》卷二，頁17旁證。

〔註39〕同上。

第六章　程端禮的書法教學

前　言

　　對傳統儒家來說，修身、成德是人生最重要的目標、最高的價值，其他文藝活動不過是助成此目標的輔助手段，儘管不必排斥，但也不甚鼓勵。他們熟知，也服膺孔子「志於道、據於德、依於仁、游於藝」的說法，甚至依孔子原文的順序來決定先後輕重，以「游藝」爲四者之末。書法這種書寫藝術，自是讀書人的「游藝」活動，一般儒者也不主張多耗心力於書法上面，以免玩物喪志。作爲元代儒者的程端禮自也不能例外，在《讀書分年日程》序中，他強調：

　　　孔子之教序：志道、據德、依仁居游藝之先；周禮大司徒列六藝，

　　　居六德六行之後，本末之序，有不可紊者。

　　德行爲本，文藝是末，書法自不是程端禮教學的重心。然而爲了要更深入地閱讀經典，更熟練地使用文字表達，基本的識字、習字工夫自不能免，而中國傳統的書寫工具是毛筆，則如何有效地教導學生使用毛筆寫出正確的筆畫與字形，當是重要的基礎教學。

　　本章探討程端禮的書法教學，主要依《讀書分年日程》推闡程氏書法教學的目標，討論其教材與教法，最後對其取則標準與書法成就作綜合評論。

第一節　教學目標

　　「書法」就其技藝層次來說，是一種藝能，與儒家所看重的德行修養可

以各自獨立，互不相涉。唯儒家「居仁游藝」的理論雖重德輕藝，但尚不排斥文藝，則所謂「居仁游藝」可被解釋爲：以悠遊於文藝活動來陶冶身心，調養仁德。故文藝活動不但可與德行修養並行不悖，甚至可以視爲道德修養之一事，而直下以寫字（習書）收納於德行教學之下。如此以道德統攝文藝，藉文藝活動以修養道德，可說是儒家教育的基本原則，程明道說：「某寫字時甚敬，非是要字好，只此是學。」〔註1〕，程端禮也是將寫字視爲修德之一事，《讀書分年日程》卷首錄〈程董二先生學則〉及〈眞西山教子齋規〉，明列寫字的基本原則：

> 寫字必楷敬：勿草，勿敧傾。（程董二先生學則）

> 學書：臻志把筆，字要齊整圓淨，毋得輕易糊塗。（眞西山教子齋規）

如此書法教學便不只有技能的目標，更注重的可能是寫字習慣與態度的養成，即重視情意目標更甚於技能與認知目標，且此情意目標不在於愉悅情性，而是一種收斂、端莊，是「持敬」行爲，不能放逸隨興，更不得敧側潦草，這種特殊的書法教學目標，與其說是情意的，不如說是道德的。

程端禮的寫字教學固不在培養書法家，但基本的書寫技能仍是必要的，依《讀書分年日程》卷一：

> 小學習寫字……令影寫智永千文楷字……如此影寫千文足後，歇讀書一二月，以全日之力通影寫一千五百字，添至二千、三千、四千字，以全日之力如此寫一二月乃止，必如此寫，方能他日寫多，運筆如飛，永不走樣。

又說：

> 用筆之法：雙勾、懸腕、讓左側右，虛掌實指，意前筆後，此口訣也。（同上）

以上均屬於書寫技能的要求，如果依行爲目標的寫法，其技能方面的目標似乎可寫成：

1、能正確地執筆運筆。
2、能準確摹寫、背臨智永千字文。
3、能以智永千文字體快速書寫，且不走樣。

在認知目標方面，《讀書分年日程》未有書法史、書法家或書學理論的專

〔註1〕見《性理大全》卷五十五。

門介紹，與寫字相關的則是辭書的使用，端禮在交待用筆口訣之後，接著說：

> 欲考字，看說文、字林、六書略、切韻指掌圖、正始音、韻會等書，
> 以求音義偏旁點畫六書之正。（同上）

　　由此看來，端禮習字教學的認知目標並不是書法欣賞或美學評論方面的知識，而在於教導學生使用《說文》等字書，藉以考求文字正確的形音義。正確地辨析形音義有助於更深入地研讀經書，可見端禮的寫字教學與閱讀教學有嚴密的相關，這種不同教學活動間的聯繫與相互增強，是《讀書分年日程》的一大特色。

　　程氏書法教學的目標，略如上述，以下論其教材與教法。

第二節　教材、教法

一、教　材

　　程端禮教導書法，所選用的教材是智永的楷書千字文，《讀書分年日程》卷一說：

> 小學習寫字……令影寫智永千文楷字。

又說：

> 其所以用千文，用智永楷字，皆有深意，此不暇論，待他年有餘力，
> 自為充廣可也。（同上）

端禮自注說：

> 習真書由智永千文入，則已兼得晉人骨肉、間架、風度，他年有餘
> 力，當習樂毅論、畫贊、黃庭經；草書由智永以入二王章草；行書
> 則蘭亭；篆與八分則熟看說文以習李斯、陽冰、蔡邕。古今以晉二
> 王為書學之聖，自唐歐、虞、楮（褚）、薛、顏、柳，皆效晉而各得
> 其一體，如夷之清、惠之和耳，故習字須以晉為法，學唐乃下策也。
> 〔註2〕

這段注文有幾點值得注意：

　　（一）以晉朝二王（羲、獻父子）為書法極則，認為學書應以晉人為法，

〔註2〕此段注文見於涵芬樓影印鐵琴銅劍樓藏元刊本，卷一，頁6，今台灣商務印書
　　　　館所編《四庫叢刊廣編》第廿六冊有之。陸刊本及文淵閣刊本無注。

學唐乃下策。

（二）以智永楷書千字文爲入手教材，認爲由此可得晉人骨肉、間架、風度。

（三）書法的進階學習：

楷書：由智永楷書《千字文》上溯王羲之《樂毅論》、《黃庭經》、《東方朔畫贊》。

草書：由智永草書《千字文》更學二王章草。

行書：學王羲之《蘭亭集序》。

篆書：學李斯、李陽冰。（須熟看許愼《說文》）

八分：學蔡邕。

案：元代書學崇尙復古，以晉二王爲極則，可說是時代風尙，不獨端禮爲然。值得注意的是：程端禮，以及更多元代書家（包括趙孟頫等）所崇尙的二王書風，實是一種筆力遒潤、風神灑脫、悠雅自然的風格，唐人尙法，似乎不夠洒脫，是以端禮以學唐爲下策。這種審美觀點對書法教學自然大有影響。

端禮既以晉人書法爲尙，理當直以二王書帖爲教材，然端禮的書法教材卻是隋僧智永的千字文，又自稱「其所以用千文、用智永楷字，皆有深意」，到底其所謂「深意」是什麼？

要解答這個問題，首先要了解智永以及他所寫的《眞草千字文》。

智永是陳、隋間僧，生卒年不詳，只知他是王羲之的七世孫，工正草書，傳家法。《眞草千字文》有智永傳世眞蹟，歷來評價甚高，宋米芾《海嶽名言》稱：

智永臨集千文，秀潤圓勁，八面具備。

清梁巘《承晉齋積聞錄》說：

隋楷莫佳於智永《千字文》，今世所傳《樂毅論》、《黃庭經》諸帖，皆不如《千字文》。

又說：

書法自右軍後，當推智永第一，觀其《眞草千字文》圓勁秀拔，神韻渾然，已得右軍十之八九。

清劉熙載《藝概》則說：

陳僧智永尤得右軍之髓。〔註3〕

〔註3〕見劉正成編《中國書法鑑賞大辭典》第387頁。

　　從上面的評論看來，智永傳王羲之筆法，「得右軍之髓」，《眞草千字文》又筆力、神韻俱佳，《樂毅論》、《黃庭經》等雖傳爲王羲之所作，然後世摹刻，往往失眞，反不如智永千文，故程端禮以智永眞書千字文作爲基礎教材，完全合理。

　　除了筆法、神韻方面的考量外，《千字文》本身的內容與特性，應也是程端禮考慮的原因。

　　案：《千字文》本是蒙學教本，雖內容淺俗，但字數達一千字，又文字均不重覆，等於是常用字的集成，對於幼學識字極爲方便。其構詞以四個字爲一句，兩句或四句即可構成完整意義，內容包括天文（如「雲騰致雨、露結爲霜」）、地理（如雁門紫塞、雞田赤城）、歷史（如「起翦頗牧，用軍最精，宣威沙漠，馳譽丹青」）、人倫（如「外受傅訓，入奉母儀」）、道德（如「知過必改，得能莫忘。罔談彼短，靡恃己長」）以及各類簡單常識，可以豐富初學者的詞匯，增進基本知識，培養倫理道德。而通篇平仄相間、句尾押韻，可以培養學生對語言的韻律感。至於聯句相對，則可以幫助學生掌握對類詞性，對於讀文寫作亦有相當助益。綜合來說，程端禮「所以用千文、用智永楷字」，是考慮三方面的效果：

　　一是書法藝術：從智永楷字千文可以正確地學得二王筆法、風神、骨力。基礎既定，再學行書、草書，乃至篆、隸，均順理成章。

　　二是文史常識：儘管詞章之學並非端禮之所重，然基本的天文、史地常識仍是必要的，千字文的內容包含各種淺易常識，而聯句相對，音韻相當，對於學習詞賦及文章寫作皆有幫助。

　　三是道德倫理：《千字文》內容頗多與家庭倫常、個人修養相關，這一部分與端禮最重視的「理學」有密切關係，即與端禮的主要課程有橫的聯繫，藉著千字文，「寫字」與「讀經」可以起到相互增強的效果。

　　以上大體就是端禮所說的「深意」罷！

二、教學法

　　端禮的書法教學最注重筆法與臨摹，仍分項說明如下：

（一）筆　法

　　用筆之法：雙勾、懸腕、讓左側右、虛掌實指、意前筆後，此口訣也。（《讀

書分年日程》卷一）

1、雙　勾

所謂「雙勾」，是一種執筆方法，清朱履貞《書學捷要》云：

> 雙勾者，食指、中指尖勾筆向下，大指拓住；名指、小指屈而虛懸，
> 幫附中指，不得著筆，則虎口開，掌自虛、指自實矣，此謂雙勾。

〔註4〕

雙鈎　　　　　　　　　　　五字執筆法

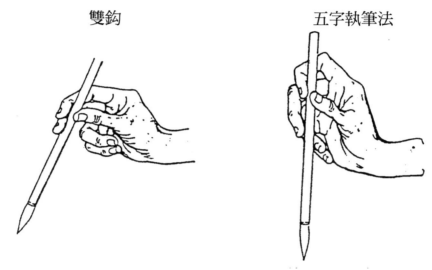

依上圖看來，其法與今人習用的「五字執筆法」似有不同。

2、懸　腕

「懸腕」是指「運筆作書時，肘、腕皆離案，憑虛而運。」見下圖〔註5〕

懸腕法

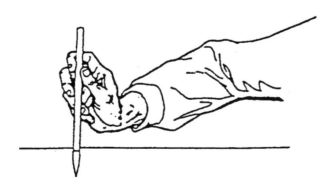

〔註4〕見梁披雲編《中國書法大辭典》第77頁。

〔註5〕同上書第85頁。

　　懸腕的名義並不難理解，需要說明的是：懸腕是腕法中的一種，除懸腕外，還有枕腕、提腕、覆腕、回腕等，何以端禮只主張懸腕？

　　案：所謂「提腕」，是運筆作書時，肘著案而腕不著案。所謂「枕腕」，是以左手枕在右腕之下，以藉其力。「懸腕」則是肘、腕皆離案，憑虛而運。「覆腕」是執筆時食指、中指雙勾，名指、小指雙挑，平腕覆掌，實指虛拳。「回腕」則是「掌心向內、五指俱平，腕豎鋒正，筆畫兜裡」。附圖如下〔註6〕

枕腕法

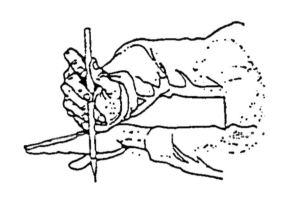

提腕法

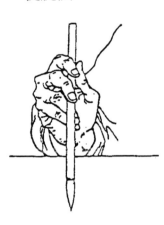

平覆法

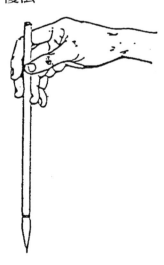

回腕法

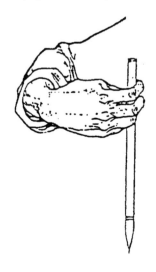

〔註 6〕同上書第 86 頁。

腕法雖有多種，亦各有優點，然執筆作書，必須靈活圓轉，歷代書法家及書法評論家多認爲各種腕法之中，以懸腕法最佳，元陳繹曾《翰林要訣‧執筆法》說：「懸腕，懸著空中最有力。」〔註7〕明徐渭《筆玄要旨》曾論懸腕與枕腕說：

> 古人貴懸腕者，以可盡力耳。大小諸字古人皆用此法，若以掌貼桌上，則指便黏著於紙，終無氣力，輕重便當失準，雖便捷運，終欠圓健。蓋腕能挺起，則覺其豎，腕豎則鋒必正，鋒正則四面全也。
> 〔註8〕

對於提腕，當代書法家沈尹默曾有批評，他說：

> 前人把懸肘、懸腕分開來講，主張小字只須懸腕，大字才用懸肘。其實肘不懸起，就等於不曾懸腕，因爲肘擱在案上，腕即使懸著，也不能隨己左右地靈活運用。〔註9〕

回腕法極少人用，據傳清書法家何紹基專用此法，其特點是可以做到肘、腕並懸，但腕一回著，即僵硬不動，等於失去腕的作用，實非上策。

覆腕法以食指、中指雙勾，無名及小指雙挑，略同五字執筆法，唯一的不同是：覆腕法要求的不是手掌豎起，而是掌心向下。其特點是可以肘、腕並提，並留出掌心的空間，便於運使，然掌心向下必影響手腕的轉動幅度，間接削減手腕的靈活度，故覆腕法亦未普遍。

3、讓左側右，虛掌實指，意前筆後

這三句口訣各有所指，所謂「讓左側右」，是用筆方法，要筆鋒左右轉側，以求運筆靈動，盡筆鋒之功能。「虛掌實指」是執筆要領之一，要求手指出力以穩住筆桿，並留出掌手的空間，使方便運轉。「意前筆後」則是書寫創作的原則，要求寫字的人必先成竹在胸，意在筆前，才能使作品渾然，一氣呵成。此口訣簡單而扼要。

（二）臨　摹

程端禮很重視臨摹，他對習字的要求如下：

> 小學習寫字，必於四日內，以一日，令影寫智永千文楷字。如童稚初寫者，先以子昂所展千文大字爲格影寫一遍過，卻用智永如錢真字影

〔註7〕見《宋元人書學論著‧翰林要訣》第4頁。世界書局。
〔註8〕同註5。
〔註9〕同上。

寫。每字紙一本，影寫十紙，止令影寫，不得惜紙於空處令自寫，以致走樣，寧令翻紙以空處再影寫。如此影寫千文足後，歇讀書一二月，以全日之力通影寫一千五百字，添至二千、三千、四千字，以全日之力如此寫一二月乃止。必如此寫，方能他日寫多，運筆如飛，永不走樣。又使自看寫一遍。（《讀書分年日程》卷一）

端禮的習字要領大抵是：

（1）先影寫，後看寫。（即先摹字，後對臨。）

（2）先寫大字，後寫小字。

（3）重視熟練原則：每字均影寫多遍，後更要求全日影寫。

（4）務達機械反應：要求快速臨寫，至日寫三、四千字，不能走樣。

先寫大字，後寫小字；先摹寫，再對臨，基本上都合於習字原則；多次習寫以求熟練，也有一定的道理，至於要求書寫快速，要求字不走樣，則似乎違反藝術原則，縱使真能「運筆如飛，永不走樣」，也不過是寫字工匠而已，這種工整、快速的要求，應該是針對科舉考試來的。

（三）配合考字與鈔書

端禮極強調技能間的交互增強，也注重技能的練習與應用，以習字來說，他將寫字與考字、鈔書相互塔配應用，《讀書分年日程》卷一：

> 欲考字，看說文、字林、六書略、切韻指掌圖、正始音、韻會等書，以求音義，偏旁、點畫、六書之正。每考三、五字或十數字，擇切用之字先考。

> 凡鈔書之字，偏旁須依說文翻楷之體；骨肉、間架、氣象用智永，非寫詩帖，不得全用智永也。

「考字」的目的是為了能正確辨讀、書寫，既能確實掌握字形、音、義，對閱讀經籍也有同步增強的作用。其次，要把習字應用於「鈔書」，如此既可藉抄寫以提升閱讀效果，又可將所習寫楷字應用於新情境，其次第合於精熟原則。

第三節　程端禮的書學述評

本節評述端禮書學，主要有兩部分，首先評其書學理論，其次論其書法成就。

一、書學理論

端禮的書學理論不多，其中一部分討論技法，所謂「雙勾、懸腕、讓左側右、虛掌實指」，大抵是執筆、運筆的基礎法門，較不致引起爭執，但也較缺乏理論意義。「意前筆後」在藝術創作上原有一定的意義，它可以指謂「胸有成竹」，意味著藝術並不拼湊摹寫，而是直抒胸臆，一氣呵成，以表現心目中「美」的形象。然端禮的「意前筆後」似非此意，由於他極端重視書寫速度，要求寫多、寫快時能「運筆如飛，永不走樣」，則所謂「意在筆前」似乎只是技巧熟練已極的「純熟」而已，與美感的表現似無關聯。

值得注意的是他的評書標準與學書入門的意見，略分述如下：

（一）評書標準：遒逸、自然

程端禮評論書法，大抵以晉朝王羲之、王獻之爲極則，他說：

> 古今以晉二王爲書學之聖，自唐歐、虞、褚、薛、顏、柳，皆效晉
> 而各得其一體，如夷之清，惠之和耳，故習字須以晉爲法，學唐乃
> 下策也。

這是端禮的意見，但也代表了有元一代對書法的品評。如前所述，元代書風崇尚復古，專以晉唐爲尚，在端禮看來，學唐已是下策，學宋則更是下下之策。宋人那種尚「意」，講求個性、講求創新的美學標準，是元代人所難以接受的。元人既以二王爲書法極則，則晉代自然、遒逸的書風便成爲元人評書的標準，也大體是端禮的評書標準。

端禮既以遒逸、自然的書風爲尚，則如何寫出像二王那樣既瀟洒又有力，眞趣天成、毫不造作的毛筆字，便是端禮必須面對的課題。

端禮不是書法家，而是書法教育家。一個書法老師，面對許多童稚的初學者，所考慮的絕不是「如何自創面目以留名書史」的問題，而是「如何指導正確的入門工夫，以奠定良好基礎」的問題。在這個課題上，程端禮所提的方法並不是直接法效二王，而是以隋僧智永所寫的千字文作爲入門，而智永的風格也正是閑雅、自然。

（二）學書入門：智永千文

端禮自稱其「所以用千文、用智永楷字，皆有深意」，其實主要的考量不外是筆法、間架與氣象。智永是王羲之七世孫，筆法自無問題，而間架、氣象亦表現閑雅、自然，與唐人法則森嚴，時或劍拔弩張的姿態大不相同，茲

以智永眞草千字文與羲之蘭亭帖相較，略可見其神似之處。

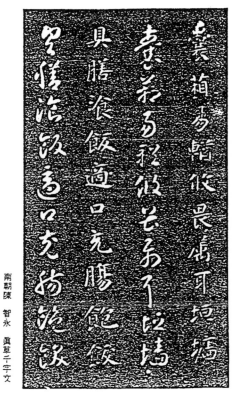

南朝陳　智永　眞草千字文

唐．褚遂良　摹蘭亭序（70 蘭亭八柱帖本）

（影自台北故宮博物院《院藏碑帖特展目錄》）

以智永《千字文》爲書學入門，可以筆法、間架、氣象三者兼顧，自然是極好的入門途徑，然而端禮卻又說：

> 凡鈔書之字，偏旁須依說文翻楷之體，骨肉、間架、氣象用智永，
>
> 非寫詩帖，不得全用智永也。

既以智永爲法，又規定學生「非寫詩帖，不得全用智永」，多少有些矛盾，端禮所考慮的應該是儒家的角度，即以寫字爲修身。端禮在《讀書分年日程》的綱領部分曾引《程、董二先生學則》與《眞西山教子齋規》的法則，要求「寫字必楷敬：勿草，勿欹側」、「學書：臻志把筆，字要齊整圓淨，毋得輕易糊塗」，而智永千字文雖是眞書，而略帶行意；又常側鋒取勢，直率下筆，與儒家所要求的「楷敬」似有距離。

然而在「效法智永」與「不得全用智永」之間，究竟是如何取得平衡，端禮並未論及，唯一的線索是直接看端禮的書法，此於下節論之。

二、書法成就

　　端禮不以書法名家，其書跡並不經見，唯一可信是依端禮手書鑴刻的，應是涵芬樓本的《讀書分年日程》自序，附圖如下。

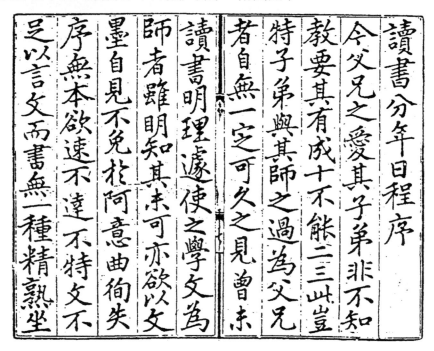

（影自涵芬樓本《程氏家塾讀書分年日程》自序）

　　依自序的書跡看來，端禮的書法雖學智永，其實更重法度，是遒勁，而不是遒逸；是端整，而不是洒脫，與晉人書風不類，甚至與智永千文亦風神互異，而更像是唐人楷字。唯仔細比對，仍可看出端禮學習千文的痕跡，如序文第四行「定」字的寫法，第五行「文」字的寫法，及「書」字與「家」字的法，都出於智永千文，觀下圖之比較可知。

（上一列為端禮所書，下一列取自智永千字文）

　　儘管如此，整體來說，端禮的書法仍是「楷敬」，而不是「洒脫」，筆畫常逆入平出，法度謹嚴，雖間有行書筆意，卻多唐楷風貌，以此推論，端禮的書法應是「學智永筆意而濟之以唐楷」了。

　　在端禮所列的唐代書家中，或許他曾臨寫的字體不止一家，然以現存的書作看來，影響他最深的，可能是虞世南。

　　案：吾人寫字，常不自覺有習慣筆法，此種習慣筆法也常代表書寫特徵，端禮楷中帶行的寫法或出於智永，而「刀」部的「則」字、「列」字，「行」部的「行」字、「術」字，末筆均直下而不勾，此種寫法，不見於智永千文，在歐、褚、薛、顏、柳各家楷書，亦絕不經見，唯有虞世南偶作此筆，茲比較如下圖。

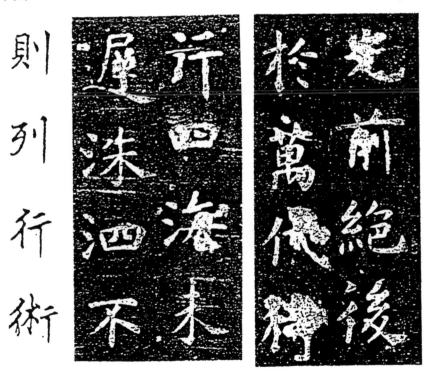

（左面一行，爲端禮所書。右者取自虞世南《孔子廟堂碑》）

　　不止是字體的形似。以筆法的傳承來說，史稱虞世南書承智永傳授，得二王法，端禮由智永而學虞世南，實順理成章。就「學智永」而「不得全用智永」這一點上，端禮法書似作了具體的說明。

　　綜合上面所說，在書法的成就上，端禮本人的作品因無新創的風格特色，

不成書法名家，然在書法教學上，他掌握了正確的筆法，選用合適的教材，指出書學的進路，他本人亦能作書，筆不苟且，儘管對書法藝術的看法有些偏執，整體說來，他應是個合格的書法教育家。

第七章　程端禮對後世的影響

　　程端禮終身擔任教職，生年未有顯赫功名，思想學說亦多延襲朱熹，在崇尚理學的元代，聲名實不如許衡、吳澄等理學家，然其所著《讀書分年日程》在當時即經由國子監「頒示郡邑校官，爲學者式」（元史），儼然元代學校的教學典型，對後世影響亦深。本章先列舉前賢對《讀書分年日程》的評語，以明此書對後代的影響，其次則分析此影響的形成原因，最後就後人對程端禮教法的質疑，提出解釋與說明。

第一節　有關《讀書分年日程》的論評

　　對《讀書分年日程》遵信最篤的，當數清初的陸隴其，陸氏不僅於家書中，數戒其子弟讀程氏分年日程，更爲《讀書分年日程》校對刊印，並爲作跋語說：

> 右讀書分年日程三卷，元程畏齋先生依朱子讀書法修之，以示學者。朱子言其綱，而程氏詳其目。本末具而體用備，誠繇其法而用力焉，內聖外王之學在其中矣。當時嘗頒行學校。明初諸儒讀書，大抵奉爲準繩。故一時人才，行雖未及漢、宋之隆，而經明行修，彬彬盛焉。及乎中葉，學校廢弛，家自爲教，人自爲學，則此書雖存，而繇之者鮮矣。鹵莽滅裂，無復準繩，求人材之比隆前代，豈不難哉。
>
> 今國家尊崇正學，諸不在朱子之術者，皆擯不得進；而羽翼朱學之書，以次漸行，學者始知有此書。然舊板漶漫，不勝魯魚亥豕之訛，讀者病焉。余故校而梓之。有能繇是興起，且以此建白于上，依朱子貢舉議，鼓勵天下讀書之士，盡繇是法，則人才其庶幾乎！……是編（程

氏日程）之法，非程氏之法而朱子之法也；非朱子之法而孔孟以來教
人讀書之法也。捨孔孟讀書之法而欲學孔孟之道，有是理哉？〔註1〕

陸隴其說「明初諸儒讀書，大抵奉（程氏分年日程）為準繩」，是依陸氏
所知，明代中葉之前，儒者讀書大抵遵分年日程教法。然目前已難找到具體
明證，唯陸世儀（字桴亭，明末太倉人）曾明確提到分年日程，他說：

四明程端禮，有家塾分年讀書法。教童子讀四書五經，先令讀正文
既畢，然後卻讀註亦可。蓋子弟讀書大約十歲前有記性，以後漸否，
若令先讀正文，雖子弟至愚未有不於十歲前完過者，此亦讀書之一
法。文公有言，古有小學，今無小學，須以敬字補之，此但可為年
長學道者言，若童子定須教以前法。〔註2〕

又呂坤（新吾）〈社學要略〉說：

念書初要數字（即認字之法），次要聯句，次要一句緊一句，眼驢定，
則字不差；心不走，則書易入；句漸緊，則書易熟；遍數多，則久
不忘。〔註3〕

其下注「詳見分年日程」，可見明代社學，實採用《讀書分年日程》的
教法。

《讀書分年日程》對明代儒者的影響由上可以概見，然影響更大的應是
在清代，尤其是陸隴其，他在〈示三兒宸徵〉家書中說：

汝到家，不知作何光景，須將聖賢道理，時時放在胸中，小學及程
氏日程，時常展玩，日間須用一二箇時辰工夫在四書上，依我看大
全法，先將一節書，反覆細看，看得十分明白毫無疑了，方及次節。
如此循序漸進，積久自然觸處貫通，此根本工夫，不可不及早做去。
次用一二箇時辰，將讀過書，挨次溫習，不可專讀生書，忘卻看書
溫書兩事也。目前既未有師友，須自家將工夫限定，方不至優忽過
日。努力努力！〔註4〕

又〈與曾叔祖蒿菴翁〉說：

在京師，自覺紛華盛麗，不能動此心，頗浩浩落落。但時一念及稚

〔註1〕見《程氏家塾讀書分年日程》附錄，姜漢椿校注本。
〔註2〕見陳弘謀《五種遺規・養正遺規》卷下，頁20。
〔註3〕見陳弘謀《養正遺規》補編，頁32。
〔註4〕同上書，頁36。

子愚蠢，未有知識，輒不能不膠擾於中，未知近來讀書何如？姪孫
意惟欲其精熟，不欲其性急，太翁可取程氏分年日程，細體古人讀
書之法，使之循序漸進，勿隨世俗之見，方妙。周禮、禮記，俱宜
令其溫習，一季得一周，庶能記得，姪孫幼時溫書，皆一月一周也。
左傳諸書，迄今猶能成誦，皆當時溫習之功，惟太翁留神。〔註5〕

這是明確提到讀書日程的話語，至於雖未提到程氏日程，而實用其法者，如說：

汝讀書，要用心，又不可性急，「熟讀精思，循序漸進」，此八箇字，
朱子教人讀書法也，當謹守之。又要思讀書要何用，古人教人讀書，
是欲其將聖賢言語，身體力行，非欲其空讀也，凡日間一言一動，
須自省察，曰：此合於聖賢之言乎？不合於聖賢之言乎？苟有不合，
須痛自改易，如此，方是真讀書人。至若左傳一書，其中有好不好
兩樣人在內，讀時務要分別，見一好人，須起愛慕的念：「我必欲學
他」，見一不好的人，須起疾惡的念：「我斷不可學他」，如此方是真
讀左傳的人，這便是學聖賢工夫。〔註6〕

此確守朱子讀書法，與程氏日程正同一來源。又陸隴其對讀書與作文的
基本看法，也來自《讀書分年日程》，在〈寄示席生漢翼、漢廷〉中說：

科場一時未能得手，此不足病，因此能奮發自勵，焉知將來不冠多
士？但患學不足，不患無際遇也。目下用功，不比場前要多作文，
須以看書為急，每日應將四書一二章，潛心玩味，不可一字放過，
先將白文自理會一番，次看本註，次看大全，次看蒙引，次看存疑，
次看淺說。如此做工夫，一部四書既明，讀他書，便勢如破竹，時
文不必多讀，而自會做。至於讀經，皆學者所當用力，今人只專守
一經，而於他經，則視為沒要緊，此學問所以日陋。〔註7〕

如此強調讀書，先正文，次朱註，再次及諸家的讀書次第，與「勞於讀
書，逸於作文」的看法，實來自程氏日程。

陸隴其之外，陳弘謀《養正遺規補編》選錄〈讀書分年日程序〉，並下按
語說：

〔註5〕同上書，頁38。
〔註6〕同註4。
〔註7〕同上書，頁37。

夫學雖不專在讀書，而爲學者，非讀書，則天地萬物之理，前古後今之事，無由而明，雖空空守此本然之善，亦不能擴充以盡其極。而讀書不得其要，不盡其量，隨得隨失，若存若亡，於時習之義安在？可視爲口耳記誦，而無關於明善復初之本務也哉？元畏齋程氏，推明朱子之意，定爲分年日程，本末兼該，首尾聯貫，直欲識一字，明一字之義；讀一句，受一句之益，明體達用，於是乎在。明初，曾頒學宮，後之讀書者，日趨苟簡，專事涉獵，此書無復有寓目者矣。當湖陸清獻公令靈壽時，序而刊之，以爲非程氏之法，而朱子之法；非朱子之法，而孔孟以來教人讀書之法，其遵信此書如此。今欲爲童子立爲學之始基，以極致知之能事，固不能外此而別有師法也，至所載鈔經讀史諸法，皆極精要，以限於卷帙不能備載，亦以此編專勗童蒙，待至窮經研史，正可考全書而得之也。〔註8〕

除了一般學校及家庭的遵行採用，清廷對《讀書分年日程》也起了推波助瀾的作用，依《清會典事例》卷 395 所載，清乾隆皇帝即規定全國各地書院「仿分年讀書之法予之課程，使貫通乎經史」〔註9〕，甚至民初梁啓超所訂的《讀書分月課程》，也婉然有程氏日程的影子〔註10〕。綜合以上所述，程端禮《讀書分年日程》對明清以來教育的影響，實是廣大而深遠。

《讀書分年日程》何以能產生如此深遠的影響？以下將探討其成因。

第二節　程氏日程影響的成因探討

《讀書分年日程》不過三卷，程端禮在元代亦無顯赫名位，其所訂讀書日程竟能影響及數百年之後，此實賴內外因素所共同促成。所謂內在因素，指的是程氏日程本身所具的特質，而外在因素指的是客觀社會環境的制約，有此內外雙重因素，程氏讀書日程始能歷數百年而不衰，試別說明如下：

一、外在因素

自元代以歷明清，程朱理學一直受到官方的推崇，且自元明以來，科舉

〔註 8〕同上書，頁 6。
〔註 9〕引自朱漢民《中國的書院》，台灣商務印書館。
〔註10〕同上。

考試特別突出進士一科，而考試內容又以朱子傳注爲標準本。元代考試程式已如前述（詳本書第三章第二節），明代科舉分小考、鄉試、會試、殿試四級，鄉試每三年一次，共試三場，《明史‧選舉志》載各場考試內容說：

> 初設科舉時，初場試經義二道，《四書》義一道；二場，論一道；三場，策一道。中式後十日，復以騎、射、書、算、律五事試之。後頒科舉定式，初場試《四書》義三道，經義四道。《四書》主朱子集注，《易》主程傳，朱子本義，《書》主蔡氏傳及古注疏，《詩》主朱子集傳，《春秋》主左氏、公羊、穀梁三傳及胡安國、張洽傳，《禮記》主古注疏。永樂間，頒《四書五經大全》，廢注疏不用。其後，《春秋》亦不用張洽傳，《禮記》止用陳澔集說。二場試論一道，判五道，詔、誥、表、內科一道。三場試經史時務策五道〔註11〕。

明代科舉考試仍以四書、五經爲範圍，仍主朱子傳注，是考試用書大多爲程氏日程所包涵。至於清代考試，大體沿襲明代，考試內容方面，生員試正場考四書文兩篇、五言六韻試帖詩一首；複試考四書文一篇、經文一篇、五言六韻詩一首，默寫《聖諭廣訓》。鄉試先考「經義」文，即「時文」或「制藝」，依明制用八股文，其次是策論、試帖詩等。經義文，四書題用朱熹集注，五經題，《易》主程傳、朱子本義，《書》主蔡沈傳，《詩》主朱子集傳，《春秋》主胡安國傳，《禮記》主陳澔集傳。會試考試內容、場數與鄉試大致相同〔註12〕。

由上看來，元明清三代科舉對程朱理學實相當重視。而考試對於教學實有絕對的影響力，近代課程專家泰勒（Ralph W‧Tyler）即指出：

> 評價對於學習也同樣具有強而有力的影響。紐約州高等教育評議會調查報告書即曾指出，該評議會所舉辦的考試——屬於一種該州使用的評價工具——對於州內學校所教的東西之影響力，要遠勝過課程大綱本身。學生的學習深受所施的評價的種類之影響，甚至於教師教學的重點也會受到他們預期所施的評價種類的影響。此即意謂除非評價方法與課程的教育目標密切吻合，否則評價方法本身——而非課程目標——將成爲學生、甚至於教師注意的焦點。〔註13〕

〔註11〕見《明史》卷七十〈選舉志二〉。

〔註12〕見毛禮銳等《中國教育史》，五南圖書公司，民國78年五版，444頁。

〔註13〕見黃炳煌譯《課程與教學的基本原理》，桂冠圖書公司，民國78年五版，139頁。

　　如果科舉考試必以四書五經爲範圍，必主程朱說法，則程氏日程的教法對準備科舉考試實有幫助。

　　明清兩代考試科目固有《讀書分年日程》所未列或不及列者，如陳澔《禮記集說》、明代《四書五經大全》及清代《聖諭廣訓》，另如八股文的作法，亦非程氏日程所能教，然日程本以四書五經之習誦爲主，又特別尊信程、朱之說，如果四書五經仍需熟讀背誦，則讀書日程的教法仍是極有效的。唯日程寫於元代，明、清考試雖大體承襲元制，大同之中仍有小異，此中難免發生日程已列，然考試不考；或日程未列（不及列），然卻爲考試科目的問題，當於下節詳論之。

　　由於明清兩代均重視程朱理學，考試又以四書五經爲範圍，尤重朱熹傳注，則以朱子讀書法爲依據的《讀書分年日程》，自爲明清儒者所不可忽視。此是外在環境因素對《讀書分年日程》的影響。

二、內在因素

　　除了大環境對四書五經及程朱理學的重視外，程氏日程本身亦有其優越性，首先它兼具了理想性（道德修養）與現實性（科舉考試），使得學習動機不同的人，均能有所受益。其次它有堅強的學理基礎，如教學階段的劃分，蓋依「八歲入小學，十五入大學」古訓，指導原則全依朱子讀書法，教材教法多取朱子〈學校貢舉私議〉。《讀書分年日程》可說是依朱子理念所修之最佳教本，除非推翻程朱，否則程氏日程絕不容忽視。再其次，它有本有末，具體可行。程氏日程自教育目標、教材教法、指導原則以至評鑑考核，一貫作業，隱然合乎近代「系統教學設計」的原理，切實可行。明代陸世儀（桴亭）雖也有分三節讀書的設計，二者實不能相提並論，試看陸氏的讀書設計，他說：

> 古之學聖賢易，今之學聖賢難，只如讀書一節，書籍之多，千倍於古，學者苟欲學爲聖賢，非博學不可，然苟欲博學，則此汗牛充棟者將何如耶？偶思得一讀書法，將所讀之書，分爲三節。自五歲至十五爲一節，十年誦讀；自十五歲至二十五爲一節，十年講貫；自二十五至三十五爲一節，十年涉獵，使學有漸次，書分緩急，庶幾學者，可由此而程工，朝廷亦可因之而試士矣，所當讀之書，約略開後。

十年誦讀：

小學、四書、五經、周禮、太極通書西銘、綱目、古文、古詩、各
家歌訣。

十年講貫：

四書、五經、周禮、性理、綱目、本朝事實、本朝典禮、本朝律令、
文獻通考、大學衍義、天文書、地理書、水利農田書、兵法書、古
文、古詩。

十年涉獵：

四書、五經、周禮、諸儒語錄、二十一史、本朝實錄及典禮律令諸
書、諸家經濟類書、諸家天文、諸家地理、諸家水利農田書、諸家
兵法、諸家古文、諸家詩。

以上諸書，力能兼者兼之，力不能兼，則略其涉獵，而專其講貫，
又不然，則去其詩文。其餘經濟中，或專習一家，其餘則斷斷在所
必讀，庶學者俱爲有體有用之士，今天下之精神皆耗於帖括矣，誰
肯爲眞讀書人？而國家又安得收讀書之益哉？〔註14〕

　　陸氏的設計是出於一時心血來潮（「偶思得一讀書法」），與端禮實際以自
己教學三、四十年，更「歲歲刪修」之富於實證經驗，不可同日而語。其次，
陸氏三節設計只有教材，未列教法，到底要如何誦讀、講貫、涉獵，陸氏並
無解說。此外，陸氏亦無考核方法，既無評量標準，學生的學習成效便無從
得知，亦無法改進。兩相比較，程氏日程實更爲有本有末，具體可行。

　　綜合上述，可見《讀書分年日程》所以能對元、明、清三代具有如此的
影響力，絕非偶然。

第三節　對《讀書分年日程》的質疑與論辯

　　《讀書分年日程》強調博文約禮，強調鈔讀背誦，其教法固有可取之處，
然是否一定不可移易？對於不同根器的學生，教法豈能一律？面對類似的質
疑，陸隴其在重刊端禮《讀書分年日程》時，即針對時人疑惑，並作解答，
其文如下：

〔註14〕見陳弘謀《五種遺規‧養正遺規》卷下，頁22。

或曰：學者天資不同，敏鈍各異，豈必皆如程氏所謂看讀百遍，倍讀百遍乎？

曰：中人以下，固不待言。若生知學知之人，而用困知之功，不更善乎？況生知學知者有幾人耶？

或曰：明初纂四書五經、性理大全，采諸儒之說備矣。蔡盧齋、林次崖、陳紫峰之徒，又推大全之意，各自著書，爲學者所宗矣。今程氏讀經日程，又必取古注疏、朱子語類、文集，及諸儒之解釋，而抄之，而讀之，而玩之，不可省乎？朱子綱目一書，治亂得失昭然矣。程氏又必取溫公通鑒，及司馬遷、班固、范祖禹、歐陽修之史而參之，不亦煩乎？

曰：綱目猶春秋也。溫公通鑒及遷、固諸家之史，猶魯史舊文也。魯史舊文不存，學者不能盡見聖人筆削之意。故言春秋者，至于聚訟。今通鑒及遷、固諸家之史具在，參而觀之，而紫陽筆削之妙愈見，是烏可以不考乎？

永樂時纂大全，當時承宋儒理學大明之后，雖胡、楊、蕭未爲升堂入室之儒，而所采取者，無非濂、洛、關、閩之微言；蔡、林諸儒，又從而發明之，固皆有功學者之書也，然其缺略疏滯者亦有矣。幸而朱子之全書具存，諸家之解釋未盡湮沒，溯而考之，以補大全之闕，不亦善乎？至于古注疏，則固漢、唐千餘年間學者之所講求，程、朱之學，亦從此出而益精焉耳。雖曰得不傳之學于遺經，然非鄭康成、孔穎達之流闡發于前，程、朱亦豈能鑿空創造耶？故程、朱之于古注疏，猶孔子之于老彭也。幸而其書尚存，不至如夏、殷之無徵，是亦不可以不考也。

曰：然則學者所當讀之書，盡于程氏所編乎？程氏以前，諸子百家之書，程氏而后，諸儒之書，亦有當讀而玩者乎？

曰：程氏特言其切而要者耳，書固不盡是也。先秦之時，若國語、戰國策，以至老、莊之道德，荀卿之言學，管、韓之論治，孫、吳、司馬之談兵，雖皆駁而不純，儒者亦當知其梗概。漢以后，若揚雄、董生、王通之書，雖未及洛、閩之精，而亦往往爲先儒所取，固當擇而讀也。至程氏而后，若薛文清之讀書錄，胡敬齋之居業錄，羅

整庵之困知記，陳清瀾之學蔀通辨，皆所以辨學術之得失；邱瓊山之大學衍義補，所以明政事之源委，是皆羽翼經傳之書，不可不深考也。宋、元以來之治亂，則有若成化之讀綱目，薛方山之讀通鑒。有明一代，未有成書，而其時政得失，雜見于諸家之記載者，亦不可不知也。

曰：然則窮年累月于章句之中，不近于支離、博而寡要乎？且世益遠而書益多，后之讀書者不愈難乎？

曰：一代卓然不可磨滅之書固不多有，其他紛然雜出之書，隨出隨沒，唯患讀之無法耳，不患其多也，亦謹守是編之法而已。以讀書爲支離，是固近年以來，陽儒陰釋之學，非我所敢知也。是編之法，非程氏之法，而朱子之法也；非朱子之法，而孔孟以來教人讀書之法也。舍孔孟讀書之法，而欲學孔孟之道，有是理哉？〔註15〕

以上四個問題，一是質疑程氏看讀百遍、背讀百遍之法，過爲一律，似悖因材施教之旨。二、三是質疑日程所列書，對後代學者，恐有「該列而未列，不必列而又列之」的缺點，即質疑日程所列書未必合於後世需要。第四是質疑窮年累月讀書，恐涉支離，並暗示書不可盡讀，有「生也有涯，知也無涯」的意味。

以因材施教來質疑看讀百遍、背讀百遍的主張，是合理而有力的，陸隴其並不反對教學必須因材施教，但他認爲學生天資固有差異，終究是中下之人爲多，「生而知之」者極少，對大多數學生來說，端禮的教法仍是適當的，若上智之人能下困知的苦功，當然更好。

陸隴其的說法大抵有理，然並未解答質疑者的問題，對資優學生是否可少遍數，亦避而不答。

對於日程所列出是否合於後世需要，陸龍其也承認日程不能盡列後世所應讀的書，然只須稍作增補，日程仍有價值。至其懷疑端禮所列太煩者，陸氏則以爲不應省略。

到底儒生應讀那些書？答案可能隨時代而不同，甚至見仁見智，因人而異。陸氏所言未必不是，然仍未能解問者之疑，蓋此問題連同第四個質疑所問，其實接近史賓塞（Herbert Spencer）所提的問題：「什麼是最有價值的知

〔註15〕 同註1。

識？」（What knowledge is of most worth?）〔註16〕

這樣的疑問自非陸氏所能解答，只能說「以讀書為支離」是「陽儒陰釋」，更抬出朱子、孔、孟，算是「訴諸權威」的回答。

其實問者心底真正的問題恐怕是：「如何讀書才是最省力而有效的方法？」

對於這個問題，可以自道德角度，也可以自功利角度來回答。儒家當然是從道德出發，對儒者來說，「讀書」是「學」之一事，讀書的目的在於窮理，在內聖外王，學為聖賢，則研讀四書五經以克己復禮，知行並進，自是最好的讀書法。而《讀書分年日程》既本朱子讀書法而修，藉讀書以明德，從居敬持志、循序漸進、熟讀精思、虛心涵泳、切己體察、著緊用力，無一不是聖賢之學，則程氏日程所教，自然是省力而有效的方法。

但如此的回答恐未必能說服人，蓋自道德角度來看，即使同意人必須修道成聖，其道也不必專在讀書，盡日誦章摘句，更與成德毫不相干。道德重在實踐，必須「在事上磨」（王陽明語），於一一事物上體現本心良知，「以德行我統攝認知我」（勞思光語），斯為實修，豈能浪擲心力於背誦鈔記？這即是第四問所疑「窮年累月於章句之中，不近於支離、博而寡要乎」的問者立場，其實也可以代表陸王一派的想法。

朱熹與陸象山既不能相下，陸隴其以朱子立場馳論，自不能解決此問題。

如自功利角度來看，則「如何讀書才是最省力而有效」的問題，可指向事功，也可以指向科考。如果純就通過科舉考試而言，其重點自放在試題取向與答卷技巧上面，倘讀朱子《通鑑綱目》即可順利考上，那當然不必再浪費時間讀《資治通鑑》、《史記》、《漢書》了。

唯儒家絕不以通過科舉為讀書目標，故如此「卑下」的功利取向，儒者可以不必回答。但功利角度可指向事功，即外王事業，如陳亮、葉適等所主張，即事業以成德，此則朱子一派所不能逃避，然朱子同樣未能說服陳亮。

面對「窮年累月於章句之中」的合理性問題，陸隴其並未回答，恐亦難以回答。

對於《讀書分年日程》的質疑，依陸隴其的問題，大抵在教法與教材的斟酌權衡，以及目標（成德）與手段（讀書）間的配合問題，儘管所問不多，

〔註16〕見《教育的藝術》柏拉圖等著，廖運範譯，志文出版社，民國76年再版，108頁。

卻已觸及問題核心，即知識與道德爲二或爲一的問題，陸隴其固不能回答，即程端禮，甚至朱熹，恐亦難作圓滿的解答。

儘管部分人對日程的教法尚有些疑慮，《讀書分年日程》對明清儒者的影響仍是廣泛而深遠，其成因固來自時代環境的約制，亦須日程本身具有合理性，始有以致之。唯端禮的理論全據朱熹，基礎雖然穩固，然朱子讀書窮理的教法頗受心學家質疑，功利學派亦不以爲然，對於朱學理論的弱點，端禮實未作申說補充，故《讀書分年日程》雖是影響深遠，其限制性亦不得不予以指明。

第四節　結　論

元代是個種族歧視特別強烈的朝代，漢人及南人儒者比起其他時代，活得更爲艱辛。在大環境的限制之下，端禮以朱子讀書法教導學生，大體仍本儒家重德行實修的本色，以讀書爲窮理的入路，而不是獲取功名的手段。當然，比起宋代儒者，端禮對現實的考量與對考試科目的教導是多了一些，然以元代考試程式規定之苛，錄取之難，端禮的強調抄讀熟背，雖似過爲機械，卻是情有可原，或許也是眞有實效的。

端禮的理學思想本於朱子「性即理」的主張，強調敬愼畏謹，要求寧拙勿巧、去華貴實、避甜思苦，尤以「讀書窮理」的主張最能突顯其師門特色，《宋元學案》以爲端禮是「純於朱者」，雖稍籠統，大體並不誤。

端禮的教育思想源自理學思想，其讀書窮理的主張具體表現爲《讀書分年日程》一書，以儒學經典配合當時的考試科目，努力在現實與理想之間取得平衡，其教學計畫，從目標的明確到評量的實施，具體可行，胡文楷說「明初諸儒讀書，大抵奉爲準繩」，可見其影響力。

端禮的閱讀教學極重視啓蒙，他的「經書句讀凡例」及「韓文批點凡例」，大體展現了元代學校對閱讀教學的概況，本文特別就「經書句讀」與「文章批點」作闡釋，可以看出端禮無論是教材或教法，都是集前賢之大成的。

端禮的文學思想，其實是理學家的見解，以朱子文章爲「有華有實」，更尊之爲文章極則，恐是其一偏之見，然他的作文教學則頗爲縝密，既吸取前人教學的經驗，又依自己實際教學成效，再推陳出新，其教學態度是極認眞的。

端禮的書法崇尙晉人，與元代名書法家（如趙孟頫等）的主張是接近的，

他強調執筆、運筆,選智永楷書千字文爲帖本,頗爲合理,他個人的書法則是「用晉法,濟之以唐楷」,書風較爲端整,與他所崇尚的晉人風神,其實並不一致。唯自書法教學看來,他仍是稱職的書法教育家。

綜合來說,程端禮在理學思想方面較乏獨創的見解,然大體能承傳朱子之學,於行己修身能敬謹將持。由於側重理學,對屬於文藝的書法與文章之學,並未相對給予肯定,其主張藉讀書以窮理,使他昭然有別於陸、王等心學派儒者,然作爲朱子學說的傳承者,端禮在儒家經典的教學設計上展現了無比的影響力,其中國教育史上的地位,是值得肯定的。

參考書目

一、程端禮著述部分

1. 《程氏家塾讀書分年日程》，程端禮撰，台灣商務印書館「四部叢刊廣編」第二十六冊，民國 70 年

2. 《讀書分年日程》，程端禮撰，台灣商務印書館影印文淵閣四庫全書。

3. 《讀書分年日程》，程端禮撰，世界書局，民國 70 年。

4. 《程氏家塾讀書分年日程》，姜漢椿校注，黃山書社，1992。

5. 《畏齋集》，程端禮撰，台灣商務印書館影印文淵閣四庫全書。

二、相關古籍資料

1. 《元史》，宋濂等，百衲本。

2. 《新元史》，柯劭忞，藝文印書館。

3. 《元史新編》，魏源，文海出版社。

4. 《元史類編》，邵遠平，文海出版社。

5. 《元書》，曾濂，文海出版社。

6. 《元史紀事本末》，陳邦瞻，三民書局。

7. 《宋元學案》，黃宗羲，河洛圖書出版社，民國 64 年。

8. 《大明一統志》，長澤規矩也輯刊，汲古書院，昭和 53 年。

9. 《宋史》，脫脫等，鼎文書局，民國 69 年再版。

10. 《宋史紀事本末》，陳邦瞻，里仁書局，民國 70 年。

11. 《朱子讀書法》，宋張洪等編，台灣商務印書館影印文淵閣四庫全書。

12. 《文獻集》，黃溍，台灣商務印書館影印文淵閣四庫全書。

13. 《積齋集》，程端學，台灣商務印書館影印文淵閣四庫全書

14. 《清容居士集》,袁桷,台灣商務印書館影印文淵閣四庫全書

15. 《子淵詩集》,張仲深,台灣商務印書館影印文淵閣四庫全書

16. 《剡源文集》,戴表元,台灣商務印書館影印文淵閣四庫全書

17. 《文章正宗》,真德秀,台灣商務印書館影印文淵閣四庫全書

18. 《新安文獻志》,程敏政編,台灣商務印書館影印文淵閣四庫全書

19. 《四明叢書》,張壽鏞輯刊,新文豐出版公司。

20. 《永樂大典》,解縉等,中華書局。

21. 《五種遺規》,陳弘謀輯,中華書局,民國73年台6版。

22. 《叢書集成續編》,新文豐出版公司。

三、近人著述部分

(一)書　籍

1. 《中國教育史》,陳東原,台灣商務印書館,民國69年台四版。

2. 《中國教育史》,毛禮銳等,五南圖書出版公司,民國78年。

3. 《中國教育史》,孫培青,華東師大,1992。

4. 《中國教育史綱(古代之部)》,高時良,人民教育出版社,1993年二版。

5. 《中國古代教育史》,毛禮銳等,人民教育出版社,1985年,二版7刷。

6. 《中國教育通史》,毛禮銳等,山東教育出版社,1985年。

7. 《中國元代教育史》,歐陽周,北京,人民出版社,1994年。

8. 《中國宋遼金夏教育史》,喬衛平,北京,人民出版社,1994年。

9. 《中華教育思想研究》,朱永新,江蘇教育出版社,1993年。

10. 《中國語文教育史綱》,張隆華,湖南師大出版社,1991年。

11. 《中國書院史》,李國鈞,湖南教育出版社,1994年。

12. 《中國的書院》,朱漢民,台灣商務印書館,民國82年。

13. 《中國古代學校》,郭齊家,台灣商務印書館,民國83年。

14. 《中國古代考試制度》,郭齊家,台灣商務印書館,民國83年。

15. 《中國德育教育史,》江萬秀等,湖南教育出版社,1992年。

16. 《中國選士制度史》,劉虹,湖南教育出版社,1992年。

17. 《宋明理學史》,侯外廬等,人民出版社,1984年。

18. 《心體與性體》,牟宗三,學生書局,民國58年。

19. 《朱熹教育思想研究》,韓鐘文,江西教育出版社,1989年。

20. 《兩宋理學教育思想》,伍振鷟,偉文圖書公司,民國67年。

21. 《理學教育思想與中國文化》,黃書光,上海教育出版社,1993年。

22. 《書院與中國文化》，丁鋼等著，上海教育出版社，1992 年。

23. 《教學原理》，高廣孚，五南圖書出版公司，民國 77 年。

24. 《教育的藝術》，廖運範譯，志文出版社，民國 76 再版。

25. 《中國國文教學法研究》，王明通，五南圖書出版公司，民國 78 年。

26. 《課程與教學的基本原理》，泰勒著，黃炳煌譯，桂冠圖書公司，民國 78 年。

27. 《理學與元代社會》，徐遠和，北京，人民出版社，1992 年。

28. 《元代史新探》，蕭啓慶，新文豐，民國 72 年。

29. 《元史論叢》，袁冀，聯經，民國 76 年。

30. 《元代社會階級制度》，蒙思明，香港，龍門書店，民國 56 年。

31. 《元代蒙漢色目待遇考》，箭内亙，商務，民國 64 年。

32. 《元代吏制研究》，許凡，北京，勞動人民出版社，1987 年。

33. 《史與中國傳統社會》，趙世瑜，浙江人民出版社，1994 年。

34. 《元代漢文化之活動》，孫克寬，中華書局，民國 57 年。

35. 《元代文人心態》，麼書儀，北京，文化藝術出版社，1993 年。

36. 《元代的士人與政治》，王明蓀，學生書局，民國 81 年。

37. 《明代的儒學教官》，吳智和，學生書局，民國 80 年。

38. 《中華儒學通典》，吳楓等編，吉林南海出版公司，1992 年。

39. 《中國歷史地圖》，程光裕等編，中國文化大學出版部，民國 69 年。

40. 《中國古代書法史》，朱仁夫，北京大學出版社，1992 年。

41. 《中國書法導論》，王強等，北京，社會科學文獻出版社，1992 年。

42. 《中國書法理論史》，（日）中田勇次郎，盧永璘譯，天津古籍出版社，1987 年。

43. 《中國書法理論體系》，熊秉明，香港，商務印書館，1984 年。

44. 《中國書法論著辭典》，張潛昭主編，上海書畫出版社，1990 年。

45. 《歷代書法欣賞》，陳振濂，台北，蕙風堂，民國 80 年。

46. 《書法欣賞與學習》，祝敏申，上海，復旦大學出版社，1987 年。

47. 《歷代書法技藝》，劉景隆，北京，農村讀物出版社，1993 年。

48. 《書法論》，齊沖天，北京大學出版社，1990 年。

49. 《書法美探奧》，周俊杰，北京，人民美術出版社，1990 年。

50. 《書法美學卷》，侯鏡昶，江蘇美術出版社，1988 年。

51. 《書法美學史》，蕭元，長沙，湖南美術出版社，1990 年。

52. 《中國美學史論集》，林同華，台北，丹青圖書有限公司，民國 75 年。

53. 《中國美學思想史》，敏澤，濟南，齊魯書社，1989 年。

54. 《宋元人書學論著》，楊家駱主編，台北，世界書局，民國 61 年再版。

55. 《蘭亭序（五種)》，王羲之，東京，二玄社，1989 初版 3 刷。

56. 《眞草千字文》，智永，東京，二玄社，1990 初版 2 刷。

57. 《關中本千字文》，智永，東京，二玄社，1989 初版 2 刷。

58. 《孔子廟堂碑》，虞世南，東京，二玄社，1990 初版 3 刷。

59. 《中國書法大辭典》，梁披雲編，香港書譜出版社，1987 年二版三刷。

60. 《中國書法鑑賞大辭典》，劉正成編，北京，大地出版社，1989 年。

（二）期刊論文

1. 〈略論程朱理學的入世特點〉，黃書光，《中國文化月刊》143 期，民國 80 年 9 月。

2. 〈實踐之異化與形上的保存——對於宋代理學與心學的一個哲學解析〉，林安梧，《聯合文學》7：8＝80，民國 80 年 6 月。

3. 〈略論事功派與理學派關於理想人〉，黃書光，《孔孟月刊》29：9，民國 80 年 5 月。

4. 〈千江有水千江月，萬里無雲萬里晴——談朱熹的生命哲學〉，周景勳，《哲學與文化》18：2／3，民國 80 年 2 月。

5. 〈宋儒之道統觀及其文化意識〉，張永儁，《文史哲學報》38，民國 79 年 12 月。

6. 〈「理一分殊」的現代解釋〉，劉述先，《當代》55，民國 79 年 11 月。

7. 〈朱子的倫理學可歸入自律倫理學嗎？〉李明輝，《鵝湖學誌》4，民國 79 年 6 月。

8. 〈敬答李明輝先生對「朱子道德學形態之重檢」之批評〉，李瑞全，《鵝湖學誌》4，民國 79 年 6 月。

9. 〈程朱理學與書院〉，楊金鑫，《哲學與文化》17：6＝193，民國 79 年 6 月。

10. 〈「性即理——心即理」與「理學——心學」〉，祝平次，《中國文學研究》4，民國 79 年 5 月。

11. 〈朱熹在傳統儒學中地位之批判與認定：「別子爲宗」——心體與性體——書之宏觀與通識舉隅〉，唐亦男，《鵝湖月刊》15：9，民國 79 年 2 月。

12. 〈有關宋明儒對於心、性、理的了解之反省〉，劉述先，《香港中大中國文化研究所學報》21 期，民國 79 年。

13. 〈宋明理學中兩大觀點的整合和延伸：致知與致良知〉，成中英，《文史哲學報》37，民國 78 年 12 月。

14. 〈朱子道德學形態之重檢〉，李瑞全，《鵝湖學誌》2，民國 77 年 12 月。

15. 〈陸王一系人性論之省察〉，蔡仁厚，《鵝湖學誌》2，民國 77 年 12 月。

16. 〈宋代湖州的文教〉，葛紹歐，《歷史學報》（師大）15，民國 76 年 6 月。

17. 〈元代科舉與菁英流動：以元統元年進士爲中心〉，蕭啓慶，《漢學研究》5：1＝9，民國 76 年 6 月。

18. 〈元代蒙古人漢化問題及其漢化之程度〉，柳存仁，《新亞學報》15，民國 75 年 6 月。

19. 〈有關元史四事述要〉，袁冀，《中國邊政》94，民國 75 年 6 月。

20. 〈有關元史箚記四則〉，袁冀，《東方雜誌》19：3，民國 74 年 9 月。

21. 〈雜談有關元史五事〉，袁冀，《東方雜誌》18：1，民國 73 年 7 月。

22. 〈元代之教育與科舉〉，孫愛棠，《銘傳學報》20，民國 72 年 3 月。

23. 〈元世祖時代的儒學教育〉，丁崑健，《華學月刊》136／137 期，民國 72 年 4／5 月。

24. 〈元代許衡的教育思想〉，丁崑健，《華學月刊》134 期，民國 72 年 2 月。

25. 〈蒙古征伐時期（西元 1208 年～西元 1259 年）華北的儒學教育〉，丁崑健，《華學月刊》129 期，民國 71 年 9 月。

26. 〈諸科殿試試法〉，金中樞，《歷史學報》（成大）9，民國 71 年 9 月。

27. 〈元代的科舉制度〉，丁崑健，《華學月刊》125 期，民國 71 年 5 月。

28. 〈元史箚記（八）——儒學篇〉，張興唐，《華學月刊》120 期，民國 70 年 12 月。

29. 〈遼金元科舉制度〉，汪其樣，《國立編譯館月刊》5：1，民國 65 年 6 月。

（三）學位論文

1. 《朱子人格教育思想體系》，權相赫（師大博士論文），民國 72 年。

2. 《朱子讀書法研究》，張鍠焜（師大碩士論文），民國 79 年。

3. 《北宋的三次教育改革》，周愚文（師大碩士論文），民國 74 年。

4. 《元代的集慶路》，徐桂香（政大碩士論文），民國 75 年。

羅近溪學述

黃漢昌　著

作者簡介

黃漢昌，台灣省屏東縣人。政治大學中國文學研究所碩士，台灣師範大學教育研究所博士。曾赴美國 PSU 及 UCLA 進修，目前任教於新竹交通大學及清華大學，講授文學導讀、書學與書道、儒家與道家哲學、人生哲學、中文教材教法、教育哲學等科目，著有羅近溪學述、葛琳（Maxine Greene）存在現象學及其在覺醒教育之應用、我國大學通識教育的轉型及其可能途徑、在服務的行動中覺醒、習慣領域之研究——一個教育的觀點等專書及論文，與賈馥茗先生等合譯康德教育學（Vorlesungen über Pädagogik）。

提　要

　　本論文探討王門泰州學派之羅近溪，凡六章，二十二節，內容大致如下：

　　第一章、生平與著作——本章分年譜與著作二節，首在辨正古今人所作近溪年譜之謬誤，次則就台灣目前所見近溪之作品略加介紹，其重要考據。

　　第二章、成學之經過——本章三節，分從學術時代背景，近溪之成學階段與近溪所感之問題三方面討論，旨在考其學術淵源。

　　第三章、本體論——本章亦分三節，首論宋明儒學之分系，以略為心體定位；次則詳述近溪之即生即身言心，以明近溪對道體之確指；最後則舉龍溪、念菴與雙江之論心體以與近溪比較，以凸顯近溪論本體之特色。

　　第四章、工夫論——分「辨志」、「覺悟」等九節，討論近溪對工夫入路之指點。

　　第五章、近溪學說疏釋——本章三節，一在列舉時人對近溪之懷疑與誤解，二在對此誤解加以疏釋，三則對近溪之其他學說更作疏解，以明確其原意。

　　第六章、近溪之特色及地位——本章先指點近溪之特色及在王學中之地位，更舉內聖外王之圓境以相對照，以明近溪之不足及其在整個中國儒學中之地位，凡二節。

明遠夫子小像

目次

序　言

　　羅近溪爲泰州學派最特出之人物，亦爲王學之「調適上遂」者（牟宗三語）。然歷來論及羅近溪，每以禪目之，甚至視爲王學之極左派，而審其所據，類多掇拾近溪之一二話頭，以逞其「六經皆我註脚」之習氣，其爲愚妄誣枉，實有甚可嘆可笑者。近人研究羅近溪，當以唐君毅、牟宗三先生最得其實，唯唐先生意在會通群儒，不免於近溪之特異處未見提掇；牟先生析闢透關，最能彰顯近溪之特色及其王學中之地位，但文苦簡短，若非久讀近溪語錄，輒難以心領神會。茲文之作，乃就近溪之生平著作、成學經過、本體論、工夫論，詳加考證析解，復取近溪話頭之易啓人疑竇者，加以疏通闡釋，最後則點出近溪之特色，並就其在王學及整個中國儒學中之地位，分別論述，俾使近溪之眞面目得見於世人。爲章六，爲節二十有二，詳見目錄。

　　近溪之難解，其因有三：以非分解之方式指點工夫及境界，頗類禪家，其故一也；揮斥時儒之操持執守，其故二也；即工夫以見本體，未免將良知流行之全程一滾說下，其故三也，加以宋明儒家之論心性，所據之經典不過四書易傳，而用語似同，內涵則大異。是以余之敍此文也，首將近溪諸指點語打散分類，並隨時與其他儒家作比較，以明其指點工夫之確實進路；其次則泛覽唐、牟二先生之著作，以明儒、佛之絕異點與相通處，以見近溪之確爲儒家，且爲儒學極高明之境界；再則透過牟先生之譯註，以了解康德與儒家異同，乃明見自律道德與他律道德之分；最後則取中國儒學內聖外王之圓境，以明近溪——其實是整個宋明儒學——之不足，此主要得之於吾師曾昭旭先生。唯經此疏通詮釋，乃能對近溪之學術及地位有一眞實之了解，彼斷章取義，漫謂近溪爲禪家，爲左派者，實未見其可。

　　復次，本文將近溪之工夫論與本體論詳細論列，乃知工夫之與本體，如影隨形，如響應聲，唯其於本體之了解有異，然後工夫之偏重乃有不同（詳見本文），彼謂王門諸子之不同止在「工夫問題之爭」者，實未免一間未達。此見解或可為學者參考。唯以學力所限，於諸詮解闡釋之處，或未盡瑩澈，或乃有舛誤而不自知，尚祈高明長者不吝下教也。

第一章　羅近溪之生平與著作

　　本章分述羅近溪之生平與著作，首在辨正古今人所作近溪年譜之謬誤，其次則就台灣目前所見近溪之作品，加以考證。述之如下：

第一節　年譜及考證

　　羅汝芳字惟德，號近溪，江西南城人，乃泰州學派最特出之人物。歷來有關近溪生平之記載，以其友人及門弟子所撰寫之各碑傳誌銘最稱詳實，其次如周汝登《聖學宗傳》、孫奇逢《理學宗傳》及黃宗羲之《明儒學案》，皆有專傳載述。唯前人敘寫傳記，多以干支紀年（如書「正德乙亥」而不作「正德十年」），又兼以插敘、補敘之筆法爲文，每令後人有年代難詳之嘆。今人麥仲貴有《明清儒學家著述生卒年表》一書，詳列中西紀元，並紀干支，堪稱利便，然此書本非專記近溪，記近溪處又時有謬誤（如近溪卒於萬曆十六年戊子，而麥氏於萬曆二十二年甲午下，繫有「章潢赴廬陵重九之會，與羅汝芳、鄒元標、王時槐等諸人聚晤，語爲學宗旨……」一條，時爲近溪卒後第六年，焉能有此講會？此固麥君失察，亦可見古人傳誌年代難辨之一斑），今以曹胤儒所編《盱壇直詮》下卷末所附之〈近溪年譜〉，及楊起元等人所撰之傳誌（見《羅近溪先生全集》卷十）爲主，參照《聖學宗傳》卷十八、《理學宗傳》二十六、《明儒學案》卷三十四及麥氏年表，並考訂其間之出入錯誤。爲避免與下章重覆，本節述近溪之生平行事將儘量約簡文義，先列年譜，後及考證，敘之如下：

【年譜】

中　曆	西　元	年　齡	記　事
正德　十年乙亥	1515	1	五月二日生於建昌南城四石溪（《羅近溪先生全集》卷十楊起元撰〈墓誌銘〉）
十一年丙子	1516	2	
十二年丁丑	1517	3	甫三歲，獨坐火圍邊，俟母寧安人未至而哭，父前峯抱之，哭止，隨思曰：「均此一身，心何苦樂候異也？」展轉追思，未明其故。（《直詮》、《全集》卷十、《聖學宗傳》）
十三年戊寅	1518	4	
十四年己卯	1519	5	五歲，安人授孝經，群僕故亂其誦，怒甚，忽笑謂安人曰：「兒才發怒，頗覺難轉，人言諸臟會橫，果然。」（《直詮》、《全集》卷十、《聖學宗傳》、《理學宗傳》）
十五年庚辰	1520	6	
十六年辛巳	1521	7	七歲入鄉學，即以孔聖爲的，時時稱說孝經。（《直詮》、《全集》卷十）
嘉靖　元年壬午	1522	8	
二年癸未	1523	9	
三年甲申	1524	10	【考證（1）】
四年乙酉	1525	11	
五年丙戌	1526	12	
六年丁亥	1527	13	
七年戊子	1528	14	
八年己丑	1529	15	十有五，從新城張洵水受學，遂以興起斯道爲己任。（《直詮》、《全集》卷十、《聖學宗傳》、《理學宗傳》、《明儒學案》）
九年庚寅	1530	16	【考證（2）】
十年辛卯	1531	17	辛卯，歸吳恭人於新豐（《全集》卷十）　辛卯，讀薛文清語錄，叩首焚香，矢心必爲聖賢，屏私息念，數月而澄湛之體未復。（《直詮》、全集卷十、《理學宗傳》）
十一年壬辰	1532	18	壬辰，閉關臨田寺，几置盂水及鏡，對坐移時，令心與水鏡無二，久之，遂成重病，父授以《傳習錄》，讀而病瘳。（《直詮》、《全集》卷十、《理學宗傳》）
十二年癸巳	1533	19	
十三年甲午	1534	20	
十四年乙未	1535	21	
十五年丙申	1536	22	丙申，年二十有二，入縣庠（《全集》卷十）
十六年丁酉	1537	23	

十七年戊戌	1538	24	
十八年己亥	1539	25	己亥，益銳志聖學，父兄親朋自相師友，盱中之士多觀感興起。（《直詮》）
十九年庚子	1540	26	庚子，會考省中，見顏山農，自述生死得失不動心，山農俱不見取，曰：是制欲，非體仁也。近溪大悟，遂師事焉。（《直詮》、《全集》卷十、《聖學宗傳》、《理學宗傳》、《明儒學案》）
二十年辛丑	1541	27	
廿一年壬寅	1542	28	
廿二年癸卯	1543	29	癸卯，年二十有九，舉於鄉，與同志會滕王閣。（《全集》卷十、《聖學宗傳》、《理學宗傳》、《明儒學案》）
廿三年甲辰	1544	30	甲辰舉會試，與同志大會臨清宮，聞前峯公病，不廷試而歸。（《全集》卷十、《直詮》、《聖學宗傳》）【考證（3）】
廿四年乙巳	1545	31	乙巳，始建從姑山房，以待來學之士，日與諸友論學，足不入城市。（《直詮》、《全集》卷十）
廿五年丙午	1546	32	
廿六年丁未	1547	33	丁未，往謝顏山農，因遍訪雙江、念庵、東廓、獅泉輩，商榷學問，又自負笈行，凡海內衿簪之彥、山藪之碩、玄釋之有望者，無弗訪之。（《直詮》）
廿七年戊申	1548	34	戊申，學易於楚人胡宗正。（《直詮》、《全集》卷十、《明儒學案》）大悟格物之說。（《全集》卷十、《理學宗傳》、《明儒學案》）【考證（4）】
廿八年己酉	1549	35	
廿九年庚戌	1550	36	北上赴試，庚戌，至維揚約龍溪、緒山會講，竟不果行。（《直詮》）
三十年辛亥	1551	37	辛亥，蓉山董公邀會樂安，暮春，近溪乃歸盱，立義倉、義館，建宗祠，置祭田，修容者祖先幕，暇則講里仁會於臨田寺。（《直詮》）
卅一年壬子	1552	38	壬子，江西撫台夢山夏公促近溪北上赴試。（《直詮》）
卅二年癸丑	1553	39	癸丑，北上過臨清，劇病，恍見老人語之曰：人之心體出自天常，隨物感通，原無定執，君以夙生操持，強力太甚，一念耿光，遂成結習，不惟心病，而身亦不能久延矣。近溪驚起叩首，流汗如雨，從此執念漸消，血脈循軌。（《全集》卷十〈李載贄理學名臣傳〉、《聖學宗傳》、《理學宗傳》、《明儒學案》）　癸丑，廷試中式，大會於靈清宮，聯講兩月，是夏，領選尹太湖，立鄉約、飭講規，敷演聖諭，惓惓勉人以孝弟為先。（《直詮》、《全集》卷十）
卅三年甲寅	1554	40	
卅四年乙卯	1555	41	乙卯，王時槐以南主客郎出僉閩桌，道經太湖，近溪乃邀至演武場，觀兵壯射，並言校射賞罰之法。（《全集》

			卷十王時槐撰〈羅近溪傳〉、《直詮》）
卅五年丙辰	1556	42	丙辰入覲，擢刑部山東司主事（《全集》卷十、《直詮》）
卅六年丁巳	1557	43	丁巳，赴部郎任。（《直詮》）
卅七年戊午	1558	44	
卅八年己未	1559	45	
卅九年庚申	1560	46	庚申，出審大同宣府獄。過魯問道泰山丈人，學益進。（《全集》卷十、《明儒學案》）
四十年辛酉	1561	47	辛酉回江省，學者大集。（《直詮》）
四十一年壬戌	1562	48	壬戌，出守寧國，教民孝親敬長，建志學書院，築涇縣、南陵、太平及羅公圩。（《直詮》）
四十二年癸亥	1563	49	立寧國府鄉約。（《全集》卷十三〈寧國府鄉約訓語〉、《豪谿文錄》卷三）
四十三年甲子	1564	50	修水西書院。（《直詮》） 甲子暮春，王龍溪赴宛陵會，近溪集宛陵六邑之友，邀龍溪講萬物皆備與孔門一體之義。（《王龍溪語錄》卷二〈宛陵會語〉）
四十四年乙丑	1565	51	乙丑入覲，與徐階大會於靈濟宮。返郡未幾，丁父艱，遂奔歸。（《直詮》、《全集》卷十、《理學宗傳》）
四十五年丙寅	1566	52	丙寅建前峯屋於從姑山。（《直詮》）
隆慶　元年丁卯	1567	53	
二年戊辰	1568	54	戊辰，聞顏山農以剛直取罪，幽繫留都，乃稱貸二百金，同二子及門人往救，得戍邵武。（《直詮》、《理學宗傳》、《全集》）
三年己巳	1569	55	己巳，丁母養。（《全集》卷十、《直詮》）
四年庚午	1570	56	
五年辛未	1571	57	辛未，窀穸事竟，乃周流天下，遍訪同志，每會必有會語，而衡湘幽勝亦遊訪殆盡。（《直詮》、《全集》卷十）
六年壬申	1572	58	壬申，當道引哀詔促近溪起復。（《直詮》）
萬曆　元年癸酉	1573	59	癸酉，北上過江省，大會旬日，遂從大江而東，沿途講會不絕。及至銓部見張居正，張問山中功課，曰：讀論語、大學，視昔稍有味耳。又以堯舜之博濟說張。後補東昌，治東昌如寧國，三月而士民孚之，未幾，遷雲南屯道憲副（《直詮》、《全集》卷十）
二年甲戌	1574	60	年六十，具疏乞休，同志強止勿上。季冬，抵雲南。（《全集·前序郭斗題》、《全集》卷十）【考證（5）】
三年乙亥	1575	61	乙亥，治昆明堤，濬滇池，復金汁、銀針二溝，民便耕種。杪秋，由大理入永昌，浚龍池，引沙河，所至與僚友講學作文。永昌巡畢，過騰越，適莽賊大至，近溪虛張聲勢，莽賊不敢近，兩院遂署行兵巡事。莽人掠迤西，迤西使人告急，近溪授以方略，莽人大困，乞降。（《全集》卷十、《直詮》）【考證（6）】

四年丙子	1576	62	丙子，修築州之侍郎壩。以時事久平，乃邀還兵巡符印，還省，署提學事。(《直詮》、《全集》卷十)
五年丁丑	1577	63	丁丑，築晉寧、安寧二州城，暇日輒臨鄉約。二月，轉左參政。未幾，奉賀入京。(《直詮》、《全集》卷十)【考證（7）】 慶賀事畢，遂移寓城外廣慧寺，與同志論學，張居正惡之，嗾言官周良寅疏劾，遂致仕歸。(《直詮》、《全集》卷十、《明史本傳》、《理學宗傳》)【考證（8）】
六年戊寅	1578	64	戊寅歸臥從姑山房。(《直詮》)
七年己卯	1579	65	己卯，偕二子軒、輅入廣東，二子終於肇慶，殮畢，從南海歷惠潮入閩，數月而後返。(《直詮》、《全集》卷十)
八年庚辰	1580	66	庚辰，修本郡之太平橋。(《直詮》、《全集》)
九年辛巳	1581	67	辛巳，給諫鄒元標薦於朝。(《直詮》、《全集》卷十)
十年壬午	1582	68	
十一年癸未	1583	69	癸未，大修從姑山房。是歲，宜庵楊給諫奏近近溪雲南邊功。(《直詮》、《全集》卷十)
十二年甲申	1584	70	年七十，遠近學者畢來賀，建洞天樓房居之，大會月餘。秋，從永豐入吉安，訪王時槐；過安福，訪鄒潁泉；至永新拜顏山農，適泰和會廬山胡公。(《直詮》)
十三年乙酉	1585	71	大會江省同志於會城。(《直詮》、《全集》卷十)
十四年丙戌	1586	72	丙戌，周柳塘來訪，遂同舟下南昌，遊兩浙，至留都大會同志，又大會蕪湖、水西、寧國，從祈門入鏡州而還。(《直詮》、《全集》卷十)
十五年丁亥	1587	73	丁亥，門人為建講所，扁曰「明德堂」。秋，赴建陽大會數日 (《直詮》、《全集》)
十六年戊子	1588	74	九月二日卒，年七十四。(《直詮》、《全集》)【考證（9）】

【考證】

（1）麥氏年表於嘉靖三年甲申下，記有「羅汝芳從新城張洵水學。洵水每謂人須力追古先，於是一意以道學自任。」(《聖學宗傳》卷十八)。案：《盱壇直詮》、《羅近溪先生全集》卷十、《聖學宗傳》、《理學宗傳》、《明儒學案》皆作「十有五」從張洵水學，歲次為嘉靖八年己丑。此條當是麥氏誤記。

（2）麥氏年表於嘉靖九年下記有「東昌知府羅汝芳、提學副史鄒善皆宗守仁學。善為建願學書院，俾六郡士師事焉。汝芳亦建見泰書院，時相討論。」(《明會要》卷二六)。案：近溪補東昌在萬曆元年（西元 1573 年），時年五十九。若嘉靖九年（西元 1530 年），近溪年方十六，焉能為東昌知府？此大謬。

（3）對於近溪「不赴廷試而歸」之原因，有三種不同說法，大抵其門生弟子皆作「聞前峯公病」，惟李載贄《理學名臣傳》、周汝登《聖學宗傳》作「吾學未信，不可以試」，孫奇逢《理學宗傳》從同，第三種說法則是黃宗羲《明儒學案》，於近溪拜顏山農之後，復云「其後山農以事繫留京獄，先生盡鬻田產脫之，侍養獄中六年，不赴廷試」，是黃宗羲以近溪不赴廷試，殆爲山農繫獄之故，然平情細思，近溪舉會試在嘉靖二十三年，時年三十，父母俱在，如何能「盡鬻田產脫之」？且其門弟子記載救山農事，均作「隆慶二年戊辰」，時爲近溪之父前峯公歿後第三年，近溪五十四歲，此時「乃稱貸二百金，同二子及門人往救」則甚合情合理。又援救顏山農事，唯《明儒學案》置於赴試之前，與諸傳不合，疑是黃宗羲疏於考證。至於前二種說法，以其門人楊起元親炙近溪最久，又受近溪後人之託撰寫〈墓誌銘〉，其說應較爲可信，今年譜據之。

（4）近溪悟格物之說，《全集》卷十〈劉元卿諸儒學案傳〉、周汝登《聖學宗傳》、李載贄《理學名臣傳》、楊起元撰〈墓誌銘〉、《理學宗傳》、《明儒學案》均記載此事，然皆不能明定年代，今翻檢全集，其第二卷於顏山農告近溪以體仁之旨下，記曰：

時大夢忽醒，比聯第歸家，告格物莫曉，乃錯綜前聞，互相參訂……

三年之後，一夕忽悟今說，覺心甚痛快，中宵直趨臥內，聞於先君，

先君亦躍然起舞曰：得之矣！

案：近溪舉會試在嘉靖二十三年甲辰，時年三十，則「聯第歸家」必晚於此時，而諸傳記載「大悟格物之旨」皆置於「學易於胡宗正」之後，倘近溪之格物與學易於胡宗正爲同一年而稍晚，如是前數三年，則其「苦格物莫曉」當在嘉靖乙巳，而了悟大易之旨與格物之義，當在嘉靖二十七年戊申，時近溪年三十四，如此則與「比聯第歸家，苦格物莫曉」及《全集》卷十楊起元述近溪成學階段所謂「三十有四而悟易於胡生」較爲脗合，姑訂於近溪三十四歲之年。

（5）《盱壇直詮》於萬曆三年乙亥下記曰：「乙亥，師蒞雲南」，然楊起元撰〈墓誌銘〉則作「甲戌，年六十，具疏乞休，同志強止勿上，季冬，抵雲南」，又《全集·郭斗序》云：「萬曆甲戌冬，公始以副憲來滇，再得會公於滇中」，是近溪抵滇當在甲戌季冬不誤。

（6）《明史列傳》卷二百零三記雲南土司曰：

> ……於是木邦、蠻莫、隴川、干崖諸蠻悉附緬，獨孟養未下，金騰副使許天琦遣指揮侯度持檄撫諭，孟養思箇受檄，益拒緬，緬大發兵攻之，思箇告急，會天琦卒，置事羅汝芳牯思箇使，令先歸待援，遂調兵至騰越，箇聞援兵至，喜。……會有陳於巡撫王凝言生事不便者，凝馳使止援軍，汝芳聞檄退。……

可爲參證。

（7）麥氏年表記近溪轉參政、奉賀入京皆繫於萬曆四年丙子，此當是據楊起元撰〈墓誌銘〉而誤讀，案原文作：

> 丙子，署提學事。……築安寧二州城，暇日輒臨鄉約……二月轉參政，奉賀入京。……

據《旴壇直詮》，則築安寧二州城皆是萬曆五年丁丑以後之事，且《全集》卷十〈王時槐撰傳〉云：「（近溪）年六十有三，陞左參政」，依年譜，近溪年六十三正當萬曆五年丁丑，可證麥表之誤。

（8）《明史本傳》但云汝芳「坐事爲言官論罷」，而列傳第一百零八則敘述較詳，其文曰：

> 劉應節……萬曆元年進右都御史兼兵部右侍郎，總督如故，進南京工部尚書，召爲戎政尚書，改刑部。錦衣馮邦寧者，太監保從子，道遇不引避，應節叱下之，保不悅，會雲南參政羅汝芳奉表至京，應節出郭與談禪，給事中周良寅疏論之，遂偕汝芳劾罷。……

可爲參考。

（9）鄒元標撰〈羅近溪墓碑〉，既述援山農事，又有救梁汝元事，《理學宗傳》沿之，次救梁於「致仕歸」、「往來閩廣」之下，戊子八月之上，案：近溪往來閩廣在萬曆七年己卯，則近溪援救梁汝元當在萬曆七年己卯至十六年戊子之間，至其詳細年月則不可考，疑則存疑，姑置之。

第二節　著作之考證

目前有關羅近溪著作之記載，至少有五種不同說法：

一、《明史・藝文志》：

子類：「羅汝芳《明道錄》八卷、《近溪集語》十二卷。」

又集類載有：「羅汝芳《近溪集》十二卷、《詩》二卷。」

二、《羅近溪先生全集》卷十郭子章〈皇明議諡理學名臣傳〉則云：

「……所著有《羅近溪先生全集》、《盱壇眞詮》、《明道錄》、《孝仁訓》、《四書答問》、《五經一貫》。」

三、同上譚希思〈皇明理學名臣傳〉則曰：

「所著有《近溪子集》、《盱壇眞詮》、《四書答問》、《五經一貫》、《大明通寶義》、《鄉約》、《聖諭解》等書。」

四、又同上張恒〈建昌府冊鄉賢傳〉則以為：

「……所著有《明德先生語要》、《廣孝經》、《四書問答》、《五經翼編》、《明道錄》、《識仁編》等書。」

五、中央圖書館所編《明人傳記資料索引》則謂：

「羅汝芳……著有《孝經宗旨》、《明通寶義》、《廣通寶義》、《一貫編》、《近溪子明道錄》、《會語續錄》、《識仁編》、《近溪文集》。」

上五種記載，說各紛紜，名稱且不一致，今略作分合如下：

1. 《明道錄》八卷
2. 《近溪集語》十二卷
3. 《詩集》二卷
4. 《孝仁訓》（即《孝經宗旨》——張恒稱《廣孝經》與〈識仁編〉之合集）
5. 《四書答問》（張恒稱《四書問答》）
6. 《一貫編》（郭子章稱《五經一貫》、張恒稱《五經翼編》）
7. 《會語續錄》
8. 《近溪子文集》
9. 《明德先生語要》
10. 《廣通寶義》、《明通寶義》（《大明通寶義》）
11. 《盱壇直（眞）詮》

案：今台灣所能見之近溪著作有下列幾種：

1. 《明道錄》八卷（萬曆十三年乙酉刊本，廣文書局《近世漢籍叢刊》之一）
2. 《近溪子集》六卷（萬曆十五年丁亥建昌知府季膺刊本，藏故宮博物院）

3. 《孝經宗旨》（萬曆十八年庚寅楊起元刊本，百部叢書集成寶顏堂秘笈）

4. 《盱壇直詮》（又稱《羅近溪語錄》，萬曆卅七年己酉曹胤儒刊本，廣文書局）

5. 《盱江羅近溪先生全集》（萬曆四十六年戊午劉一焜浙江刊本，藏中央圖書館）凡十三卷，內容為：

　　（1）《語錄》八卷

　　（2）《詩集》一卷（萬曆卅四年丙午陶望齡編）

　　（3）《附集》一卷

　　（4）《羅近溪先生語要》一卷（萬曆廿八年庚子陶望齡編）

　　（5）《孝仁訓》一卷（萬曆廿四丙申楊起元編）

　　（6）《鄉約》一卷（萬曆廿五年丁酉刊）

　　上五種刊本，《明道錄》八卷與《近溪子集》六卷雖是卷數不同，內容則大多重覆，《盱壇直詮》與《全集之語錄》八卷、《語要》一卷同是根據前二書約省摘要而成，唯與前列十一項著作比較，顯然少了《四書答問》、《一貫編》、《明通寶義》（《大明通寶義》）、《廣通寶義》等數種，其中《四書答問》乃楊起元根據《近溪語錄》分類編成，來源與《孝經宗旨》同。《一貫編》不可見，唯日本藏有此書（見日本現存《明人文集目錄》），於此書大概，楊起元序《一貫編》時略有說明，據《楊復所家藏文集》卷三：

　　　南康熊子儐少奉父兄之命，遊吾師之門，吾師既歿而熊子之學始有
　　　得也，喟然嘆曰：吾師以孝弟慈盡人物之性，其即孔子一貫之旨
　　　乎？……於是以四書五經為綱，以羅子會語為目，類輯成書，命之
　　　曰「一貫編」……儐節衣食以充梓費。……

是則《一貫編》之內容亦可以想見，大抵仍是類輯近溪會語而成。至於《明通寶義》（《大明通寶義》）、《廣通寶義》等書，是否亦為後人根據會語輯成，則以文獻缺乏，其編纂時月與內容俱不可考，姑從闕。然大體言之，近溪著作之名稱雖繁雜殊異，主要內容仍不外於《盱壇直詮》、《明道錄》，尤其是《羅近溪先生全集》，最足以概括其全部學說，《明史・藝文志》雖約簡，並非闕漏，本文析明近溪學說，亦大體根據此三書，至其內容義涵，當於下文逐步申明。

第二章　近溪成學之經過

　　任何學術思想之形成，其影響因素不外有三：一是受學術時代背景之影響，其次是學源與師承之影響，第三則受思想家本身氣質之影響。以先秦諸子為例，禮樂崩壞、諸國相伐為當時之時代背景，雖然諸家之共同目標皆在止戰歸和，然由各人氣質之差異與學源師承之不同，乃有儒家之居仁由義，克己復禮；有道家之致虛守靜、歸根復命；有墨家之兼愛非攻、非儒非樂，乃至各流派中諸子間之差別異同，莫非是此三因素之綜合影響，先秦諸子如此，宋明儒家亦是如此，羅近溪自不例外。今即學術時代背景、近溪之學源師承，與近溪所感之問題三方面，依次討論之。

第一節　學術時代背景

　　在中國哲學史上，儒、釋、道並為三大宗，就其根本精神而言，儒家肯定生命存在之善與價值，肯定正面之人生文化理想，並直下對現世之倫理、政治、社會均予以肯定，此種積極之肯定世界觀，與佛家、道家之基本精神絕不相同。就道家看來，人生之美、善及一切價值皆是相對而顯，其本身並非真實之存在，而由於人們誤執相對為絕對，乃造成社會混亂與民心之敗壞，是以道家一則要人絕去美惡、善不善之虛妄對待，一則要人體道知常、致虛守靜復命，既質疑主流文化價值，也懷疑政治禮法之存在意義。至於佛家，則由現實之生老病死諸苦推衍出「無常故苦」之世界觀，而以解脫生死，證得涅槃為目的，其根本精神為「捨離」，大乘佛學雖有不捨眾生，為救度眾生而有不住涅槃、不離世間之義，然其救度眾生之目的，仍在使眾生同趣涅槃、

同得解脫；禪宗雖可謂對世間諸法及世間作平等觀，於世間諸法加以肯定印許，然禪宗所肯定之世間法倫理政治社會之道，仍可說為求得解脫、達涅槃境界之方便，而為對世間法間接加以肯定者。是則佛、道之根本精神，與儒家實有絕大之差異。

宋明儒家在學說表現上雖互有不同，然其本質則同是指向尊德性，同是以「如何成德為君子」為首出問題，同是肯定生命存在之美、善等正面價值，而主張學者當自求端正其生命心靈之存在與活動之原始方向，以切問而近思，下學而上達，此正是承受先儒正面之人生文化理想而來，是以對持否定世界觀之道家，尤其是「滅絕倫理」之佛家，闢斥特甚。然在另一方面，由於佛學理論博大精深，而自隋唐以來，中國第一流之思想家幾乎皆出自佛門，在此種情況下，宋明儒家無論是追求心性之玄妙，或探討人生之真際，自然要深入佛學，亦自然會與佛徒相往來，如濂溪與鶴林壽涯、黃龍慧南、晦堂祖心、盧山佛印、東林常聰皆有來往，橫渠與濂溪嘗學於東林常聰，伊川曾問道於黃龍靈源，明道自云「出入於老釋者幾十年」，即朱子亦自承早年曾習禪，象山、陽明俱嘗研讀佛經，如此，宋明儒家自然免不了會受佛學之影響。而就宋明儒本身而言，又一向有朱陸之別，朱子嘗以象山之重「心」為不知格物窮理而鄰於禪，象山則以朱子持敬為杜撰、為學不見道。其後陽明學近象山，乃對朱子並列知、行之說不以為然，又疑朱子之學不免分心與理為二，而有認理於外之病；主程朱者，如陳清瀾《學蔀通辨》、張武承《王學質疑》，並皆以陸、王為陽儒陰釋，以陽明之言非實理。然據唐君毅先生之說法，朱陸之異，在第一義上，「乃在象山之言工夫，要在教人直下就此心之所發之即理者，而直下自信自肯，以自發明其本心；而朱子則意謂人既有氣稟物欲之雜，則當有一套內外夾持以去雜成純之工夫，若直下言自覺自察識其心之本體，則所用之工夫，將不免與氣質之昏蔽夾雜俱流」〔註1〕然則是朱陸之差異實在工夫之路之異趣，而非本質上之不同。是以明代王學雖盛，而朱學不衰，便是王門諸子，亦只病其「不得頭腦」，而無以朱學為盡非者，此則明代儒學之實情。

以上綜述明代之學術思想背景，其要有三：

第一、宋明儒以歸向孔孟為宗旨，以成德為首要，而直下肯定生命美善之正面價值，故闢斥佛、道。

第二、宋明儒多少皆曾接觸佛學，故不免受佛學影響。

〔註1〕見唐君毅先生《中國哲學原論·原性篇·朱陸異同探源》，頁534。

第三、宋明儒學雖有朱陸之分，然其差異主要在工夫入路，至於成德之
　　　本質實無不同。

　　明代儒家即在此種學術背景之下，依各人氣質稟賦與學源師承，而各成
其學。以下述近溪之學源、師承與成學階段。

第二節　近溪成學之階段

　　對於羅近溪成學之經過，《明儒學案》有一段重要的敘述：

　　……（近溪）少時讀薛文清語，謂「萬起萬滅之私，亂吾心久矣，
　　今當一切決去，以全吾澄然湛然之體」，決志行之，閉關臨田寺，置
　　水、鏡几上，對之默坐，使心與水鏡無二，久之而病心火。偶過僧
　　寺，見有榜急救心火者，以爲名醫，訪之，則聚徒而講學者也，先
　　生從眾中聽良久，喜曰：此眞能救吾心火。問之爲顏山農，山農者
　　名鈞，吉安人也，得泰州心齋之傳。先生自述其不動心於生死得失
　　之故，山農曰：是制欲，非體仁也。先生曰：克去已私，復還天理，
　　非制欲安能體仁。山農曰：子不觀孟子之論四端乎？知皆擴而充之，
　　若火之始燃，泉之始達，如此體仁，何等直截，故子患當下日用而
　　不知，勿疑天性生生之或息也。先生時如大夢得醒，明日五鼓，即
　　往納拜稱弟子，盡受其學。……楚人胡宗正，故先生舉業弟子，已
　　聞其有得於易，反北面之，宗正曰：伏羲平地著此一畫何也？先生
　　累呈註腳，宗正不契，三月而後得其傳。……又嘗過臨清，劇病，
　　恍忽見老人語之曰：君自有生以來，觸而氣每不動，勘而目輒不瞑，
　　擾攘而意自不分，夢寐而境悉不忘，此皆心之錮疾也。先生愕然曰：
　　是則予之心得，豈病乎？老人曰：人之心體，出自天常，隨物感通，
　　原無定執，君以夙生操持，強力太甚，一念耿光，遂成結習，不悟
　　天體漸失，豈惟心病，而身亦隨之矣。先生驚起叩首，流汗如雨，
　　從此執念漸消，血脈循軌。先生十有五而定志於張洵水，二十六而
　　正學於山農，三十四而悟易於胡生，四十六而證道於泰山丈人，七
　　十而問心於武夷先生……。〔註2〕

黃宗羲此段文字雖仍有年代混淆之病（如將讀薛文清語、閉關臨田寺、見顏

〔註2〕見《明儒學案》卷三十四〈泰州學案三〉。

山農三事接連敍述，婉如連續事列，實則讀薛文清語錄時，近溪年十七歲，十八歲始閉關臨田寺，至二十六歲（庚子）會考省中，始見顏山農——參第一章年譜），然大體亦能勾畫出羅近溪成學艱苦過程。今更據《盱壇直詮》與《羅近溪全集》，並參較年譜，詳述羅近溪生平各種階段。

一、十有五而定志於張洵水——志學之初階

《直詮》於近溪十五歲下繫之云：

> 十有五從新城洵水張先生受學，張事母孝，每教人力追古先。師（近溪）讀論語諸書有省，毅然以興起斯道爲己任。偶同弟汝順、汝初、汝貞夜坐，問曰：有一心事試語汝輩，今予世事方動倪端，設命緣輻輳中個狀會，進升宰輔，晝錦歸閑，如是壽考告終，汝兄可泰然以盡棺否？恐不能矣。汝貞悚然，且曰迄今不忘也。〔註3〕

在十五歲之前，年譜猶載有三事：

> 甫三歲，獨坐火圍邊，俟母審安人未至而哭，父前峰抱之，哭止，隨思曰：均此一身，心何苦樂倏異也？展轉追思，未明其故。〔註4〕

> 五歲，安人授孝經，群僕故亂其誦，怒甚，忽自笑告安人曰：兒才發怒，頗覺難轉，人言腹中諸臟會橫，果然。〔註5〕

> 七歲入鄉學，即以孔聖爲的，時時稱說孝經。〔註6〕

近溪童幼嘗有「心何苦樂倏異」與「發怒頗覺難轉」之疑問，雖當時「展轉追思，未明其故」，而此中實透出一訊息，即近溪苦於內心受外境干擾，而初嘗人生之憂苦煩惱。此種煩惱，常人亦恆有之，而近溪特將此痛苦凸顯出來，顯示近溪正視七情倏變之問題，而隱有一「定心以不受外物干擾」之想望。對於此種人世間之痛苦與煩惱，儒家、道家、佛家各有其解決方法，唯此時近溪仍只是儱侗地有一概念，並無實際之解決途徑，即七歲時「以孔聖爲的」，亦只能視爲一懵懂之想法，其入手方向並不明確。

年十五，近溪始從張洵水受學。今洵水之學術、師門，詳細不可考，惟年譜有「張事母孝，每教人力追克先」之簡述，則近溪受洵水之影響，亦只能考見「事母孝」之身教及「力追古先」之訓誨，而「力追古先」乃宋明儒

〔註3〕見《盱壇直詮》卷下，頁36。
〔註4〕同上。
〔註5〕同上。
〔註6〕同上。

家之共法，至其確實進路則頗難說。唯近溪告諸弟自言：即使「進升宰輔，晝錦歸閑、壽考而終」，自己亦不能「泰然以蓋棺」，則已明顯見出：近溪並非以世俗之榮貴爲人生標的，而有鄙棄名利之意。固然佛、道二家亦同鄙棄名利，而近溪「讀論語諸書有省，毅然以興起斯道爲己任」，顯然爲儒家路向。此可說爲近溪篤志聖學之初階。

二、十七、八歲，觀水鏡以復澄湛之體──靜坐觀心時期

此時期近溪學聖最爲辛苦費力，年譜載云：

> 辛卯（時年十七）學憲東沙張公刻頒二子粹言，師（近溪）悅玩之，內得薛文清公一條，云「萬起萬滅之私亂吾心久矣，今當一切決去，以全吾澄然湛然之體」，若獲拱璧，焚香扣首，矢心必爲聖賢，立薄日紀功過，寸陰必惜，屏私息念，如是數月，而澄湛之體未復。」〔註7〕

> 「壬辰（十八歲）乃閉戶臨田寺中，獨居密室，几上置水一盂、鏡一面，對坐逾時，俟此中與水鏡無異，方展書讀之，頃或念慮不專，即掩卷復坐，習以爲常，遂成重病。前峰公謂師由斷喪咎之，師乃直述其故，曰：兒病由內，非由外也，惟得方寸快暢，於道不逆，則不藥可癒。前峯公遂授以陽明王先生《傳習錄》，指以致良知之旨，師閱之大喜，日玩索之，病瘳。〔註8〕

由此可見近溪靜心息念以復澄湛之體，可謂備極艱辛，此一階段之努力，一面爲童幼時初志「定心以不受外境干擾」之篤行實踐，一面亦受薛瑄（文清）等先儒之影響，試摘薛瑄《讀書錄》數條如下：

> 水清則見毫毛，心清則見天理。

> 主一則氣象清明，二三則昏昧矣。

> 人不主敬，則此心一息之間，馳騖出入，莫知所止也。

> 讀前句如無後句，讀此書如無也書，心乃有入。

> 學問實自靜中有得，不靜則心既雜亂，何由有得。

> 靜坐中覺有雜念者，不誠之本也，惟聖人之心自然眞一虛靜，無一毫之雜念。〔註9〕

〔註7〕見《盱壇直詮》卷下，頁37。

〔註8〕同上。

〔註9〕見《明儒學案》卷七〈河東學案一〉所引薛瑄《讀書錄》。

近溪雖不列薛瑄之門，而此時讀文清語乃矢志爲聖，「立簿日記功過」，令此心「與水鏡無異」，正是薛瑄之路數，黃宗羲論薛瑄「以復性爲宗、濂洛爲鵠」，而《讀書錄》中所見，實更近於伊川、朱子。《明儒學案》錄近溪子自言成學之經過，有云：

> 某初日夜想做個好人，而科名宦業皆不足了平生，却把《近思錄》、《性理大全》所說工夫，信受奉行，也到忘食寢忘死生地位，病得無奈，却看見《傳習錄》，說諸儒工夫未是，始去尋求象山、慈湖等書，然於三先生所謂工夫，每有罣礙，病雖小癒，終沈滯不安，時年已弱冠，先君極爲憂苦……。〔註10〕

可見此時近溪致力《近思錄》、《性理大全》之工夫，正全承順伊川、朱子，而於象山、慈湖、陽明三子之學並不相契。質實而言，近溪此時亦不能眞解伊川、朱子之學，故屏私息念以復澄湛心體，遂成重病，此種遭遇與陽明格竹七日而病倒之事例如出一轍，正皆不契朱子。唯近溪此時眞做靜心主敬之工夫則無疑義。

三、二十六而正學於山農

見顏山農乃近溪成學之一大轉捩點。近溪自述「昨觀危疾，而生死毫不動心；今失科擧，而得失絕弗攖念」〔註11〕山農則以此種生死得失之不動心，乃制欲而非體仁。本來儒、釋、道皆能對生死得失不動心，道家體道知常，齊物我，一死生，倡「天地與我並生，而萬物與我爲一」（〈齊物論〉），視生死爲一種偶然之現象，對世間任何正面之價值，又只視爲相對甚至爲無論之偏妄，故能泯得失利害之分別，而覺生不可喜，死無可哀。佛家更直將生老病死視爲苦境，將得失利害之執著視爲顚倒夢想，而欲人出離生死，證入涅槃，同皆能對生死得失不動心。至於儒家之不動心，則以儒家首重在成德問題，君子所欲有甚於生者，所惡有甚於死者，所謂「殺身成仁、捨生取義」，所謂「朝聞道夕死可矣」，如能求仁得仁，則生自有眞樂，而死不爲可怖，對於世俗所謂得失利害亦可以全不動心。至近溪前一階段之努力，則靜坐觀心，未免遠人以爲道，雖儱侗有一成聖之目標，却不在人事上磨，如此靜坐到極至，反成槁木死灰，是以山農謂此種功夫爲制欲而非體仁。

〔註10〕見《明儒學案》卷三十四〈泰州學案三〉所引《近溪語錄》。
〔註11〕見《盱壇直詮》卷下，頁37。

案：山農曾學於徐波石，得泰州之傳，《明儒學案》云：

> 顏鈞字山農，吉安人也，嘗師事劉師泉無所得，乃從徐波石學，得泰州之傳，其學以人心妙萬而不測者也，性如明珠，原無塵染，有何覩聞，著何戒懼，平時只是率性所行，純任自然，便謂之道，及時有放逸，然後戒懼恐懼以修之。凡儒先見聞、道理格式，皆足以障道，此大旨也。〔註12〕

案：泰州學派始於王心齋，心齋嘗師事陽明，及陽明卒，「開門授徒，遠近皆至，同門會講者必請先生主席。陽明以下，以辯才推龍溪，然有信有不信，唯先生於眉睫之間，省覺人最多，謂百姓日用即道，雖僮僕往來動作處，指其不假安排者以示之，聞者爽然」，〔註13〕而黃宗羲評近溪則曰：「近溪舌勝筆，微談劇論，所觸若春行雷動，雖素不識學之人，俄頃之間能令其心地開明，道在眼前，一洗理學膚淺套括之氣，當下便有受用，顧未有如先生者也」。〔註14〕此段形容正是泰州學風，唯近溪則更加渾淪順適。近溪此學風之形成，正由山農開其端，其影響可謂深且鉅矣。

四、三十四悟易於胡宗正

二十六歲至三十四歲為近溪進學之重要階段。在此時期內，近溪先是居家與諸友論學，後則四出遊訪碩彥，最後乃獨成自家學說。年譜云：

> 乙巳（三十一歲）師建從姑山房以待四方游學之士，矢心天日，接引來學，日與諸友論駁明道、象山、陽明、心齋義旨，足不入城市。〔註15〕

此可見近溪為學之轉向。案：近溪此時所論駁諸儒，明道胸懷洒落，有如光風霽月，又「資性過人，而充養有道，和粹之氣，盎于面背」，〔註16〕象山則「高明爽朗、直拔俊偉」〔註17〕至陽明、心齋論學更兼「洒落自得」之義，〔註18〕與近溪以前之拘緊嚴肅，正大有逕庭。

年譜又云：

〔註12〕見《明儒學案》卷三十二〈泰州學案總論〉。
〔註13〕同上卷，〈泰州學案一〉。
〔註14〕見《明儒學案》卷三十四〈泰州學案三〉。
〔註15〕見《盱壇直詮》卷下，頁38。
〔註16〕見《宋元學案》卷十三〈明道學案上〉。
〔註17〕此牟宗三先生評語。見先生著《從陸象山到劉蕺山》，頁24。
〔註18〕見唐君毅先生《中國哲學原論·原教篇上》，頁319。

> 丁未（三十三歲）師往吉安謝山農顏公，因徧訪雙江聶公、念庵羅公、
> 東廓鄒公、獅泉劉公輩商榷學問。師嘗語儒曰：予會試告歸（時年廿
> 九）實志四方，初年游行，攜僕三、四人，徐而一、二人，久之，自
> 負笈行，不隨一价，凡海內衿簪之彥，山藪之碩，玄釋之有望者，無
> 弗訪之，及門，惟以折簡通姓名，或以為星相士，或以為形家，或通
> 或拒，咸不為意，其相晤者，必與之盡譚乃已。〔註19〕

近溪此時過訪雙江、念庵、東廓、獅泉，四公雖學各有要，而皆屬江右王門
則不異，至於此時期游學之所獲，由於對近溪學風之影響不甚明顯，故亦難
明確指出。

對於近溪的學思歷程，《明儒學案》有一段記述極切要：

> 某初日夜想做個好人，而科名宦業皆不足了平生，却把《近思錄》、
> 《性理大全》所說工夫，信受奉行，也到忘食寢忘死生地位，病得
> 無奈……幸自幼蒙父母憐愛過甚，而自心於父母弟妹亦互相憐愛，
> 真比世人十分切至，因此每讀論孟孝弟之言，則必感動，或長要涕
> 淚，以先只把當作尋常人情，不為緊要。不想後來諸家之書做得著
> 累吃苦，在省中逢著大會，師友發揮，却翻然悟得只此（孝弟）就
> 是做好人的路程，奈何不把當數，却去東奔西走，而幾至忘身也哉？
> 從此回頭，將論語再來細讀，真覺字字句句重於至寶，又看孟子，
> 又看大學，又看中庸，更無一字一句不相照映，由是却想孔孟極口
> 稱頌堯舜，而說其道孝弟而已矣。豈非也？是學得沒奈何，然後遇
> 此機竅，故曰：我先生而知之者，好古敏以求之者也。

又曰：

> 規矩，方圓之至也；聖人，人倫之至也，其時孔孟一段精神似覺渾
> 融在中，一切宗旨，一切工夫，橫穿直貫，處處自相湊合。但有易
> 經一書却貫串不來，天幸楚中一友（胡宗正）來從某考舉業，他談
> 易經，與諸家甚是不同，後因科舉辭別，及在京得第，殊悔當面錯
> 過，皇皇無策，乃告病歸侍老親，因遣人請至山中，細細叩問，始
> 言渠得異傳，不敢輕授，某復以師事之，閉戶三月，亦幾忘生，方
> 蒙見許，反而求之，又不外前時孝弟之良，究極本原而已。從此一
> 切經書皆必歸會孔孟，孔孟之言，皆必歸會孝弟，以之而學，學果

〔註19〕見《盱壇直詮》卷下，頁38。

不厭，以之而教，教果不倦，以之而仁，仁果萬物一體而萬世一心
也已。〔註20〕

此段記載之重要意義有二：

1. 悟孝弟爲學聖之道——周汝登謂近溪「學以孔孟爲宗，以赤子良心、不
動不慮爲的，以孝弟慈爲實」，〔註21〕近溪以孝弟慈教人正是此時悟得。
一悟而終身不棄，其悟深矣。

2. 融貫格物之旨——近溪以「格」爲「格則」、「規矩」〔註22〕正是此時悟
得，亦一悟即定，而其格物之說與朱子固不同，與陽明亦不同，却於心
齋爲近（淮南格物亦以「格」爲格式、規矩之義，見《王心齋全集》卷
三，頁3），近溪雖出於泰州，而此悟則未必源於心齋。蓋近溪嘗謂「宋
有晦庵先生見得當求諸六經，而未專以孝弟慈爲本，明有陽明先生見得
當求諸良心，亦未先以古聖賢爲法」〔註23〕正是以朱子、陽明各有長短，
而自己乃取「孝弟慈」與「聖賢格則」以補二家之缺，則此當是自家體
悟，而非襲取心齋之說也。

五、三十九歲劇病，舊習悉去，學風完成

近溪於悟格物之旨後，其學說大體初成，唯少時持心之舊習未去，直到
嘉靖癸丑劇病，乃始完全去除。《聖學宗傳》記云：

癸丑（時年三十九），北上過臨清，忽遘重病，一日倚榻而坐，恍若
一老翁來言曰：君身病稍康矣，心病則復何如？先生默不應，翁曰：
君自有生以來，遇觸而氣每不動，當勘而目輒不瞑，擾攘而意自不
分，夢寐而境悉不忘，此皆君心痼疾，今仍昔也，可不亟圖瘳耶？
先生愕然曰：是則予之心得也，曷言病？翁曰：人之身心，體出天
常，隨物感通，原無定執，君以宿生操持，強力太甚，一念耿光，
遂成結習，日中固無紛擾，夢裡亦自昭然，君今譚喜無病，不悟天
體漸失，豈惟心病，而身亦不能久延矣。先生驚起，叩謝伏地，汗
下如雨，從是執念漸消，血脈循軌。〔註24〕

〔註20〕同註10。
〔註21〕見周汝登《聖學案傳》卷十八。
〔註22〕見羅近溪《明道錄》卷一，頁2。
〔註23〕見《明道錄》卷一，頁5。
〔註24〕見《聖學宗傳》卷十八，又載於《羅近溪先生全集》卷十，頁20。

此段讀來似有神怪味道，然此中確隱涵一體現道體上之眞實問題，究實說來，近溪且歲篤志爲學，靜坐觀心，未始不多少照見澄然湛然之體，然此澄湛之體本是抽象地反顯以立體，並非具體而眞實之道體，學者如停滯於此以爲見道，則是「一念耿光，遂成結習」，此澄湛之體便轉爲光景，而在道德踐履之體現上，此種抽象之光景則必須破除，使歸於具體而眞實，使吾人生命亦歸於順適平常，羅近溪正是曾留戀「景光」，誤入「鬼窟」，深見此中大病而後翻然徹悟者，是以其講學重點亦專落在「如何拆穿光景使歸於順適平常」上。至此近溪解悟已徹，學風已成，年譜雖云「四十六而證道于泰山丈人，七十而問心於武夷先生」，〔註25〕然除此兩句空頭話之外，全無線索可尋，而近溪之學說又大體不出前述幾點，則四十六與七十之證道、問心，唯是近溪學術之印證與篤實，其學說內容則已大致於四十歲前定矣。

第三節　近溪所感之問題

綜合前述，則羅近溪初由自心苦樂倏變感知人生之憂煩愁苦，又以富貴功名不足了平生之志，雖嘗究心佛道，而終於定向於儒家成德之學，故王塘南云：

> 先生蚤歲於釋典玄宗無不探討，緇流羽客延納弗拒，人所共知，而不知其取長棄短，迺有定裁。〔註26〕

又曰：

> 伯愚嘗私閱中峰廣錄，先生一見輒持去，曰：汝曹愼勿觀此，禪家之說最令人躲閃，一入其中，如落陷阱，更能轉頭出來復歸聖學者，百無一二，戒之哉！惟潛心大學孝弟慈之旨足矣。〔註27〕

近溪戒人讀禪家書，而以孝弟慈爲教，正是儒家路數。至於程（伊川）朱與陸王，其學各有所重，學程朱者似有可操執，而病在支離，不得頭腦；學陸王者雖若見得本源，然如逕信本心，終有狂蕩之病，故近溪以良知爲道德本源，以孝弟慈爲實際，以古學聖賢爲格則矩式，正有取長補短之意。

復次，近溪早年學道，曾經觀水鏡，靜坐持心，終至大病，其後經山農之點醒，始悟良知學之旨，更承泰州學風，以講渾淪順適，自然平常，是已

〔註25〕見《羅近溪先生全集》卷十，頁 39。
〔註26〕見《羅近溪先生全集》卷十，頁 17。
〔註27〕同上。

翻然了悟：昔前閉關靜坐，炯然若見得良知本體，實只見一抽象之光景，而在實際行事中，正須將此抽象之光景打掉，以顯良知之真實平常，故近溪之啓示、遮撥，便多落在袪除光景與指點道體平常之上。

如右所述，近溪既見出學者有支離與狂蕩之病，又親身體見光景之必須袪除，則如何對治此二病，以使學者走上成德之路，正是近溪所感最重要之問題。

第三章　近溪之本體論

　　宋明儒學之根本課題在「成德之教」，亦即「內聖之學」之成立。其要在使人自覺地作道德實踐，由其本心性體以徹底清澈其生命。牟宗三先生認爲：就道德論道德，宋明儒學之「中心問題首在討論道德實踐所以可能之先驗根據（或超越之根據），此即心性問題是也，由此進而討論道德實踐之下手問題，此即工夫入路問題是也。前者是道德實踐所以可能之客觀根據，後者乃道德實踐所以可能之主觀根據……以宋明儒學之語詞來說，前者是本體問題，後者是工夫問題。」〔註1〕本章述近溪之本體論，茲先列舉宋明儒之分系，略爲心學定位，其次則詳述近溪之本體論，以見其所從入之路，然後更與龍溪、念菴、雙江比較，以顯近溪論心體之特色。

第一節　略論宋明儒之分系

　　依牟宗三先生之研究，宋明儒之發展當分爲三系：

一、五峯蕺山系

　　此承濂溪、橫渠、而至明道之圓教模型（一本義）而開出，此系客觀地講性體，以《中庸》、《易傳》爲主；主觀地講心體，以《論》、《孟》爲主，特提出「以心著性」義，以明心性所以爲一之實與一本圓教所以爲圓之實，其體則是即活動（道德創生）、即存有（爲萬物存有之依據）者，於工夫則重「逆覺體證」。

〔註1〕見牟宗三先生《心體與性體》第一冊，頁8。

二、象山陽明系

此系以《論》、《孟》、攝《易》、《庸》，而以《論》、《孟》爲主者，此系泯道體以歸心體，故於體只重其活動義，而偏輕其客觀化之存有義，只是一心之朗現，一心之申展，一心之遍潤，於工夫，亦是以「逆覺體證」爲主。

三、伊川、朱子系

此系以《中庸》、《易傳》與《大學》合，而以《大學》爲主，於《中庸》、《易傳》所講之道體、性體只收縮提鍊而爲一本體論之存有，即「只存有而不活動」之理體，於孔子之仁亦只視爲靜存之理，於孟子之本心則轉爲實然的心氣之心，因此，於工夫特重後天之涵養（涵養須用敬）以及格物致知之認知的橫攝（進學則在致知），總之是「心靜理明」，工夫之落實處全在格物致知，此大體是「順取之路」。

牟先生認爲：五峯、蕺山系與象山、陽明系皆以《論》、《孟》、《易》、《庸》爲標準，可會通爲一大系，而視爲一圓圈之兩來往，自《論》、《孟》滲透至《易》、《庸》（即由心體向上透至道體，而心體、道體是一），圓滿起來是一圓圈；自《易》、《庸》回歸於《論》、《孟》（即由道體下貫至心體，而道體心體是一），圓滿起來，仍是此同一圓圈，故可會通爲一大系，此一大系可名爲「縱貫系統」，而伊川、朱子所成者，可名爲「橫攝系統」，故大別則只縱橫兩系。

由於象山、陽明一系之泯道體以歸心體，攝存有於活動，而道體之存有義即不顯，天之超越尊嚴亦減殺，道體之存有成爲一空的、形式上的存有，而實質上即可不講。一切理皆是當下由心所創發者，心之創發不已，則當下應機創造一理，此理即爲當下心所及物之依據，故曰「心外無物」（陽明）、「只心便是天」（明道），所謂「心即理」是也。〔註2〕

在基本上，近溪並未悖離王門，其學亦歸象山、陽明一路，以重一心之朗現、一心之遍潤。而由於近溪學道所從入之路及自得之處與人不同，其對心體之體會與指點，便不能不與其他王門弟子稍異，以下敍近溪之本體論。

〔註 2〕依牟先生《心體與性體》第一冊，頁 49，及曾師昭旭《王船山及其學術》第三編第一章第三節之引申。

第二節　近溪之即生即身言心

一、即「生」言心體之創生不已

《直詮》載近溪之論道體云：

> 子（近溪）曰：孔子云「仁者人也」。夫仁，天地之生德也，天地之
> 大德曰生，生生而無盡曰仁，而人則天地之心也。夫天地亦大矣，
> 然天地之大大於生，而大德之生生於心，生生之心心於人也，故知
> 人之所以為人，則知人之所以為天，知人之所以為天，則知人之所
> 以為大矣。聖門之求仁也，曰一以貫之，一也者，兼天地萬物，而
> 我其渾融合德者也；貫也者，通天地萬物，而我其運用周流者也。
> 非一之為體焉，則天地萬物斯殊矣，奚自而貫之能也？非貫之為用
> 焉，則天地萬物斯閒矣，奚自而一之能也？非生生之仁之為心焉，
> 則天地萬物之體之用斯窮矣，奚自而一之能貫，又奚自而貫之能一
> 也？是聖門求仁之宗也，吾人宗聖人之仁，以仁其身而仁天下於萬
> 世也，固所以貫而運化之，一而渾融之者也。然非作而致其情也，
> 天地萬物也，我也，莫非生也，莫非生則莫非仁也。夫知天地萬物
> 之以生而仁乎我也，則我之生於其生，仁於其仁也，斯不容已矣，
> 夫我生於其生以生，仁於其仁以仁也，既不容已矣，則生我之生以
> 生天地萬物，仁我之仁以仁天地萬物也，又惡能以自已也哉。夫我
> 能合天地萬物之生以為生，盡天地萬物之仁以為仁也，斯其生也不
> 息，而其仁也無疆，此大人之所以通天地萬物以成其身者也。〔註3〕

對於宇宙間萬事萬物之生滅不息，各家各派原可有不同之看法，如佛家即
此自然萬象之遷變不息而證「緣起性空」；道家見現象界各個體事物之此成彼
毀、此生彼滅，而謂「天地不仁，以萬物為芻狗」。然儒者不全自此看，易傳謂
「生生之謂易」，此所謂易，非謂此宇宙只是一方生方滅之事變之流，而是說宇
宙乃依乎乾坤之德而成，乾所以表宇宙之健行不息而生萬物之德，坤所以表宇
宙之厚德載物而成萬物之德，而乾之生為顯諸仁，坤之成為藏諸用，合以見一
「鼓萬物而不與聖人同憂」之生生之易道。近溪此謂「夫仁，天地之生德也。
天地之大德曰生，生生而無盡曰仁」，此正是儒家之通解，近溪並無新說。

唯今人以唯物之眼光去看儒家，便不免對儒學發生誤解。如謂天地為仁，

〔註3〕《盱壇直詮》卷上，頁16。

則天地只應生而不應滅，只應成而不應毀，今儒者以天地爲「生生」爲「仁」，則似只見其生而不見其滅，實未免見事不全、體物不周之病，而儒家「生生之謂易」之義，乃似不如佛道體物之周遍，而爲全不可解者。對於此問，唐君毅先生曾有精闢之申說：

在聖人之心境中，誠必欲萬物兼成，此爲其仁。然吾人試思：如已成之萬物皆充塞宇宙，長存而不化，則未成而可能成之萬物將不得成。故欲萬物之兼成，必求萬物之相代而成，以變以化，方得成其生生不息。生而化，爲終，而藏。而藏則所以使生更有生，則其藏，乃藏於後起之生中，是謂藏諸用，非藏而亡也。而此藏諸用，亦即以其生之藏，以成他生，是即其成物之仁之顯也。故聖人之欲萬物兼成，不必欲一一物皆長存不毀。而一一物之不長存不毀，亦非必即自然世界之根本惡，而正可爲使一一物在其自成我而成己之後，再表現其成物之德者也。以聖人之心，觀其自己之身，未嘗欲私其身，而求其長存不毀，而可殺身以成仁，則觀種子之毀而芽與花葉開，亦殺身以成仁之類，故桃之種子曰桃仁，杏之種子曰杏仁，而天地萬物之往者遊而來者生，皆天地萬物之成仁而顯仁於生物之事，亦所以藏往者之用於繼起之來者之事，而見乾坤之盛德大業者也。〔註4〕

而熊十力先生亦嘗論「有限之諸行相」，「從一方面說，無始時來，恆是剎那剎那，才生即滅，都無故物暫住，或疑滅滅可怖。從另一方面說，無始時來，故故不留，新新而起，實乃生生不已，生生不已者，有源而不竭也。」〔註5〕則從生生之義以看天地萬物之生化不息，正儒家之共解也。

然縱使人能同意儒家「生生」之義果有極深之道理，而所謂「人爲天地之心」，寧非古人虛妄之見耶？人何以能等同於天？有限如何能比同於無限？唐先生申言曰：

依聖人之心以觀宇宙之生而化，化而生，始而終，終而始，雖皆爲一萬物之顯仁藏用之事，亦見乾坤之盛德大業。然聖人之心，於此自然世界，仍不能無憾而無憂，此即由於萬物與人皆可不待自成，而即被他所毀，而不能盡其性，由此而聖人必求所以補天地之所不足，此之謂人贊天功，而天地或上帝之盛德之至，亦即正在其似故留其所憾，

〔註4〕唐君毅先生《哲學概論》下冊，頁1036。
〔註5〕見熊十力先生《原儒》上卷〈緒言第一〉論有限無限之相反相成義。

以待聖人之補其所不足，有如聖賢豪傑之行事之必留遺憾，以待後人補足。反之，如天地或上帝果皆爲全善而萬能，將一切善事作盡，而使人之聖賢豪傑坐享現成，更無所事事，此正爲天地或上帝之大不仁矣。天地或上帝皆有憾，聖人補之，一切存在事物，無不有憾，故宇宙必有繼起之存在事物以補之，故唯繼而後善不窮，是謂「繼之者善也」，捨繼，則天地或上帝與聖人皆不能全其善事。然其不能全，而容有繼之者，以其所憾，使繼之者得補其憾，而更有其善事，亦即其不能無憾之中所顯之大善也。知此，可以知聖人之於「天地之大也，猶有所憾」而「不怨天」，亦不呵斥此自然之故，亦知人所成之聖人，何以可德與天齊，而其事其功，又非天地或上帝之所能有，人道之盛德大業，又有進於天道者之故矣。〔註6〕

以上之義固抉之於唐先生，而未嘗不爲儒家所共許。則近溪謂「人爲天地之心」，而直由人之心性以見天理，其義亦可得而明矣。

復次，儒家之說仁，必曰「以天地萬物爲一體」，故近溪亦謂「兼天地萬物，而我其渾融合德者也」，此儒家之「以天地萬物爲一體」，與道家之「天地與我並生，萬物與我爲一」並非同一指謂。蓋道家原自泯滅相對之差別相出發，而儒家之視物我爲一體，則自天地萬物之同具生生之德而言，故曰：「天地萬物也，我也，莫非生也，莫非生則莫非仁也」，此生生之德乃自然本具，而非出自人爲造作，故曰「非作而致其情也」，天地之生化萬物自不容已，人而具「生生之德」之仁亦自不容已，故君子之於禽獸也，見其生不忍見其死，聞其聲不忍食其肉，而乍見孺子將入於井，不能不起忧惕惻隱之心，此皆不待造作人爲，故近溪謂「夫知天地萬物之以生而仁乎我也，則我之生於其生，仁於其仁也，斯不容已矣，夫我生於其生以生，仁於其仁以仁也，既不容已矣，則生我之生以生天地萬物，仁我之仁以仁天地萬物也，又惡能以自已也哉」，陽明《大學問》亦謂「大人者，與天地萬物爲一體者也，其視天下猶一家，中國猶一人焉。——大人之能以天地萬物爲一體也，非意之也，其心之仁本若是，其與天地萬物爲一體也」，此所以近溪稱「通天地萬物以成其身者」爲「大人」之故也。

「天地之大德曰生」本爲儒家所共講，而近溪之異於其他儒家（指程朱一系）者，則在其以心即性即天，以心體攝道體，而爲一心之申展、一心之遍潤，近溪嘗云：

〔註6〕同註4。

宇宙其一心矣乎。夫心，生德也，活潑靈瑩，融液孚通，天此生，地
亦此生也，古此生，今亦此生也，無天地，無古今，而渾然一之者也。
生之謂仁，生而一之之謂心，心一則仁，仁一則生，無弗一也。是故
一則無間矣，無間者，此心之仁之所以純乎其運也；一則無外矣，無
外者，此心之仁之所以博乎其施也。會而通之，吾茲有取於易之乾坤
矣。夫易，生生者也，夫乾之與坤，易之生生所由以合德者也。〔註7〕

　　如此以天地之生德為心，以心之體為「純乎其運」而於穆不已，心之用
則「博乎其施」而生化不息，心體即性體即道體即天，故曰「心之外無性矣」、
「心之外無命矣」〔註8〕此亦陽明「心外無物」、明道「只心便是天」之意也。

　　近溪之有進於其他王門諸子者，在於直下以「生」言心：

子（近溪）曰：天地無心，以生物為心。今若獨言心字，則我有心
而汝亦有心，人有心而物亦有心，何嘗千殊萬異？善言心者，不如
以生字代之，則在天之日月星辰，在地之山川民物，在吾人之視聽
言動，渾然是此生生為機，則同然是此天心為復。故言下著一生字，
便心與復即時渾合，而天與地、我與物，亦即時貫通聯屬而更不容
二也已。〔註9〕

　　如此言心，已非自抽象虛懸之體言心，乃是將心體自抽象狀態中，拖下
來而使之歸於具體真實。故心體不可掛空而談，生德亦不可掛空而談，人唯
在天之日月星辰、地之山川草木、吾人之視聽言動中，見此生生之機之遍潤
萬物，而天地萬物之無不如理合道，「該如何即自會如何」，則木欣欣以向榮，
泉涓涓而始流，乃至鳥啼花落，山峙川流，饑食渴飲，夏葛冬裘，無非至道，
無非生生之德，亦無非天地之心。

　　故近溪又云：

蓋仁之為言，乃其生生之大德，普天普地，無處無時無不是這個生機，
山得之而為山，水得之而為水，禽獸草木得之而為禽獸草木，天命流
行，物與無妄，總曰：天命之謂性也。然禮經云：天地之性人為貴，
人之所以獨貴者，則以其能率此天命之性而成道也。如山水雖得天性
生機，然只成得山水；禽獸草木雖得天地生機，只成得個禽獸草木；

〔註7〕　《盱壇直詮》卷上，頁17。
〔註8〕　《盱壇直詮》卷上，頁24。
〔註9〕　《盱壇直詮》卷上，頁61。

惟幸天命流行之中，忽然生出汝我這個人來，却便心虛意妙，頭圓足方，耳聰目明，手恭口正，生性雖亦同乎山川禽獸草木，而能運用顯設，平成乎山川，調用乎禽獸，裁制乎草木，由是限分尊卑，以爲君臣之道，辨別嫌疑，以爲夫婦之道，此是因天命之生性，而率之以最貴之人身，以有覺之人心而弘乎無爲之道體，使普天普地俱變做條條理理之世界，而不成混混沌沌之乾坤矣〔註10〕

　　此由天地之生德（天道）以下貫於人道，復由人道以上溯於天道，而總由具體眞實之事物以見天地生生之機，此乃因近溪原不探分解之立義以言如何是心、如何是性、如何是生生之德，而直由眞實之山崎川流以指點道體。言心體而能如此具體眞實而明快，乃近溪所以異於其他王門諸子之處也。

二、即「身」言心體之自然平常

　　宋明儒家由於多談理氣對立，故微有輕視其氣質世界中之自然與人生之形而下一面之色彩，唯近溪直下由身言心，與時儒則大不相同。《盱壇直詮》記載：

廣德李大參天植問先生說形色天性一章，聞與眾不同，何如？子（近溪）曰：其說也無甚異，但此語要得孟子口氣，若論口氣，則似於形色稍重，而今說者多詳性而略形色，便覺無意味也。大要亦是世俗同情，皆云此身是血肉之軀，不以爲重，及談性命，便更索之玄虛，以爲奇特。孟軻氏惜之，故曰：吾此形色，豈容輕視也哉，即所以爲天性也。惟是生知安行，道位天德如聖人者，於此形色方能實踐，謂行到底裡，畢其能事，如天聰天明之盡，耳目方才到家；動容周旋中禮，四體方才到家。只完全一個形軀，便渾然方是個聖人，必渾然是個聖人，始可全體此個形色，若稍稍勉而未能安，守而未能化，則耳必未盡天聰，目必未盡天明，四體動容，必未盡能任天之便，不惟有愧於天，實有愧於人也。〔註11〕

　　此段說理已極精闢明白，此孟子所謂「形色」指人之感覺官能。形色原本是中性的，並無絕對之好壞，唯聖人能體仁踐形，使天理藉著感覺官能（形色）以表現於人之具體行爲中，而睟面盎背，布乎四體，所謂「天視自我視，天聽自我聽，己身代天工，己口代天言也。頃刻之間，暢達四肢，則視聽言

〔註10〕《盱壇直詮》卷下，頁 55。
〔註11〕《盱壇直詮》卷下，頁 14。

動無非是禮，喜怒哀樂罔不中節，天地萬物果然一日而皆歸吾仁，以仁（一作化字）之育之，而其修道立教之機，亦只反觀一己身中，更不俟他求，而有餘裕也。」〔註12〕

身代天工、口代天言，而視聽直為天視天聽。此說已不止謂心即理即道即天，更將此心、道、理、天落實到具體真實之人身中，以使視聽言動，喜怒哀樂發而皆中節，乃至「抬頭舉目，渾全只是知體著見，啓口容聲，纖悉盡是知體發揮，更無幫湊，更無假借」，〔註13〕如此直下就人身具體之視聽云為以指點心體之自然真實，實近溪之特色也。

《近溪語錄》中「即身言心」之處甚多，試看以下之文字：

天本無心，以生萬物而為心。心本不生，以靈妙而自生。故天地之間，萬萬其物也，而萬萬之物，莫非天地生物之心之所由生也；天地之物，萬萬其生也，而萬萬之生，亦莫非天地之心靈妙所由顯也。謂之曰『萬物皆備於我』，則我之為我也，固盡品彙之生以為生，亦盡造化之靈以為靈，則我之與天，原非二體，而物之與我，又奚有殊致也哉？是為天地大德，而實物我之同仁也。反而求之，則我身之目，誠善萬物之色，我身之口，誠善萬物之味，至于我身之心，誠善萬物之性情，故我身以萬物而為體，萬物以我身而為用。其初也，身不自身，而備物乃所以身其身；其既也，物不徒物，而反身乃所以物其物。是惟不立，而身立，則物無不立；是惟不達，而身達，則物無不達。蓋其為體也誠一，則其為用也自周……物我渾合之機，既體之信而無疑，則生化圓融之妙、自達之順而靡滯。……又奚仁之不可近也哉？〔註14〕

近溪又曰：

吾人此心，統天及地，貫古迄今，渾融於此身之中，而涵育於此身之外。其精瑩靈明而映照莫掩者，謂之精，其妙應圓通而變化莫測者謂之神，神以達精，而身乃知覺，是知覺雖精所為，而實未足以盡乎精也；精以顯神，而身乃運動，是運動雖神所出，而實未足以盡乎神也。古之欲明明德於天下者，其心既統貫天地古今以為心，

〔註12〕《盱壇直詮》卷上，頁45。
〔註13〕《盱壇直詮》卷下，頁26。
〔註14〕《盱壇直詮》卷上，頁62。

則其精神亦統貫天地古今以爲精神，故其耳目手足四肢百體知覺，
固與人同，而聰明之精，通而無外者自與人異；運動雖與人同，而
舉措之神，應而無方者自與人異；夫是以爲人之聖、善之至、學之
集大成而萬世無復加焉者也。〔註15〕

人之心雖靈妙圓通而變化莫測，然仍須人身知覺運動之當機作成，始能
使此人心所蘊涵之良知天理具體呈現，而見長上自能恭敬，事父母自能孝順，
育子女自能慈愛，此恭敬、孝順、慈愛自須發爲行事之正，而道德實踐始具
體落實。宋明儒無不強調道德實踐，然於形色如此重視，言心體如此自然平
常，則唯近溪能之。其論「君子之道費而隱」則曰：

費是説乾坤生化之廣大，隱是説生不徒生，而存諸中者生生而莫量；
化不徒化，而蘊諸内者化化而無方。故費字之奇，不如隱字之尤奇；
費字之重，又不如隱字之尤重。費則只見其生化之無疆處，而隱方
表其不止無疆而且無盡處。又曰：聖人的確見得時中分明，發得時
中透徹，不過只在此個費隱。故曰：溥博淵泉而時出之，溥博如天，
淵泉如淵。夫時中即是時出，時時中出，即是浩費無疆，寶藏無盡，
平鋪於日用之間，而無人無我；常在乎目睫之下，而無古無今。……
君子尊德性，是尊此個德性，敬畏天命者，是敬畏此個天命，樂其
日用之常者，是樂此個日用之常，大人之所以不失赤子良心者，是
不失此個赤子良心。後世道術無傳，於天命之性漫然莫解，便把吾
人日用恒產，全看不上眼界，全不著在心胸，或疑其爲惡，或猜其
爲混，或妄第有三品，遂至肆無忌憚，而不加尊奉敬畏，則卒至於
索隱行怪而反中庸矣，蓋由其不見大用顯行，徧滿寰穹，便思於靜
僻幽隱處著力，謂就中須養出端倪，又謂看喜怒哀樂以前作何氣象，
不見孩提愛敬與夫婦知能，渾然天然大道，便思生今反古，刻意尚
行，而做出一番奇崛險怪、驚世駭俗之事，此豈不是不知天命而不
畏，遂至反中庸者哉？〔註16〕

此「費」是指乾坤生化之廣大，「隱」是指生化之精微，所謂精微，一在
指心體生生不已之創生性，一在指心體化化無方之自然平常，正近溪言本體
所必涵之二義也。

〔註15〕《盱壇直詮》卷上，頁5。
〔註16〕《盱壇直詮》卷下，頁1。

第三節　近溪論心體與龍溪、念菴、雙江之比較

對於道體之了解，由於宋明儒所根據之經典多相同——不外「維天之命、於穆不已」、「天命之謂性」、「人心、道心」、「仁者人也」等，故表面上看來，幾乎眾口一詞，毫無差異，然如果仔細分析其內蘊，各人所指謂之道體、性體、心體，實是因人而殊異其內容，拋開與心學不同系統之程朱一派不談，以下舉王門諸子論性體、心體之說以相比較。

一、王龍溪之即虛言心

王龍溪論孔門一體之仁曰：

夫一體之謂仁，萬物皆備於我，非意之也。吾之目，遇色目自能辨青黃，是萬物之色備於目也；吾之耳，遇聲自能辨清濁，是萬物之聲備於耳也；吾心之良知，遇父自能知孝，遇兄自能知弟，遇君上自能知敬，遇孺子入井自能知怵惕，遇堂下之牛，自能知觳觫，推之為五常，擴之為百行，萬物之變，不可勝窮，無不有以應之，是萬物之變，備於吾之良知也。夫目之能備五色、耳之能備五聲、良知之能備萬物之變，以其虛也，致虛則自無物欲之間，吾之良知自與萬物相為流通而無所凝滯，故曰：反身而誠，樂莫大焉。強恕而行者，不能無物欲之間，強以推之，知周乎萬物，以達一體之良，故曰：求仁莫近焉。是其學雖有仁恕之分、安勉之異，其求復吾之虛體以應萬物之變，則一而已，此千聖學脈也。後之儒者不明一體之義，不能自信其心，反疑良知涉虛，不足以備萬物，先取古人孝弟愛敬五常百行之迹，指為典要，揣摩依彷，執之以為應物之則，而不復知有變動周流之義。是疑目之不能辨五色，而先塗之以丹臒；耳之不能辨五聲，而先聒之以宮羽，豈惟失却視聽之用，而且汨其聰明之體，其不至於聾且瞶者幾希。……學者苟能不泥於舊聞，務實致其良知，去物欲之間，以求復其虛體，其於萬物之感，當體具足，虛中而善應，不屑屑於典要，而自不過其則。如目遇色，而明無不見也；如耳遇聲，而聰無不聞也，是故致良知之外無學矣。〔註17〕

龍溪說「萬物一體之仁」雖亦以耳目口鼻之感官知覺以言良知（心體）之虛靈明覺，然其所致意不在就人身具體之視聽云為以指明心體之自然真

〔註17〕《王龍溪語錄》卷二，頁13〈宛陵會語〉。

實，乃是就心體「虛靈」一義特加提挈，故再三言「虛體」、「致虛」，又謂「人心要虛，惟虛集道，常使胸中豁豁無些子積滯方是學」，〔註18〕儒者於本體之體會與偏重有所不同，其工夫之重點亦將隨之而異，所以唐君毅先生比較二溪之異同，亦曰「龍溪特重此心知空寂之義，以之為其思想之第一義，而心知之空寂，於近溪則為第二義，唯即生即身言仁，乃其第一義」，〔註19〕此正二溪於心體之偏重有不同之故也。

二、羅念菴與聶雙江之致虛歸寂

（一）、羅念菴

羅念菴嘗曰：

> 當極靜時，恍然覺吾此心，中虛無物，旁通無窮。有如長空，雲氣流行，無有止極；有如大海，魚龍變化，無有間隔。無內外可指，無動靜可分，上下四方，往古來今，渾成一片，所謂無在而無不在。吾之一身，乃其發竅，固非形質所能限也。是故縱吾之目，而天地不滿於吾視；傾吾之身，而天地不出於吾聽；冥吾之心，而天地不逃於吾思。古人往矣，其精神所極，即吾之精神，未嘗往也，否則聞其行事，而能憬然憤然矣乎？四海遠矣，其疾痛相關，即吾之疾痛，未嘗遠也，否則聞其患難，而能惻然蠱然矣乎？是故感於親而為親焉，吾無分於親也，有分於吾與親，斯不親矣；感於民而為仁焉，吾無分於民也，有分於吾與民斯不仁矣；感於物而為愛焉，吾無分於物也，有分於吾與物，斯不愛矣。是乃得之於天者固然，如是而後可以配天也。故曰：仁者渾然與物同體，同體也者，謂在我者亦即在物，合吾與物而同為一體，則前所謂虛寂而能貫通，渾上下四方往古來今內外動靜而一之者也。〔註20〕

念菴言天地萬物一體之仁，與二溪又有不同。依念菴之意，蓋須良知心體「極靜」、「虛寂」，然後能由寂然不動而物來順應，感而通天下之故。其視形色之身不過為此寂體之發竅，而不似近溪之重即形色以見天性，念菴復以表現為知善知惡之良知為已發，為不足恃，故須通過致虛守寂底工夫，歸至

〔註18〕《王龍溪語錄》卷三，頁7〈水西精舍會語〉。
〔註19〕唐先生《中國哲學原論‧原教篇下》，頁418。
〔註20〕《明儒學案》卷十八〈江右學案三〉羅念菴論學書〈與蔣道林〉。

未發之寂體，方是真良知。如此以良知為未發之寂體，與雙江略同，而與近溪之即身以言心體之自然平常義則異其入路矣。

（二）、聶雙江

雙江之言心體，乍看似與其他諸儒無甚分別，其言心體曰：

> 天地以生物為心，人得之而為人之心，生生不已，故感於父子則為慈孝，感於昆弟則為友恭。故凡修道，一涉於營欲謀為，而不出於生生自然之機者，皆不可以言仁，不可以言仁則襲也，襲而取之，則身與道二，不可以言合也。〔註21〕

又云：

> 先有個必有所主之心曰適，先有個必無所主之心曰莫，無所主而無所不主，無所不主而先無所主曰義，不見所欲惡而寂然不動者中也。欲惡不欺其本心者忠也，非中也，然於中為近；欲惡之發，不待推而自然中節者和也，推欲惡以公於人者恕也，非和也，然於和為近。忠恕是學者求復其本體一段切近工夫。〔註22〕

雙江從寂然不動之「中」以說心體，此未必不可說，然以「欲惡不欺其本心」為「忠」而不可以為「中」（良知心體），以「推欲惡以公於人」為恕，而不可以為和，此是漫生分別，陸王不如此說也。故象山之指點慈湖曰「適來斷扇訟，是者知其為是，非者知其為非，非敬仲（即楊慈湖）本心而何？」，〔註23〕陽明更謂良知即未發之中，即發而皆中節之和，〔註24〕良知無分於有事、無事，已發、未發，動靜、中和、寂感，此見雙江言良知心體與陽明並不合，然其重心體「虛寂」之義，則與念庵為同一路也。

以上王龍溪以「虛靈」指點心體，雙江、念菴以「虛寂」指點心體，與近溪之即身言心，實是大異其趣，由此亦見近溪重心體之自然平常義，實為近溪本體論之一大特色。由其本體論，更影響及其對於工夫之指點，下章將詳述近溪之工夫論。

〔註21〕《明儒學案》卷十七〈江右學案二〉所引《雙江困辨錄》。
〔註22〕同上。
〔註23〕孫奇逢《理學宗傳》卷二十六。
〔註24〕《傳習錄》卷中，頁18〈答陸原靜書〉。

第四章　近溪之工夫論

　　儒家成德之學中，一向抱持「人皆可以為堯舜」之看法，而不如西方哲學家之對「人是否具自由意志，以秉之作道德行為」起懷疑。本來人由「順官覺感性制約交引滾下去」而感到不安，此不安之感即是道德本心之呈現，人順此呈現而體證肯認之，則此即吾人純淨之本心使真正道德行為成為可能者。人由此逆覺體證而復體現之於形氣之上，即孟子所謂「沛然莫之能禦」，及其實踐純熟至歸於自然，一若堯舜之「性之」，即是聖人化境之平平，所謂「溥博淵泉而時出之」，此為中國儒家所追求之最高境界。然在吾人現實之有限存在中，人恒有許多私欲、意見與習氣，使人實不能即於道而合理，於是歷代諸儒即根據自身之體證與成學經驗，並針對學者之病，而有許多工夫之指點，期使道德行為能真實呈現。本章闡述近溪之工夫論，分「辨志」、「覺悟」、「自信」等九節，敘之如下。

第一節　辨　志

　　羅近溪答門人問學嘗云：

　　　　……如汝實實要入此門，則先須辨個必為聖人之志，志意堅定，方好去尋真師友，遇著真師友，方才有真口訣……。〔註1〕

　　　　……精之為功，始於志氣，持志不易，乃見精專……。〔註2〕

　　先儒論「學」每每教人先「立志」，立志為君子、為聖賢，則此種「志」

〔註1〕《明道錄》卷二，頁17。
〔註2〕《明道錄》卷二，頁20。

全在德行上立，今人以知識（聞見之知）爲「學問」，則與儒者全不相契。近溪此言「先須辨個必爲聖人之志」，其重「辨志」正與象山相同。案：《象山全集·詹阜民記》云：「初見先生，不能盡記所言，大旨凡欲爲學，當先識義利公私之辨。」〔註3〕

又〈傳子雲記〉：

> 傳子淵自此歸其家，陳正己問之曰：陸先生教人何先？曰：辨志。
>
> 正己復問曰：何辨？曰：義利之辨。〔註4〕

至近溪教人「先辨個必爲聖人之志」，其義首在教學者回頭正視自己爲學之心，是否爲全不自覺之冥行。若人隨著時代風氣、社會習慣或家庭環境而「不自知其所以爲學之目的何在」，但將求學視爲人生「不得不爾」之階段，是爲「冥行」。爲學而如此冥行，已完全失却進學修道之意義，故近溪教人先辨爲聖之志，其意正在喚醒學者，使確立爲學之目標。

其次，近溪教人先辨爲聖之志，亦有象山辨義利之意在。蓋求學而冥行固不可，求學而將學問視爲求官得祿之進階，或巧得令名之手段，如此念頭即爲名利、爲私欲，而爲凡人所常有之執念或不自覺之夾雜。則近溪與象山之教人辨志，正在使人自下「克治省察」之眞切工夫，以自正念頭，而隱有陽明「正其不正使歸於正」之意涵，則此所謂「辨志」，實以近溪眞見得常人恒不免有氣稟之私，而欲人自下「正念頭」之眞實工夫，固非抽象地訂立目標也。

復次，人因物事刺激，或亦能一時感發，以自勉於聖人之學。然在眞實修德之進程中，人可能爲環境外物所誘引，亦可能因久學無功而退轉，如此則必爲歧出、爲退却，是以近溪教人立志，不止「先須辨個必爲聖人之志」，更須「持志不易，乃見精專」，使原初感發而「欲超拔於物欲己私之外」之良知能時時呈現。然則「辨志」之言似淺，而其意甚深，《全集》載近溪師弟間之問答云：

> 問今日用功，當何下手？羅子曰：孔子十五而志於學，亦自其志之始而言之，其後「立」與「不惑」只是此志愈眞切而愈精愈純焉耳。故志與學原非兩事，亦無間歇時也。今日之急務，未立志者須先嚴辨，已立志者須更勇猛。若果蚤夜精進，即便是至誠無息，亦即是孔門求仁，即是集義，有事不忘，即是靜，即是敬，即是致其良知……。〔註5〕

〔註3〕 《象山全集》卷三十五。
〔註4〕 《象山全集》卷三十四〈傳子淵言〉，又載卷三十六年譜三十四歲下。
〔註5〕 《羅近溪先生全集》卷六，頁25。

近溪視「志」與「學」「原非兩事，亦無間歇時」，則其所謂「志」已涵超拔挺立，爲道德界之事。如此保任使「無間歇時」，即是良知之時時呈顯，即是致良知。

尤有進者，明代儒家雖教人「立志爲聖人之志」，然並不意謂人即可以聖人自任，蓋「聖人」可平面化爲一「令名」，人汲汲於求爲聖人，正見其雖不取世俗名位，然實志意於更高一層次之名位，執此名以爲己有，則顯爲更深一層之自私，有此私欲執念，而妄自尊大，敢以聖人自居，正見其不足爲聖人，而其「必爲聖人之志」乃爲私爲利，而共爲宋明儒家所斥責。《傳習錄》載云：

> 何廷仁、黃正之、李侯璧、汝中、德洪侍坐，先生（陽明）顧而言曰：汝輩學問不得長進，只是未立志。侯璧起而對曰：琪亦願立志。先生曰：難說不立，未是必爲聖人之志耳。對曰：願立必爲聖人之志。先生曰：你眞有個必爲聖人之志，良知上更無不盡，良知上留得些子別念掛帶，便非必爲聖人之志矣。〔註6〕

此陽明所謂「難說不立」，即指抽象、朦朧之爲學目標。若是眞有個必爲聖人之志，則此「志」即非朦朧之空想，而顯爲超拔於私欲之外的道德感，即良知之眞實呈現，直顯其光明峻偉，而不得有些許夾雜。若良知上更有些子「別念掛帶」，即非必爲聖人之志，此「別念掛帶」，淺一層來說，可謂世俗之功利名位，深一層即連「聖人」此一名位亦須消除，而顯爲自然平常。而近溪每言「若欲到透徹景界，必須一切剝落淨盡，不掛絲毫始得」，〔註7〕此言本在祛除光景，近溪既以「志」與「學」原非兩事，則「辨志」而須有屏棄私欲、超拔流俗之良知呈顯，復須「持志不易」，以保任此良知使能時時呈現，更須一切決去，以顯一眞實平常自然之道體，其意固爲近溪子所本有，而此「辨志」即爲道德之始，爲眞實下功夫處，而非爲朦朧抽象之標的也。

第二節 覺 悟

人如能眞切地下「辨志」工夫，以自見名利私欲心之夾雜，從而直下超拔於此物欲之外，則亦可入道。惟常人固蔽已深，今即令其辨志，類多僅止於立一朦朧抽象之目標，而實不能有一克治省察之眞切工夫，故近溪於談「辨

〔註6〕王陽明《傳習錄》卷下，頁11。
〔註7〕《盱壇直詮》卷下，頁67。

志」之同時，又有「覺悟」之說：

> ……精之爲功，始於志氣，持志不易，乃見精專；入手則在覺悟，
> 妙悟能徹，乃見精通……。〔註8〕

又嘗指點得道成聖之要轍謂：

> 其端只在能自信從，而其機則始於善自覺悟，如其覺悟不妙，難望
> 信從而同歸矣。〔註9〕

然欲求徹悟或妙悟實不易，王龍溪亦嘗謂「君子之學貴於得悟，悟門不
開，無以徵學」，〔註10〕此關鍵即在：凡真正道德之學皆必須自證自悟，此中
無可旁假，亦無必然可循之軌轍，而覺悟之啓機則因根器之利鈍與蔽固之淺
深而有人、時、境諸般不同。然而如此說來，豈非人如不覺悟，則絕無入道
成德之可能？此如理論地說，可直謂「悟門不開，無以徵學」，然在實際上，
人實隨時、隨處皆可能觸機而開悟，如孟子即就最平常之處，指點出人有良
知之四端，而在正常情況之下，任何人亦實皆有見孺子將入井而怵惕之惻隱
心，亦實皆有「蹴爾與之，乞人不屑」之羞惡心，任何人亦恒在犯錯之時會
有不安之感，即是小人之文過飾非，亦不能不謂此文過飾非之行爲實亦源於
其欲維持表面上之合理，而有一深隱之是非之心（唯此時所維持者實只是良
知之幻影，必待其人於此文過之行爲有不安而知其爲非且能悔悟時，此良知
始真實朗現），人如真能於此回頭反觀此良知之震動，則一節之知即全體之
知，〔註11〕「從是毫無欺昧謂曰精嚴，私不妄染謂曰精潔，晝夜常知謂曰精
純，嚴潔且純，則靈明透露，人非是人而道矣；生化活潑，道不自道而人矣，
人即道，道即人」，〔註12〕覺悟至此，乃爲妙悟、爲徹悟矣。

〔註 8〕 《明道錄》卷二，頁 20。
〔註 9〕 《明道錄》卷三，頁 2。
〔註10〕 《王龍溪全集》卷十七〈悟說〉。
〔註11〕 王陽明《傳習錄》卷下，頁 5：「黃以方問：先生格致之說，隨時格物以致其
知，則知是一節之知，非全體之知也，何以到得溥博如天、淵泉如淵地位？
先生曰：人心是天淵，心之本體無所不該，原是一箇天，只爲私欲障碍，則
天之本體失了；心之理無窮盡，原是一個淵，只爲私欲窒塞，則淵之本體失
了。如今念念致良知，將此障碍窒塞一齊去盡，則本體已復，便是天淵了。
乃指天以示之曰：比如面前見天，是昭昭之天，四外見天，也只是昭昭之天，
只爲許多房子牆壁遮蔽，便不見天之全體，若撤去房子牆壁，總是一箇天矣，
不可道眼前天是昭昭之天，外面又不是昭昭之天也。于此便見一節之知即全
體之知，全體之知即一節之知，總是一個本體。」
〔註12〕 同註8。

　　然此「覺悟」之功效，常人恆不能無疑，此疑問即在：就理論而言，人固可隨時隨處有良知之呈顯（即覺悟），然此剎那之良知閃現往往即生即滅，旋復淹沒於私利欲流之中，而不爲人所自覺。即使人或能自覺之，能於此一時照見良知本體，而信「善」本存有諸己，然於具體現實之情境中，常人實不免在思想上隱有不善之念頭，亦不免於無意中會犯些過惡，人即可自疑其良知之不純粹而有私欲之夾雜，則人即不能視此善、此良知爲實有諸己，而僅能視此善此良知爲「偶發」爲「存有」，此如朱子；或可視此「知善知惡之知隨出隨泯，特一時之發見耳，一時之發見未可盡指爲本體，則自然之明覺固當反求其根源」，〔註13〕而將知善知惡之知視爲已發，更後返地別求未發之良知寂體，如羅念菴。如此視「知善知惡之知」爲「一時之發見耳」，爲不可信，此良知本體即超越而虛懸於人之上，而不能內在於人，實有諸人矣。

　　然如此論良知、本心，則與孟子、象山、陽明之意全不相侔。近溪更明言良知學之「覺悟」是起手處，亦是結果處。《明道錄》有一段問答：

　　　問良知宗旨固重在覺悟，但不識如何起手，後却如何結果？（近溪）曰：孟子云『可欲之謂善』，只此一語，起手也在是，結果也在是。曰：此語謂之起手則可，如何却便謂之結果也？曰：人若不認得結果東西明白分曉了，則其起手亦必潦草混帳，所用工夫亦不能精采奮厲而勇往無疑也。即如說一個善爲可欲，更須審實如何爲可欲也，其可欲之實審見一分，則其欲之之念自切一分，其可欲之實審見十分，則其欲之之念又自切十分也，故聖賢之學，於起手處便可結果，若不可結果的東西，必不與他起手也。蓋此善字即是『性善』善字，性爲固有，便是信有諸己；性本具足，便是美可充實；性自生惡可已，便是大有光輝，性原不慮不學，而應用無方，便是化不可爲、神不可測也。只些些子善中包含無限造化，所以雖求不欲，自不能不欲也。故隨其所欲之淺深而名其善之大小，信是以吾欲之而成其信，美是以吾欲之而成其美，大是以吾欲之而成其大，神化是吾欲之之極，而成其神化也。到底只是這性善以爲種子而生成之，別無一毫道理增益；亦到底只是這『可欲』以向往而培植之，別無一毫心力助長也。〔註14〕

〔註13〕見《明儒學案》卷十八〈念菴學案〉。
〔註14〕見《明道錄》卷六，頁20。

是近溪之言「覺悟」，實要人由逆覺以見「良知」本實有諸己，更從此「自信」以下實修之工夫，以達「嚴潔且純」之境，此爲近溪學之關鍵，故近溪屢言「自信」，見下節。

第三節　自　信

近溪謂人如欲學道成聖「其端只在能自信從」（見《明道錄》卷三，頁2），此所謂「能自信從」即孟子「有諸己之謂信」之意。《明道錄》載云：

問：夫子謂善人『不踐途，亦不入於室』，謂子路『升堂而未入室』，其所謂『室』固皆聖人之室矣，乃今子路之未入室同乎善人，則善人之既升堂亦必同乎子路，但善人質美未學，子路學於聖門，豈室則必學方可入，而堂則未學亦可升耶？（案：此問疑善人之不入室，其因在「末學」）

子（近溪）曰：論語之於善人再三稱許，總是夫子愛他資質之美，故惓惓致意，然憐才之惜每寓於中，至答子張則明白說出，〔註15〕其曰『不踐迹』，正是見他善處，其曰『亦不入室』，卻又是惜他徒有善處，觀孟子之評樂正子一段〔註16〕，便可見矣。若以他因不踐迹故不入室，則聖門學者無限皆是踐迹，豈便皆可入室耶？要之，夫子之取善人，眞爲其可以入聖而然，觀其嘆聖不可見，而及於善人，則善人原非不可以入室者，乃卒善而不聖，則夫子安得不以『亦不入室』惜之也哉？（案：近溪意謂：善人之不入室，在於不能信善爲實有諸己）……今竊共諸君商之，君夫子所居之室，原是什麼去處，果是甚等風光，如何及門之徒與一時賢士竟無一個可以入選。其最當意只是顏子，然以不見其止爲惜，則他又更何說哉？某每誦德行分科，謂爲英才之盛，殊覺其爲人品之衰，復參對軻氏願學去處，把來一齊推倒，乃知所見不甚差，且知夷惠冉閔諸公總未跳出善人窠臼中也，今想要求跳出，只須先過信人一關，蓋善則即爲聖

〔註15〕《論語・先進篇》：「子張問善人之道，子曰：不踐迹，亦不入於室。」
〔註16〕《孟子・盡心下》：「浩生不害問曰：樂正子何人也？孟子曰：善人也，信人也。何謂善？何謂信？曰：可欲之謂善，有諸己之謂信，充實之謂美，充實而有光輝之謂大，大而化之之謂聖，聖而不可知之之謂神。樂正子二之中，四之下也。」

堂，廣大無邊，貫通不隔，萬物皆備，千載同然，中間却有一個門
限，所謂善有諸己也。夫善而固有諸己，即孟子所言性善。只到此
關，則人人生疑，信者萬無一二，既信關難過，則美大聖神，其深
宮密室，又安望能窺其邃奧而享其榮華也哉。〔註17〕

　朱子解此章謂「善人，質善而未學者也」，又引程子之言曰「踐迹，如言
循塗守轍，善人雖不必踐舊轍，而自不爲惡，然亦不能入聖人之室也」，近溪
則引而申之，更指出善人之不足，實在善人雖能不踐舊迹而不爲惡，此固以
材質美善而有以然，然善人終不能由自己之云爲而反觀其本質之善，更直下
肯定善爲己所固有。於此不能自信，則不能見大道即在此身，亦不能見人即
道、道即人。近溪更引孟子「可欲之謂善，有諸己之謂信」之言，以謂人當
使仁義之德實有諸己，更由此仁義行，而非只視仁義爲一可欲之對象，而行
仁義也。必知此仁義實本於吾人之心性，此心性原自能欲仁義，而仁義內在
於此欲，即順此內在之欲仁義之心而行，方爲由仁義行。若于此信不過，則
縱表面上做得好看，只成個義襲，即不踐舊迹如善人，亦只能見其材質之美，
而仍不能入聖人之室也。

　然常人恒不免有氣稟之雜，人如不眞於心性下一番切實功夫，而只恍見
自己一二善端之偶然呈顯，即自謂道實在己，由此率性而行，則不免入於狂
蕩，此最爲朱子所忌諱，故嘗批評象山心即理之說云：「若識得一個心了，萬
法流出，更都無許多事」〔註18〕，如此則不能遽信「人即是道」，而孟子「有
諸己之謂信」之「有」只能爲客觀之存有，只能顯「性」、「道」之超越義，
而偏輕其內在義矣。

　就實際修道之工夫而言，朱子之對治氣稟之雜，實非無眞實之意義，因
在修道成聖之學聖上，人固可直下就此心所發之即理者，直接識得一正面之
仁體或心體，以自明本心，而爲「依正以成正」之純正面工夫；亦可對治人
之氣稟物欲之雜，以使正面之天理能眞實呈現於此心，更無一絲一毫之夾雜，
使此心之天理流行，人欲淨盡，而爲「反此反面以成正」之工夫，此正反二
路工夫，原都旨在成聖成德，唯以各有偏重，故形成兩大系統，前者特重性
體之內在義，從孟子「盡心知性知天」至象山「心即理」以及陽明「致良知」
之說皆是，後者則特重性體超越客觀之義，此一路以伊川、朱子爲代表，羅

〔註17〕《明道錄》卷三，頁5。
〔註18〕《朱子語類》百二四。

近溪則近於陸王，故重性體內在之義，其「有諸己之謂信」非只爲超越地存有，更是內在地實有，故嘗謂：

> ……當時孟子一生之言，未曾得一個相信，有個樂正子，雖是見得此個東西可欲可愛，然問他是自己性生的，便不免有疑。夫有諸己之謂信，蓋能信得有諸己也，此信字對疑字看，是說樂正子半疑半信，所以說他只在善信之間，此處既信不透，則隔碍阻滯，決不能得黃中通理。……樂正子以後，則孔孟此路眞脈斷絕不談。及宋時，乃得諸儒興起，中間也不免疑信相半，至有以氣質來補德性，說是有功於孟子，看來還於性善處有未脗合，至……白沙、陽明諸公，奮然乃敢直指人心固有良知，以爲作聖規矩，英雄豪傑海內一時興奮者，不啻十百千萬，誠爲曠古盛事。……〔註19〕

此「信得有諸己」即謂善是「自己性生的」，此即顯性體「超越而內在」之義，近溪又評宋儒「以氣質來補德性」爲「看來還於性善處有未脗合」，所謂「以氣質補德性」主要指朱子而言，是可見近溪於朱子特顯性體之超越客觀義有不契合處。本來朱子正視人有氣稟之雜之事實，而主張居敬窮理，實有其眞實意義，蓋吾人確常不能相應道德本性而爲道德實踐，即或能之，亦常不能不思而得，不勉而中，而常須要勉強，擇善而固執之；即勉強不違道德，不犯法律，可稱爲無大過之善人，而其行爲亦不必眞能相應道德本性，而純爲無條件之依理而行者。如是，則吾人不得不落於第二義上，而從事於磨練、勉強、熏習、挾持、擇善而固執之之預備工夫、助緣工夫，以及種種後天之積習工夫，以求吾人生命之漸順應而知理，此雖不能至乎第一義，相應道德本性而開出，然非即無眞實意義。唯此爲第二義之助緣工夫，與第一義之相應道德本性而開出者比較，即爲歧出，故象山、陽明皆不如此談道德，近溪亦然，故《明道錄》載近溪師弟之問答語云：

> 問弟子用工何先？曰：汝輩昨來夜坐縱談，直至更深，某問曰：此皆是學否？若當其時即慨然直任，則工夫便爲得力矣。但此非大度量大氣魄又更大大聰明莫能也，若我看汝輩時，則不免精神少少歛索，此便不是善用工夫者矣。曰：弟子也覺得有些歛索，但皆倏然而來，何暇去用工夫。曰：此處安能著功，蓋推求歛索，皆從此時疑根未斷，故到此不免倏然而來也。曰：鄙心非不欲直信而任之，

〔註19〕《明道錄》卷八，頁10。

但每每言動則多過失，以故疑卒不免，疑不免，以故反觀歛索亦卒不免也。曰：顏子之過，卻也不免，而顏子則能於學而好，惟好學則過不貳也，蓋貳不解作先後相重，正解作疑貳（案此未必為的解），即是汝輩歛索處也。曰：弟子輩現已言動多過，若再不歛索，過將不益多耶？曰：人之過有所從生，心不知則過生也，心之知有所由昧，疑不化則知斯昧也。今不思信心作主，只從過處歛索，是即千金之子不戚坐中堂，而竟日躬追狂僕，則所追者一，而堂室狂肆者不將千百也耶？汝輩只細心講求顏子所好之學果是何學，到工力專精，然後必有個悟處，悟則疑消，消則信透，透則心神定而光明顯，即顏子有不善未嘗不知，知之未嘗復行，其於過也，信哉紅鑪之點雪矣，而又何貳之有也哉？〔註20〕

　　近溪此謂「疑根未斷」，即謂人不能「直信而任之」，不能相信善為實有諸己。本來人由偶然之逆覺體證，即可使人有一當下之自信自立，然此未必即為真實之自信自立，蓋人恒可於逆覺體證後而仍犯錯，此犯錯即可使人懷疑道並非實有諸己，而轉將道推之於形上存有，而另以一套工夫使吾心如理而合道，此即朱子路數。唯依近溪之意，則人雖常不免於氣質之蔽障，然此心恒能知之，則人即可「正面地自信其心之靈、理之明，原非一切蔽障之所能蔽」，復於人犯過錯，而人心即於此不如理不合道有一不滿，即見人心實有一求合理之事實，此心實為一超越之本心，而非氣質之心，而此超越的創造的道德本心即是理之所從出，此即吾人之性，故心、性、理一也，此本心即未發之中，即發而中節之和，人如於現實中不能如理合道，其問題只在如何復此本心，而非在如何用一種工夫使心與理關聯地貫通為一，因如此即為道德他律，即為歧出。

　　由上所述，可見近溪論「能自信從」，不只相信人心之靈、理之明，原非一切蔽障所能蔽，更由人心之恒求合理、求心安，而自信此心不只是形下氣質之心，而為超越的道德本心，為理之所從出。此道德本心即是私欲氣質等之大剋星，其本身即有一種不容已地要湧現出來之力量，以好善惡惡，人於此心「信得過」始能登堂而入「室」，否則即使不蹈舊迹而能不為惡，亦只作個善人，而不能入美大聖神之堂奧。然在明代，朱子之學鼎盛，而人確可循朱子之學而得所操持，唯此操持實為歧出，為第二義，故近溪有「為學須先得頭腦」之主張。

〔註20〕《明道錄》卷三，頁23。

第四節　為學須先得「頭腦」

《明道錄》載云：

> （問）吾儕求道非不切切，無奈常時間斷處多。（近溪）曰：試說是
> 如何間斷？曰：某之志願常欲照管持守此個學問，有時不知不覺忽
> 然忘記，此便是間斷處也。曰：此則汝之學問原係頭腦欠真，莫怪
> 工夫不純也，蓋學是學聖，聖則其理必妙，子今只去照管持守，却
> 把學問做一物事相看，既是物事，便有方所而不圓妙，縱時時照見，
> 時時守住，亦有何用？……〔註21〕

此謂「頭腦欠真」之「頭腦」，其含義並不明確，然要是對照「照管持守」、
「物事」而言。宋明儒家承孟子之學，亦知求其放心，此即求在人良知呈顯
之時，以真切體認之，從而擴充四端，以求此良知時時呈顯不昧。惟學者在
修道過程中，常不能如理合道，靜時仍不免心思雜亂、義利交紛，動時或涉
於己私，陷於過惡，於是便求有一工夫使此心無事時澄靜，有事時動皆如理
（即求「未發之中」與「發而皆中節之和」），於是便有各種把捉持守，期此
心澄靜如水，以求動靜皆合理。然心本隨時以應物，世間物事萬千不同，心
亦須活潑順應，倘人執守一定之反應、效驗為準的，則必須另用一種工夫使
此反應、效應能持續出現，如此照管持守，此心即成一物事。即作為有時合
理，亦只是一人為作成之合理，而非心自能如是之合理，此成他律道德，〔註
22〕且此反應、效驗一被固定之，即成一光景，為一虛懸之假象，故此近溪所
謂「頭腦欠真」，蓋就道德原則而言，此持守照管乃歧出而為他律道德；就道
德實踐以後而言，此照管持守即成一光景，一假象，此即不只是工夫間斷不
間斷之問題，實根本為本質與歧出、真實與虛妄之問題，故近溪每告學者：
須得「學問頭腦」，而屢斥學者之照管操執。《明道錄》又云：

> （問）吾儕為學，此心常有茫蕩之時，須是有個工夫作得主張方好。
> 曰：據汝所云，是要心中常常用一工夫，自早至晚更不忘記也耶？
> 曰：正是如此。蓋因忘記，故心茫蕩，若工夫常在，則茫蕩自無矣。
> 曰：聖賢言學必有個頭腦，頭腦者，乃吾心性命而得之天者也。若
> 初先不明頭腦，而只任汝我潦草之見，或書本膚淺之言，胡亂便去
> 做工夫，此亦儘為有志，但頭腦未明，則所謂「工夫」只是汝我一

〔註21〕《明道錄》卷三，頁9。
〔註22〕詳牟宗三先生譯注「康德的道德哲學」第一部第二節論自律道德與他律道德。

念意思爾，既爲妄念，則有時而起便有時而滅，有時而聚便有時而
散，有時而明便有時而昏，縱使專心記想，著力守住，畢竟難以長
久，況汝心原是活物且神物也，持之愈急則失之愈速矣。〔註23〕

此前已謂近溪論學問頭腦，一在避免歧出爲他律道德，一在避免跌落爲
光景、假象。對於「光景」一問題，象山曾告學者「見有神明在上，在左右，
乃是妄見，此見不息，善何以明？」，〔註24〕朱子亦戒人「意日用之間，別有
一物，光輝閃爍，動蕩流轉，……乃向無形象處東撈西摸、捕風繫影，用意
愈深而去道愈遠」，〔註25〕可見袪除光景本爲宋明儒之共同主張，根本涉及道
德自律與他律之問題，亦即近溪所謂學問頭腦之所在也。

案：學者於修道途中，普遍所感之問題即是「良知間斷」之問題。人或
於偶然之中見此道德本心之乍現，即孟子良知學之一「端」，然如何使此「端」
擴充至時時呈顯而無間斷，則爲歷來儒者所同感之問題，故學者恒希望用一
種工夫使「自早至晚更不忘記」，以袪除氣稟物欲之雜，而使良知能時時呈顯
而無間斷，宋明儒家固無人不正視此問題也。

依近溪之意，此使良知相續不斷之工夫，不在於照管操持，而是如前面
所述「有諸己之謂信」之工夫，即所謂「學問頭腦」。本來學聖成德即一生之
事，固無人能謂一時或一段時日之循理合道，即可保證未來亦能連續不斷，
是人當下暫時之純一，並不保證未來必能純一不已，而相續者終可斷，不雜
者終可雜。人于此如念其可斷，則此念即可使之斷，如念其可雜，則此念已
可使之雜，而無人能保證此當下已有之雜念，不更生於來日，使此來日之工
夫亦時斷時雜。而從實際上看，人在工夫歷程中，固亦時斷時雜也，此則須
賴吾人於其斷其雜時，或知其可斷可雜時，同時更有一自信，即：雖斷而吾
仍能使之續，雖雜而吾仍能使之純。或于當下立一志曰：今既續，吾唯求使
之如其續，今既純，吾唯求使之如其純。然人此志之能立，正本于吾人之自
信能使之續、使之純，而人能立志，亦增吾人之自信其能。人必須于承認此
心未來之可斷可雜處，更建立一自信與志願，以相續之功杜絕其未來可斷可
雜之機，如此始能見此當下工夫之純一充實，以涵攝包括未來於其內，然後
良知之呈顯而無間斷始有可能也。

〔註23〕　《明道錄》卷四，頁 13。
〔註24〕　《象山全集》卷四〈與胡達材〉。
〔註25〕　《朱子大全》卷三十〈答廖子晦書〉。

至所以說此「學問頭腦」爲「自律道德」，其因即在：吾人所以能有此立志與自信以求良知時時呈顯之工夫，實原于吾人之心本有此性、此理，本能自依於理，以自盡其爲人合理之心，此種自發自決之決斷，不爲任何外在目的，而純爲義理之當然，此即本心之自律，即象山所謂心即理。此心此理即應爲一絕對無外之心之理，而吾人亦當自發明此心此理，不能說此外有聖之心之理乃異於我者，而往求諸「己之外」之聖人或純理。吾人欲使此心合道，只須使此心當下自向于道便是。人如分合道與不合道之心爲「道心」、「人心」，而於不合道時，更於此「人心」之外別求「道心」，既離此當前之人心以別求，則工夫將淪於把捉。且人於此心未合道之時，此乃整個本心（道心）全體之暫時自沉陷、自限隔，人仍當自信此本心之有（只是隱而不見），如謂其無，則此心之再復，唯依於一虛懸之「道與天理」，却無本心爲其根，于是此再復者，便純爲新起，此心之復，又不必能一復全復，而可隨時停止，隨時有間斷，此所以近溪謂「照管持守」「畢竟難以長久」之故也。

且人將「人心」與「道心」界分之後，「合理」既非本心所自求，而爲人心向道心之逐步逼近，此「合理」即可完全受決於外在，如合乎風俗習慣，合於外在之禮法，合乎外在之本質秩序，合乎知識上之是非，此即「爲某某而爲」，即不是眞正之道德，而爲道德他律，此則完全爲內聖學之歧出，近溪此所謂不得「學問之頭腦」是也。

第五節　「當下」爲用工之地

在時間之流程中，過去已過去，人不可能溯時間之流而作任何改變，未來仍未來，人亦不可能對未到來之時間預作努力，在修道之過程中，人亦只能把握現在以眞實地作種種修持，故先儒每每謂「當下」爲用功之地，近溪亦然。據《盱壇直詮》：

> 思泉黃君乾亨問：講學者多云『當下』，此語如何？子（近溪）曰：此語爲救世人學問無頭，而馳求聞見，好爲苟難者引歸平實田地，最爲進步第一義。〔註26〕

近溪此語涵有兩義：一在指明「當下」即爲用功之地，使人排除懷疑憂慮，不累於過去，不預測將來，而直下作眞切之工夫；二則點出「當下即是」，

〔註26〕《盱壇直詮》卷下，頁3。

以為「馳求聞見好為苟難者引歸平實田地」，試說明如下。

　　一般學者每每不能相信當下之自我是不受限制的，人恒多少有氣稟之雜，亦必然有某些固定之習慣、性格，以對當前之自我有所影響、限制。而在現實中，吾人似亦能感覺到環境、習慣、性格之影響力，一個人在過去是如是之習慣、反應、作為，在未來亦不免作相同或相似之反應。一切習慣、環境、性格之勢力，似乎仍將主宰著未來。

　　然而一切性格、習慣、環境之勢力，凡已表現者均在過去，均屬於人過去之宇宙，他們全部勢力之交點，即在人之當下，至於未來，則永遠是一片空白，人預想未來可受過去之影響，實是假設未來已成過去，此實只能證明過去被決定，而不能證明未來被決定。且人能感覺到性格、習慣、環境時，人當下之心，即是能自覺其一切性格習慣之主體，一切性格習慣便只是此當下心之所對，而人當下之心則超越於此所對之上，而不受任何控制，然則人實必須相信當下之自我乃不受限制，人欲使自己之行為能循理合道，亦唯自當下始。

　　然則人欲修道成聖，而必由當下作起，本是無人能反對者，至所謂「當下即是」，則先儒有贊成者，亦有反對者，朱子即不喜人如此說道，《語錄》云：

> 問陸象山道當下便是。曰：看聖人教人曾有此等語無？聖人教人，皆從平實地上做去，所謂克己復禮，天下歸仁，須是先克去己私方得，孟子雖云人皆可以為堯舜，也須是服堯之服，言堯之言，行堯之行方得，聖人告顏子以克己復禮，告仲弓以出門如見大賓，使民如承大祭，告樊遲以居處恭、執事敬、與人忠，告子張以言忠信、行篤敬，這個是說甚底話？又平時告弟子也須道是學而時習，行有餘力，則以學文，又豈曾說個當下便是底話？

　　依象山、陽明之意，人能偶然有良知呈顯，此當下即是聖人，《傳習錄》所謂「眼前之天與四外之天莫非昭昭之天」者是，此良知一復即全復，不能說此良知與聖人之良知更有不同。然依朱子之意，則人雖能一時良知呈顯，此但為善之端，此後更須下工夫磨練，「以求至乎其極」，「至於用力之久，而一旦豁然貫通焉，則眾物之表裡精粗無不到，而吾心之全體大用無不明矣」，〔註27〕人如不正視氣稟之雜，漫謂此當下即是聖人，往往入於狂蕩，故人即須用力於「克去己私」，「言忠信、行篤敬」之真實工夫，以求下學而上達。

_____

〔註27〕〈朱子大學集注補傳〉。

由近溪看來，人只須於良知呈顯時更加以自省而肯認之，從而深自信從，則本心即理，當惻隱自惻隱，當羞惡自羞惡，有私自會克，言語、行爲自能忠信、篤敬，所謂溥博淵泉而時出之，此即自由自律的本心之眞實呈現。學者如不從本心自加肯認，却歧出以作言忠信、行篤敬之工夫，此即落第二義而爲他律道德。蓋如將「理」推至形而上而與人心界分，此「理」即成存有論之實有，成一設準，如此，決定吾人之意志（心意）以成爲吾人之實踐規律者，乃是那存有論的實有之理（圓滿之理），而非心意之自律，是以近溪斥之爲「無頭學問」，《明道錄》云：

> 問此心每日覺有二念，而善念多爲雜念所勝，又見人不如意，長生忿嫉，從容間尚可調停，若倉卒必暴發不平，及事已，又生悔恨，不知何以對治方好也。曰：心是活物，應感無定而出入無常，即聖賢未至純一處，其念頭亦不免互動，《定性書》中所云：惟怒最爲難制，則人情大抵然也。譬之天下路徑，不免石塊高低；天下河道，不免灘瀨縱橫，惟善推車者，其輪轅迅發，則塊磊不能爲碍；善操舟者，篙槳方便，則灘瀨不能爲阻也。況所云念頭之雜，忿怒之形，亦皆是說前日後日事也，孔子謂：不追既往，不逆將來，工夫緊要，只論目前。今且說此時相對，中心念頭果是如何？曰：若論此一時，則此已恭敬安和，只在專志聽教，一毫雜念也自不生。曰：吾子既已見得此時心體有如此好處，却果信得透徹否？大眾忻然起曰：據此時心體，的確可以爲聖爲賢而甚無難事也。曰：諸君目前各各奮躍，此正是車輪轉處，亦是槳勢快處，更愁有什麼崎嶇可以阻得，有什灘瀨可以滯得？況民之秉彝，好是懿德，則此個輪極是易轉，此個槳極是易搖，而王道蕩蕩，王道平平，終身由之，而絕無崎嶇灘瀨也。……而吾學聖賢者，則車未曾推而預愁崎嶇之阻，舟未曾發而先懼灘瀨之橫，此豈途路之扼於吾人哉？亦果吾人之自扼也哉？誠不可不自省也。〔註28〕

近溪論學者「車未曾推而預愁崎嶇之阻，舟未曾發而先懼灘瀨之橫」，此即是因人受過去經驗之影響，而誤將未來假設成過去，遂不能見知當下之自我是自由的，當下之心是可以不受限制的，而只回頭看見過去之罪過、錯誤，而致減損了學聖之信心，故近溪提醒人：「所云念慮之雜，忿怒之形，亦皆是

〔註28〕《明道錄》卷五，頁4。

說前日後日事也」，要人「不追既往，不逆將來，工夫緊要，只論目前」，正是前面所說之第一層涵義也。近溪又善於點醒人，所謂「俄頃之間，能令其心地開明，道在目前」（《明儒學案》），故每令學者於相對面談之際，自回頭反觀其中心念頭，而見此當下真是「恭敬安和」，無一毫雜念，既是「該恭敬安和」而「自恭敬安和」，此心即理，即良知之呈顯，人既能於此時毫不費力而使本心呈顯，可見此本心真是實有於我，不須照管把捉，當下此心即是聖人之心，象山所謂「當下即是」，此則前面所講之第二層涵義也。

近溪既要人肯認當下此心、此理，便不喜人把「理」虛懸於上，《明道錄》云：

> 問某今日用工，儘去致知力行，如何學問不見長進？曰：子之「致知」是知甚的？「力行」是行個甚的？曰：是要此理親切爾。曰：既主意如是，便當先求此理矣，豈有此理不求而能得親切，理不親切，而能致知力行，又能學問長進也哉。曰：某輩平日說「理」，只事物之所當然便是。曰：汝初要求此理親切，今却舍了此時而言平日，便不親切；舍了此時問答，而言事物當然，又不親切。曰：此時問答如何是理之親切處？曰：汝把問答與理看作兩件，却求理於問答之外，故不親切，不曉得我在言說之時，汝耳凝然聽著，汝心烔然想著，則汝之耳，汝之心何等條理明白也，言未透徹，則默然不答，言才透徹，便隨眾欣然而是，則汝之心、汝之口，又何等條理明白也。曰：果是親切，曰：豈止道理為親切哉？如此明辨到底，如此請教不怠，又是致知力行而親切處矣。〔註29〕

近溪此謂「舍了此時而言平日，便不親切；舍了此時問答而言事物，當然又不親切」，這即是要人回頭觀照「當下自我之真實體驗」，而該生所謂「平日說理，只事物之所當然便是」，即犯了不真切之大病，因「平日所說」，此即回憶過去，便把當前之事物與當下之心隔開了，此一隔開，心便不能對當前事物有所感知，而成麻木不仁，當惻隱不必能惻隱，當羞惡不必能羞惡，故說不親切。又此言「事物之當然為理」，可為人云亦云之話頭，如此，此「理」即被外推而成一被認知之物事，變成一定理，如進一步說此當然之理內容，亦可說是「該惻隱自惻隱，該羞惡自羞惡」，然人如於此無真切實感，則此等話頭亦可只為記誦之學，如此便是歧出，循此路以求道德，則道德變成他律

〔註29〕《明道錄》卷三，頁8。

——即只空頭地懸一圓滿之理，而另以涵養、居敬之工夫作道德實踐。如於此更往下墜，則將出乎道德界而落入知識界，此更為歧出中之歧出，故近溪言其「又不親切」。

然則如何方是親切？

依近溪之意，唯人能回頭者視此當下之本心，才能真切。所謂「理」，不能客觀外推成一事物，而必須被真實體驗。如與人問答，此中亦有一理，即必須忠信，此本是自然即能忠信，然如果人又回頭記取論語「言忠信」之訓示，將此忠信變為一設準，此時道德之本然便會歧出為認知之存有，人便不能感知此心真能創生此理，遂以此理為形上存有，此皆是因人不能於當下真切反觀之緣故，是以近溪每教人「工夫緊要，只論目前」，唯「當下」始有用功之地也。

第六節 「戒懼」為入道之首、進德之先

近溪教人自信本心即理，然學者若不於心上真切下工夫，而漫謂任心即理，則亦為近溪所斥，《明道錄》云：

> 問近間先生所論，頗有所得。曰：其見維何？曰：聞論天命之性，見得我此身隨時隨處皆是天矣，豈不快暢，又何所不順適也哉。曰：子若如此理會天命之性，是之謂失，而非所謂得也。曰：如何却反是失？曰：汝既曉得無時無處不是天命，則天命之所在即生死禍福之所在也，不知懍然生些懼怕，却更侈然謂可順適，則『天命』一言，反作汝之狂藥矣。〔註30〕

近溪此言「懼怕」正是曾子「戰戰兢兢，如臨深淵，如履薄冰」之義，此義乃謂人在自以為無過時，人仍不當無忌憚，須知人仍可於一念之間陷於過惡，因而人不僅在自覺有過時，當有一改過之工夫，即在人自以為無過時，亦當有一恐懼戒慎其自陷於過之工夫，而人亦惟恃此工夫，乃可徹入個人內心深處之病痛，而自防其工夫之間斷，以求工夫之不息。近溪此言「懼怕」，實有甚深之義也。

近溪又明謂「戒懼」為「入道之首，進德之先」，《明道錄》云：

> （近溪）曰：君子生平，心心在道，但有損於道，即心必思以絕去，

〔註30〕《明道錄》卷五，頁 15。

一切豈不專在所戒哉？……而舊說三事（指君子三戒），〔註31〕果尤
為重且專也，有志學道，信不可不知矣。且戒之為言，最為入道之
首而進德之先，其所持守，雖至道明德立，亦不可緩。如曰：惡人
齋戒，可祀上帝，是則學之始必戒也；如曰：齋戒以神明其德，則
學之終亦必戒也。況其功效捷於影響，如中庸論君子戒慎恐懼，皆
功也，而戒則先言之；論君子中和位育，皆效也，而節則先言之。
未有其初不戒而發時能節；亦未有戒之既慎，而節之不中者也，堯
之兢兢，舜之業業，文之翼翼，無非此戒，而欽明允塞、純亦不已，
則即戒之到極處也。〔註32〕

　　人在修道途中，往往不能即「從心所欲不踰矩」，而常有衝動欲望之發生。
當人反省自己衝動欲望發生時，恒覺身體內部有許多不自覺之反應在湧動，
而不自主地向外泛濫，不守一定之規律秩序。人每須時時刻意將自身之活動，
加以規律秩序化，使守一定之形式。人如自覺地定下此規律秩序，並真實遵
守實行，則此規律秩序即表現一「對人之不自覺地內部反應之湧動泛濫加以
遏抑」之功效，而可節制人之衝動欲望，此即持戒。而此「戒」既是人自覺
地將內心之衝動欲望加以節制，即人自覺地遏抑此不合理使能合理合道，此
行為已為道德，故近溪即謂「戒之為言，最為入道之首而進德之先」也。

　　然如此言戒，恒有對治義，既有對治義，則多帶有嚴肅之味道。近溪之
言戒（即涵戒慎恐懼之義），則同時兼有洒落自得之意趣在。嘗云：

……夫此道根諸命、顯諸性、普諸教，則天與吾人無一息之可離，
而吾人於天，又可一息之不畏也哉？但可惜百姓卻日用而不知……
惟是君子顧諟天之明命，性靜時，惺惺然戒慎；性動時，惶惶然恐
懼。於潛隱而常若昊天之現前，於微暗而常若上帝之臨照，慎獨既
無須臾之或閒，則道體自能恒久而不遷。率其簡易之知以為知，而
日夕安常處順，率其簡易之能以為能，而隨處有親有功，既無作好，
亦無作惡，則性善之中，任其優游，造化之內，亦從其出入矣，此
則天然自有之定體，而賢聖不二之定守也。〔註33〕

〔註31〕　此本《論語‧季氏篇》：「孔子曰：君子有三戒，少之時，血氣未定，戒之在
　　　　　色；及其壯也，血氣方剛，戒之在鬥；及其老也，血氣既衰，戒之在得。」
〔註32〕　《明道錄》卷六，頁6。
〔註33〕　《盱壇直詮》卷上，頁39。

案：近溪此謂性靜之戒慎與性動之恐懼，實通動靜而爲一，即無論性靜性動，皆須戒愼恐懼，此戒懼固是人之所發，然並非如朱子之另以一套主敬涵養工夫使人合理。蓋近溪之解「性」原是即存有即活動，原能創生，則此良知天理之自體，原是能是是非非，原是能戒懼的。此戒懼，乃是其是是非非之自然表現，故當此爲非或不善之意念，既經致良知而加以化除後，此中便無非之可非，是對治已畢，即不見所對治。則當意念之未發時，亦即在當下無非之可非，亦無所對治時，人亦可不須以未發而可能發出之不合理者，爲其所對治，而直下見此可能發出之不合理者，既未發出，即非眞實有，而不堪爲此心之所對治，此心即可絕對當體獨立，全不與所對治者成相對。由此而此心之戒懼，即爲一由良知之天機不息而自然生起之活活潑潑之意念。近溪所謂「性善之中，任其優游，造化之內，亦從其出入」，即有洒落自得之意也。

然如此之戒愼恐懼而兼洒落自得，此言固無法病，且境界極高，然人亦可於施行之時，因人心之不自覺之陷溺，而有人病，故近溪進一步有「自疑」之說。

第七節 「疑」爲進學之階

《全集》載近溪師徒之問答云：

> 問爲學工夫如何乃能上進。羅子曰：大道本無階級，而以疑爲階級，故大疑則大進，小疑則小進，子能善於作疑，則工夫不患其無進矣。曰：某亦時嘗疑，但未見長進爾。曰：吾子如何作疑。曰：某日來承教，有不慊意處，故常不免作疑也。曰：疑與明對，如謂意有不慊，而思加工，則正是明處，安得謂疑？若當慊意處能求進步，方始是疑，此則無中生有，惟志之廣大而見之深遠者爲然，否則小疑且莫能作，況大疑乎？請爲子設一譬喻，如今奕棋者才知通子，對局者亦然，則不數著而即取勝，此則學問慊意處也，子謂學奕者即可以勝而自安乎？抑不可安乎？以爲不安，棋已明白殺局；以爲安，勝者不應如是容易。若是精進漢子，此時自會遲疑，自會去打古人棋勢，自會去向國手請教，如是而疑，如是而學，則其人亦自會見得前時殺局粗淺，僥倖勝乎不善奕之人，亦自會見得所殺之局，其中藏有無限神機妙算，而我一時未能識得，妄自喜爲殺局也。故疑之進道，大率類此，

但竊憂子之好爲勝者，而樂與不若己者對局爾。〔註34〕

　　此段話說得極好。大抵人之學道，其初多用力於節抑欲望衝動，以保持內心之寧靜。唯人自定律則以規範欲望，此固是人自覺地支配自己，而爲道德之事，然人如視此內心之寧靜爲完足此寧靜即轉成人心靈之桎梏。唐君毅先生論此最爲透闢，其言曰：

　　人類靈魂最高的幸福，是他的寧靜。

　　我們當努力保存我們內心的寧靜。

　　但是我們不可視我們已有的內心的寧靜，當作已完成，而自足於其中。

　　無論什麼好的心靈境界，當我視之爲完成而自足於其中時，他便成爲我心靈本身之桎梏。

　　人常爲要使其心靈往深處走，求其內心之寧靜，而自己築成精神的圍牆，來與世俗隔絕，然而此圍牆又常常會窒息一人之心靈與他人心靈及世界間之呼吸，而將其心靈閉死。〔註35〕

　　人之持戒以求內心寧靜，往往不自覺走向操執此心之路，而人如由此以至「其條劃足以自信，其習熟足以自安」（象山語），人即可安於此境而不自覺寧靜之可反爲心累，近溪則教人須於此「慊意處」更自作疑，正是此人病之針砭。

　　人由持戒以成拘窒固是一病，人循良知之教以求洒落順適，亦可能成病，蓋洒落與放肆只是一間之差，人亦實可能私欲未克，而即任心隨意，猶自以爲洒落，如此即成狂蕩之大病。則近溪之教人自疑，其意亦所以防人之由自信其心之即理，而輕易自謂其無意見私欲之蔽，以淪於自恃自滿與狂肆放縱之病害者。象山亦嘗謂「必有大疑大懼，深思痛省，決去世俗之習，如棄穢惡，如避寇讎」〔註36〕，又曰：「人心不能無蒙蔽，蒙蔽之未徹，則日以陷溺。諸子百家往往以聖賢自期，仁義道德自命，其所以卒畔于皇極而不能自拔者，蓋蒙蔽而不自覺，陷溺而不自知耳……學問之初，切磋之次，必有自疑之兆，及其至也，必有自克之實，此古人物格知至之功也。己實未能自克，而不以自疑，方憑以決是非、定可否，縱其標末，如子貢之屢中，適重夫子之憂，

〔註34〕《羅近溪先生全集》卷六，頁19。
〔註35〕唐君毅先生「人生之體驗」第一部第三節第十一段「說寧靜之突破」。
〔註36〕《象山全集》卷十五〈與傅克明〉。

況又未能也。物則所在，非達天德，未易輕言也……知之未至聖賢地位，未易輕言也」，〔註37〕此即謂人亦不當輕易自信其私欲意見之蔽障已去，而當時時有以自疑，由此自疑，而見得其所未能自拔之蔽障與未能克去之己私，然後人始能由自疑其有所不足，以成其自克之實功。是近溪之教人自疑，實有其切實可循之義在也。

第八節　怯除光景

宋明儒家學問之目標原都在修道成聖，然學問之事，人各有其出發之始點以有其自得之處，更加上學者氣質之殊及互為補偏救弊之言，乃不能不異。近溪少時嘗閉關以復澄湛之體，終至病心火，故對於良知可成一「光景」之問題認識最深，其拆穿光景也最力，嘗言：

> 人生天地間，原是一團靈氣，萬感萬應而莫究根源；渾渾淪淪而初無名色，只一『心』字亦是強立。後人不省，緣此起個念頭就會生作見識，因識露個光景，便謂吾心實有如是本體，實有如是朗照，實有如是澄湛，實有如是自在寬舒，不知此段光景原從妄起，必隨妄滅，及來應事接物，還是用著天然靈妙渾淪的心，此心儘在為他作主幹事，他却嫌其不見光景形色，回頭只去想念前段心體，甚至欲把捉終身，以為純一不已；望顯發靈通，以為宇太天光，用力愈勞，而違心愈遠矣。〔註38〕

儒家所言之「心」原非科學家所研究之心，而是「一團靈氣」之良知本心。此心原無名色，亦無方所，然人或可指心為本體（以其能感知萬有現象），或可謂心能朗照（以其能照見障蔽），或可謂心本澄湛（以能見意念紛雜，知是知非），或可云心本自在寬舒（以心本「於穆不已」，而非操執拘緊），然此所謂本體、所謂朗照、所謂澄湛、所謂自在寬舒，原皆方便說法，原皆在使人由此而自見本心。此學習或由此中一境感知本心，遂執定此心為澄湛，為烱烱然，如此一執定以後，良知本心即凸起而被投置於彼，成了一個對象或意念，此即是良知本身所起之光景，光景即影子之謂，認此影子為良知則大誤也，故近溪最不喜人持守一心之烱烱，《直詮》載云：

〔註37〕《象山全集》卷一〈與胡季隨〉。
〔註38〕《盱壇直詮》卷上，頁47。

會中一友用工，每坐便閉目觀心。子問之曰：君今相對，見得心中
何如？曰：烱烱然也。但恐不能保守，奈何？曰：且莫論保守，只
恐未是耳。曰：此處更無虛假。曰：可知烱烱有落處？其友頗不豫。
久之，稍及他事，隨歌詩一首，乃徐謂曰：乃適來酬酢，自我觀之，
儘是明覺不爽，何必以烱烱在心爲乎？況聖人之學，本諸赤子，又
徵諸庶民，若坐下心中烱烱，却赤子原未帶來，而與大眾亦不一般
也，蓋渾非天性，而出自人爲。今日天人之分，便是將來神鬼之關，
能以天明爲明，則言動條暢，意氣舒展，不爲神明者無幾；若只沉
滯胸襟，留戀景光，幽陰既久，不爲鬼者亦無幾。噫！豈知此一念
烱烱，翻爲鬼種，其中藏乃鬼窟也耶？〔註39〕

　　本來人於靜坐中，亦可由內在體證以見此良知本體，由是以有持敬之功夫
（非後天之敬），此亦莫非是學，然人一悟見良知本體，此良知即同時被凸顯而
固定化，有如一影像，此時良知即成抽象虛懸之物，人如回頭拾取這影像，更
操執持守，以爲良知即是此光晶晶、烱烱然之物，則成妄見。此妄見一成，人
便將努力持守此烱烱然之影像，以此持守爲致良知之功夫。然人在道德實踐中，
明只是物來順應，只是當惻隱即惻隱，更無所謂晶光、烱然之物存於心中，則
人之見烱然之本心，實亦只是一幻影，故近溪謂「若坐下心中烱烱，却赤子原
未帶來，而與大眾亦不一般也，蓋渾非天性，而出自人爲」，此正陽明所謂「與
愚夫愚婦同的便是同德，與愚夫愚婦異的便是異端」〔註40〕，此「人爲」、此「異
端」正須打掉，然後「仁體」「知體」始能具體而眞實地流行於日用之間，此即
超越與內在打成一片，近溪之重「祛除光景」，其意義正在此也。

第九節　道中庸

　　依近溪，「中庸」只是平常，只是平易近情，是簡易直截，故教人在日用
孝弟慈上下手，更教人無須操執，渾淪順適即是道體平常，以下分三小節說
明之。

一、以孝弟慈爲實際

　　宋明儒家，無論主心即理或性即理，同可使人直下宛見一超越於四海古

〔註39〕《盱壇直詮》卷上，頁49。
〔註40〕《傳習錄》卷下，頁13。

今之上之一形而上之大心、大理，如在目前。然此見只是想像，尚未落實，亦不親，近溪則指孝弟慈為聖賢學者之所同，以使人自覺到此中吾人與聖賢之同處，亦即在此同處，有以自信自立，而更下工夫，以誠求此同處之日充日明，日廣日大，此即學者用功之切要處，亦即學者由思誠以求同於聖人之誠之工夫也。《明道錄》：

> 問『仁之實』〔註41〕一章。曰：此章書與《論語》吾十有五而志於學一般，是孟子自述其平生始初著力處，與末後得力處，所以願學孔子的實事也。蓋天下最大的道理，只是仁義，殊不知仁義是個虛名，而孝弟乃是其名之實也。今看人從母胎中來，百無一有，止曉得愛個母親，過幾時，止曉得愛個哥子，聖賢即此個事親的心叫他做仁，即此個從兄的心叫他做義，仁義是替孝弟安個名而已。三代以後，名盛實衰，學者往往知慕仁義之美，而忘其根源所在，孟子……獨知得此是生人的性命，自幼而少，自少而壯，自壯而老，一刻也離不得；又自身而家，自家而國，自國而天下，一人也離不得，故知而弗去，不是要他不去，只知得真時便原自不曾去也。久久弗去，則細細密密，自然有許多節次，從從容容，又自然有許多文彩，其事親從兄之間，可度可觀，亦非是有意要節文之也。節文日熟，則子愛其親，而親亦慈其子；弟敬其兄，而兄亦友其弟，父母昆弟固和美一團，而宗族家族也感通翕順，雖欲不樂，不容於不樂；雖欲不生長暢茂，不容於不生長暢茂，以至手舞足蹈而不自知焉，則事親從兄之間，無非聲容之盛而樂樂之極也已。要之，此雖是說樂之極，其實是形容聖之至也，故從心所欲不踰矩，是絜矩孝弟而不踰也；聖不可知之神，是孝弟之手舞足蹈而不可自知也。然此皆其末後得力處，功效之妙，所到如是，若論其始初著力處，則只是知得透徹而久久弗去耳。〔註42〕

近溪指孝弟慈為仁義之根源，實以仁義為人本心自然之流露，而孝弟慈更是人人所同有，人若能於平常不自覺之孝弟慈中，反身見得此道德行為之為自然性生，即可見此諸善實即人之所本有，此人之所本有乃通於聖賢凡人

〔註41〕《孟子離婁上：「孟子曰：仁之實，事親是也；義之實，從兄是也；智之實，知斯二者弗去是也；禮之實，節文斯二者是也。樂斯二者，樂則生矣，生則惡可已也，惡可已，則不知足之蹈之，手之舞之。」
〔註42〕《明道錄》卷七，頁 14。

者，聖賢如是孝親敬長慈幼，常人亦如是孝親敬長慈幼，正是不慮而自知，不學而自能，人能長保此良知良能使「久久弗去」（此是良知之自保自明，而非另以一種工夫使他不去，否則即成他律道德），即可至聖人之「不思而自得，不勉而自中」之境，故人欲學爲大人爲聖人，率皆從孝弟慈著手。近溪近此類話語甚多，《明道錄》：

> 問大學宗旨。曰：孔子此書却被孟子一句道盡，所云『大人者不失其赤子之心者也』。夫孩提之孝親是孝，孩提之敬是弟，未有學養子而嫁是慈，保赤子，又孩提愛敬之所自生者也。此個孝弟慈原人人不慮而自知，人人不學而自能，亦天下萬世人人不約而自同者也，今只以所自知者而爲知，以所自能者而爲能，則其爲父子兄弟足法而人自法之，便叫做明明德於天下，又叫做人人親其親、長其長而天下平也。此三件事從造化中流出，從母胎帶來，遍天遍地，亘古亘今，試看此時薄海內外，風俗氣候萬萬不齊，而家家戶戶誰不是以此三件事過日子也？只堯舜禹湯文武便皆得以此三件事脩諸己而率乎人，以後却盡亂做，不曉得以此脩己率人，故縱有作爲，亦是小道，縱有治平，亦是小康，却不知天下原有此三件大道理，而古先帝王原有此三件大學術也，故孔子將帝王脩己率人的道理學術既定爲六經，又將六經中至善的格言定爲脩己率人規矩，而使後世之學者格著物之本末始終，知皆擴而充之，老吾老以及人之老，長吾長以及人之長，幼吾幼以及人之幼，使家家戶戶共相愛敬、共相慈和，而共相安樂，雖百歲老翁，皆嬉嬉都如赤子一般，便叫做雍熙太和而爲大順大化，總而名之，曰大學也已。〔註43〕

此段明白指出孝弟慈即吾人自覺其心其理之與聖賢同處，亦爲學者用功之切要處。象山亦嘗謂「今之學者，豈皆不誠？不知思誠時，所得所中者，與聖人同乎不同？若其果同，則濫觴溟浡皆水也，則大小、廣狹、深淺之辨，自不害其爲同。……獨其所謂同者，須是眞實分明，見得是同乃可。」，〔註44〕此則近溪指孝弟慈爲聖凡之所同，更令人於此下學而上達，所謂極高明而道中庸也。

〔註43〕《明道錄》卷七，頁1。
〔註44〕《象山全集》卷六〈與傅聖謨〉。

二、簡易直截

近溪指孝弟慈以言聖凡之所同，正謂人之學聖須在聖人與愚夫愚婦所同有之此心此理上立根，而不尚其才力與知能多少，故為簡易直截。蓋多而要求更多，則「難」；才力知能，人各不同，則「異」，難則不易，異則不簡矣，故學聖賢，而在與聖人及一切愚夫愚婦所同能知、同能為之德性上用工夫，則自簡易矣。如是言之，則聖人即愚夫愚婦之能自發明其本心、自致其良知而充極其量者，愚夫愚婦即聖賢之尚未能真發明其本心，亦尚未真致其良知者，故近溪言聖凡之別，略如金之與礦，《明道錄》：

> 問坐間有云：此學之妙可以點石為金。（近溪）曰：如此譬喻，與聖人之學尚覺不切。蓋石與金原不相同，若謂人之學聖似石化金，則視聖學太高，而視吾人過卑矣，不如譬之鍊礦，則渾然更無分別。但礦則體質硬脆，色不明潤，不能成用；金則體質柔滑，精采光瑩，隨人用之，皆可行使，此其間只爭鍛鍊之功而已。若論吾人天命之性，其不慮而知，不學而能，渾然與聖人不思而得，不勉而中之體，如金之在礦，何嘗少他分毫？蓋自為孩提時，直至今日，親長之愛敬、耳目之聰明、饑寒之衣食，隨感而應，良知良能，明白圓妙，真是人人具足，個個完全。但天生聖神則能就中先覺先悟，於天命此個聖體，直下承當受用，正如礦石過火，便自融化透徹，更無毫髮窒礙間隔，卻即叫做聖人。然究其所覺悟的東西，則只是吾人現在不慮不學之良知良能而已，吾人只少了聖人此一覺悟，則便如一片精金，空只藏在礦中而不成受用，雖是時時習之，而卻不著，雖是日日行之，而卻不察，即終身去愛親敬長、食飯穿衣與聖人原無兩樣，而甘心做個凡夫，而不得名為知道也。故聖人之教天下，不是能令吾人於良知良能之外，別有增益，只是以先知覺後知，以先覺覺後覺，如用火鍛礦，則礦一過火，便即是金，吾人既覺，則即我本性便即是聖，故曰豈不易簡，豈為難知？又曰我欲仁，斯仁至矣，未之思也，夫何遠之有？孔孟口口聲聲只好如此懇切，其教其學只好如此方便，故嘗謂吾輩若要做作修為，則此學可以不講；又要費力研窮思索，亦可以不講，今受用的即是現在良知而聖體具足，其覺悟工夫又只頃刻立談，便能明白洞達，卻乃何苦而不近前？〔註45〕

〔註45〕《明道錄》卷五，頁 12。

近溪以金與礦比喻聖凡，正要人知「自己良知原與聖人一樣，若體認得自己良知明白，即聖人氣象不在聖人，而在我矣」〔註46〕，此良知之學不須「做作修爲」，亦不須「費力研窮思索」，亦「不是能令吾人於良知良能之外，別有增益」，人能真於此聖凡相同處下功夫，即可真至聖人不思不勉之化境，正比俗儒之條畫依倣者，更爲直截且更爲簡易也。

三、渾淪順適、自然平常

良知學最終之目的，即在使良知心體能具體而真實地流行於日用之間，此須棄去一切分解之綱維，更進一步達至那無工夫之工夫，而唯求一當下之呈現。如人之勁道常在僵持中，不能全體放下，則將展轉於支撐對治底虛妄架構中，而永無了期，此則不能得渾淪順適，眼前即是之化境，《近溪語錄》中言此境者甚多，如《直詮》所載：

> 子（近溪）按騰越、州衛及諸鄉大夫士請大舉鄉約。迨講聖諭畢，父老各率子弟以萬計，咸依戀環聽，不能舍去。子呼晉講林生問曰：適才汝爲眾人講演鄉約善矣，不知汝所自受用者，復是何如？林生曰：自領教來，常持此心，不敢放下。子顧諸士夫嘆曰：只恐林生所持者未必是心也。林生竦然曰：不知心是何物耶？子乃徧指面前所有示曰：汝看此時環侍老小，林林總總，個個反著足而立，傾著耳而聽，睜著目而視，一段精神，果待他去持否？豈惟人哉？兩邊車馬之旁列，上下禽鳥之交飛，遠近園花之芳馥，亦共此段精神，果待他去持否？豈惟物哉？方今高如天日之明照，和如風氣之暄煦，藹如雲烟之霏密，亦共此段精神，果待他去持否？林生未及對，諸老幼咸躍然前曰：我百姓們此時懽忻的意思，直覺得同鳥一般活動，花兒一般開發，風兒日兒一般和暢，也不曉得要怎麼去持，也不曉得怎麼是不持，但只恨不早來聽得，又只怕上司去後，無由再聽得也。……（眾）散去。林生復同諸士夫再三進曰：公祖謂諸老幼所言，既皆渾是本心，則林生所言者，何獨不是心耶？子復嘆曰：謂之是心亦可，謂之不是心亦可。蓋天心外之事，何獨所持而不是心？但既有所持，則必有一物矣，諸君試看許多老幼在此講談一段精神，千千萬萬，變變化化，倏然而聚，倏然而散，倏然而喜，倏然而悲，彼既不可得而知，我亦不可得

而測，非惟無待於持，而亦無所容其持也。林生於此心渾淪圓活處，曾未見得，遽去持守而不放下，則其所執者，或只意見之端倪，或只聞見之想像，持守益堅，而去心益遠矣，故謂之不是心亦可也。林生復進而質曰：諸生平日讀書，把心與意看得原不相遠，今公祖斷然以所持只可當意念，而不可謂心，不知心與意念如何相去如此之遠也？子嘆曰：以意念爲心，自孔孟以後，大抵皆然矣，又何怪夫諸君之錯認也哉？但此個却是學問一大頭腦，此處不清，而謾謂有志學聖，是猶煮沙而求作糜，縱教水乾柴竭，而糜終不可成也。諸縉紳請曰：意念與心既是不同，也須爲諸生指破，渠方不至錯用工也。子嘆曰：若使某得用言指破，則林生亦可以用力執持矣。諸君聞而嘆曰：然則不可著句指破便即是心，而稍可著力執持處，便總是意念矣。易曰：復其見天地之心，林君欲得見天地之心而持循之，其尚自復以自見始。〔註47〕

此段意思清楚明白，唯最後諸士夫之體會仍不得其要，不止不得其要，甚至是誤解。蓋近溪謂林生所持不是心，只是要人在僵持支撐之中，全體放下，以無工夫之工夫，使良知心體具體流行於日用之間，此非是心與意念之差別，而近溪不指破意念與心之別，更非以心不可指破，唯在良知之具體呈顯中，此一切指點、名言、法相俱須破除，以顯知體之平常自然，此中無可立說，說即不是，蓋此良知之流行一經詮解，即同時被凸顯而置定，而良知流行即可轉成一光景，是以近溪不以言說區別心與意，而諸生漫分心、意，實皆顢頇而不得肯要。

《直詮》又載：

子因一友謂『吾儕今日只合時時照管本心，事事歸依本性』者，反復訂之而未解。時一二童子奉茶方至，子指而歎之曰：君視此時與捧茶童子何如？曰：信得更無兩樣。頃之，子復問曰：不知君此時何所用功？曰：此時覺心中光光晶晶，無有沾滯。子曰：君前云與捧茶童子一般，說得儘是，至曰心中覺光光晶晶，無有沾滯，說得又自己翻帳也。此友沉思久之，遽然起曰：我看來並未翻帳，先生何爲此言？子曰：童子現在，請君問他心中有此光景否？若無此光景，則分明與他兩樣矣。曰：此果似兩樣。不知先生心中工夫却是

何如？子曰：我底心也無個中，也無個外，所用工夫，也不在心中，
也不在心外，只說童子獻茶來時，隨眾起而受之，已而從容啜畢，
童子來接茶甌時，又隨眾而與之，君必以心相求，則此無非是心；
以工夫相求，則此無非工夫，若以聖賢格言相求，則此亦可說動靜
不失其時，而其道光明也。〔註48〕

　　近溪由拆穿光景而歸於渾淪順適，自然平常，絕無拘謹矜持險怪之象，
而至當下即是，眼前即是，所謂「抬頭舉目，渾全只是知體著見，啓口容聲，
纖悉盡是知體發揮」，〔註49〕此是指心體、知體之隨事朗現而言，是體之具體
而真實地呈現，圓頓地呈現，亦如「天命於穆不已」之流行于天地生化之中，
隨時著見，隨處著見，全用是體即全體是用，全神是氣即全氣是神，事之所
在，體即與之俱在而曲成之，此所謂渾淪順適，一體而化也。

　　以上總述近溪之工夫論，乃採分析之方式，將近溪之學說展開，更申說
其中之深意，以見出泰州學派之羅近溪實非真「以為不待『銷欲』、『直心而
行』即是『致良知』」如勞思光之所說者〔註50〕。至由近溪學說所引發之諸問
題，則於下章總說之。

〔註48〕《盱壇直詮》卷上，頁50。
〔註49〕《盱壇直詮》卷下，頁26。
〔註50〕見《新亞學術集刊》第3期（西元1982年），頁2。本文第六章附論「本體與
　　　　工夫之關係」有較詳之討論。

第五章　近溪學說疏釋

　　近溪指點學道成聖之工夫已述之如上，唯對於近溪之論學，當時人或不以爲然，如《明史》即謂「汝芳之學」爲「近釋」，[註1] 許敬菴更以「大而無統，博而未純」譏斥之，[註2] 究竟近溪之學說是否「近釋」？是否可被說爲「大而無統，博而未純」？時人之所以如此譏評，其理由何在？如這些譏評出於誤解，何以近溪之學，易使人起如是之誤解？此則本章所欲討論之重點。

第一節　時人對近溪之懷疑與誤解

　　當時人對於近溪學說之懷疑，大約可歸納爲三類：一是以近溪之指點方法爲「混知覺爲良知」，其次是以近溪之指點入手工夫，令人「茫然莫可措手」，再則是以近溪爲「援禪門以說儒宗」，茲分述如下：

一、混知覺爲良知

　　近溪善於隨處指點性體，然學者有謂其混知覺爲良知者，如《明儒學案》載云：

> 近溪一日立白下大中橋，觀往過來繼者，傀傀俛俛，因指示同志曰：試觀此千百萬人者，同此步趨，同此來往，細細觀之，人人一步一趨，無少差失，個個分分明明，未見跌撞，性體如此廣大，又如此精微，可默識矣。一友曰：否否，此情識也，如此論性，相隔遠矣。

〔註 1〕　《明史》卷二八三〈羅近溪傳〉。
〔註 2〕　《羅近溪先生全集》卷九仁訓〈學術章〉，又見《盱壇直詮》卷下年譜戊辰年下。

〔註 3〕（以下續有耿定向之詮解，乃全失近溪之意，轉說轉糊塗，
黃宗羲已有駁斥，今不具錄）

案：此段雖不載於《羅近溪先生全集》，《盱壇直詮》與《明道錄》諸書
亦未之見，然近溪喜於尋常人之言行思惟中指點良知明覺，則《全集》、《直
詮》等諸書所載多有，如云：

問日來所教，尚有求而未得者，子（近溪）曰：子於所求未得，而
心即知之，未嘗或昧，是汝心之本然明否？曰：是心之本明也。曰：
心知未得，而口即言之，未嘗或差，是汝口之本然能否？曰：是口
之本能也，曰：心本明，而知未嘗或昧；口本能，而言未嘗或差，
則此身此道，果不離於須臾也。曰：今蒙開示，果然如睡既喚而醒
然，有所得矣。曰：子之心不特昨日之未得知之，而今日之既得亦
復知之，子之口，不特昨日之未得能言之，而今日之既得亦復能言
之，則此身此道，不止不離於須臾，而可引之終身也。〔註4〕

然如此指點良知，未必真能使人當下見道，故學者嘗疑之曰：

今言學貴宗旨，是欲使吾儕有所憑據，好去執持用工也。若只如前
說我問你答，隨聲應口，則個個皆然，時時如是，雖至白首，終同
凡夫，又安望其有道可得，有聖可成也耶？〔註5〕

近溪又喜言「捧茶童子是道」，而諸弟子亦嘗作疑，其實皆在疑近溪指知
覺本能為良知，此時人對近溪之第一層懷疑也。

二、茫然莫可措手

人有不慮而知，不學而能之良知良能，其說發端於孟子而精熟於陸王，
近溪承之，亦喜於道德實踐中言不慮不學之良知良能。然在現實中之人皆不
免為有限性之個體，往往不能「當惻隱即惻隱，當羞惡即羞惡」，反而常感「氣
稟之雜」難以去除，故恒望有固定宗旨可以持循，有明確方法可以經「學慮」
以體現「不學不慮」，《直詮》載云：

問會語中謂不學不慮可同聖人，今我輩此體已失，恐須學慮。子
曰：子若祇學且慮，則聖終不可望矣。曰：何以解之？良久謂曰：

〔註 3〕見《明儒學案》卷三十五〈泰州學案四〉述耿定向。
〔註 4〕見《盱壇直詮》卷上，頁 65。
〔註 5〕《明道錄》卷三，頁 1。

子聞予言，乃遽生疑耶？曰：然。曰：此果吾子欲使之疑耶？曰：
非欲之，但不能不疑也，子歎曰：是即爲不學而能矣。其友亦欣
然曰：誠然。子復呼之曰：吾子心中此時覺烱烱否？曰：甚是烱
烱，曰：即欲不烱烱得乎？曰：自不容已。子曰：是非不慮而知
也耶？〔註6〕

　　如此指點良知良能固非不可說，然指點之後，非即無事，人究竟須如何
行動始能長保良知清明？此則凡人不能不有之疑問。唯近溪一向反對執守操
持，故有「群龍無首」之說。《明道錄》：

問『群龍無首，乃見天則』，敢問天則必如何乃可得見也？曰：據汝
之問，果欲見天則耶？曰：然。曰：若天則可以見而求，可以問而
得，則言語耳目各各用事，群龍皆有首矣，寧不愈求而愈不可得也
耶？蓋易之象原出自文王，詩之頌文王者，必曰『不識不知，順帝
之則』，又曰『無然畔援，無然歆羨，誕先登於岸』，其所謂畔援歆
羨者，豈皆如世之富貴外物哉？即汝今日欲求見天則之心是也。故
道岸之登不難，而歆畔之忘實難；帝則之順不難，而知識之泯實難。
曰：若然，則吾將言語知識俱不用之可乎？曰：即此不周之心，與
求見之心，又何所分別也耶？〔註7〕

　　據近溪此言，則既不可以「不周之心」求道，亦不可以「求見之心」求
道，頗類佛家之言「非法，非非法」，學者至此，便常疑近溪「才說赤子之心，
便說不學不慮，却不是似有而無，茫然莫可措手也耶？」〔註8〕

　　本來近溪「群龍無首」之義，亦非難懂，其意不過在指點「大而能化、
神不可知」之聖神境果。然聖神地步豈易易可至？近溪如此一併打掉，難免
令人生「茫然莫可措手」之疑，故許敬菴嘗譏斥近溪爲「大而無統、博而未
純」，此亦近溪啓人疑竇之一因素也。

三、援禪門以說儒宗

　　一般對近溪之誤解，又有源於近溪之即身言心者。蓋近溪善於從極平常
處指點極高明之境界，而其本身又特重拆除光景，如《盱壇直詮》：

〔註6〕《盱壇直詮》卷上，頁46。
〔註7〕《明道錄》卷四，頁12。
〔註8〕同註5。

問吾儕日來請教，或言觀心，或言行己，或言博學，或言主靜，先生皆未見許，然則誰人方可以言道耶？子曰：此捧茶童子卻是道也。眾皆默然，有頃，一友率爾言曰：終不然，此小童子也能戒謹恐懼耶？子不暇答，但徐徐曰：茶房到此有幾層廳事？眾曰：有三兩層，子歎曰：好造化，過許多門限階級，幸未失足打破了甌子。其友方略省悟，曰：小童於此，果也似解戒懼，但奈何他日用不知。子又歎之曰：他若是不知，如何會捧茶，又會戒懼？其友語塞。〔註9〕

近溪將一般儒者最常言之「觀心」、「行己」、「博學」、「主靜」一併打掉，以歸於渾淪順適、自然平常，而其指點性體之自然平常，更有如佛家之指點平常心是道，《直詮》又載近溪之答問：

（一友問曰：）不知先生心中工夫卻是如何？子曰：我底心，也無個中，也無個外；所用工夫，也不在心中，也不在心外。只說童子獻茶來時，隨眾起而受之，已而從容啜畢，童子來接茶甌時，又隨眾而與之，君必以心相求，則此無非是心，以工夫相求，則此無非工夫，若以聖賢格言相求，則此亦可說動靜不失其時，而其道光明也。〔註10〕

又云：

游君徹問曰：中庸之誠與明如何分別？師（近溪）曰：近來用工，卻全不在此等去處，游曰：不在此處，卻在何處？時方食點心，師指而言曰：只在此處。蓋此食點心時，叫做明也得，叫做誠也得，只此食點心，也叫不得做明，也叫不得做誠，但點心已是喫了，亦不消再叫誠叫明也。以此推之，則四書五經，百般萬樣，諸般道理，諸般名色，都可以從喫點心一處起，亦都可以從喫點心一處了也。〔註11〕

如此問答，簡直與禪宗無異，時儒許敬菴最恨人援佛以說良知，蓋惡其導人入於狂肆，故嘗規近溪「為後生標準，令二三輕浮之徒恣為荒唐無忌憚之說，以惑亂人聽聞，使守正好修之士，搖首閉目，拒此學而不之信，可不思其故耶？」〔註12〕

〔註 9〕《盱壇直詮》卷上，頁48。
〔註10〕《盱壇直詮》卷上，頁50。
〔註11〕《盱壇直詮》卷下，頁48。
〔註12〕見《明儒學案》卷四十一〈甘泉學案五〉。

　　以上乃時人對近溪學說最常有之懷疑。然近溪是否果如時人之所疑，而真鄰於禪？其論道德實踐何以常令人起「茫然莫可措手」之感？此當於下節論之。

第二節　對近溪學說若干誤解之疏釋

　　上面所述時人對近溪之懷疑，似皆言之有據，近溪之指點方法、下手工夫，乃至言道德實踐之究極境界，亦果有類於禪宗之處，如《傳燈錄》：

> 有源律師來問：和尚修道，還用功否？師（大珠慧海）曰：用功。
> 曰：如何用功？師曰：饑來吃飯，困來即眠。曰：一切人總是如是，
> 同師用功否？師曰：不同。曰：何故不同？師曰：他吃飯時不肯吃
> 飯，百種須索，睡時不肯睡，千般計較。〔註13〕

又四祖（道信）告法融禪師曰：

> 夫百千法門，同歸方寸，河沙妙德，總在心源。一切戒門定門慧門，
> 神通變化，悉自具足，不離汝心，一切煩惱業障，本來空寂，一切
> 因果，皆如夢幻，無三界可出，無菩提可求，人與非人，性相平等，
> 大道虛曠，絕思絕慮，如是之法，汝心已得，更無闕少，與佛何殊？
> 更無別法。汝但任心自在，莫作觀行，亦莫澄心，莫起貪瞋，莫懷
> 愁慮，蕩蕩無礙，任意縱橫，不作諸善，不作諸惡，行住坐臥，獨
> 目遇緣，總是佛之妙用，快樂無憂，故名為佛。……師曰：既不許
> 作觀行，於境起時，如何對治？祖曰：境緣無好醜，好醜起於心，
> 心若不強名，妄情從何起？妄情既不起，真心任徧知。汝但隨心自
> 在，無復對治，即名長住法身，無有變異。〔註14〕

　　如此言修道之方法與境界，正與近溪全同，而所謂「饑來吃飯，困來即眠」，正要人下無工夫之工夫，近溪所謂啜茶、食點心，其意亦是如此。然此為一弔詭之工夫，既無固定宗旨可操，亦無明確步驟可循，是以予人「茫然莫可措手」之感，然這些懷疑實不足以判定近溪為禪、為援佛說儒，其令人無從操執依循，亦為「以天心遍潤」之良知學所必涵，茲略為以上諸誤解，疏釋如下：

〔註13〕見《景德傳燈錄》卷六。
〔註14〕《景德傳燈錄》卷四。

一、良知與知覺

前引近溪答學者之問，而以「子之心，不特昨日之未得知之，而今日之既得亦復知之；子之口，不特昨日之未得能言之，而今日之既得亦復能言之」以指點良知良能，如此隨機指點人做「逆覺」工夫〔註15〕，固不自近溪創始，象山早已如此指點。《理學宗傳》：

> 楊簡（字敬仲，即楊慈湖）……授富陽簿。象山新第，歸過之。……夜集雙明閣上，數提本心二字。問曰：如何是本心？象山曰：惻隱，仁之端也，羞惡，義之端也云云，此即是本心。敬仲曰：簡兒時聞此語，畢竟如何是本心？凡數問，象山終不易。適平旦有鬻扇者訟於庭，敬仲斷其曲直訖，退問如初，象山揚聲答曰：適來斷訟扇，是者知其為是，非者知其為非，非敬仲本心而何？敬仲聞之，忽大省此心澄然清明廣大、無始末、無所不通，復亟問曰：止如斯耶？象山竦然端屬曰：更何有也？敬仲即歸，拱坐達旦，質明，北面納弟子禮師事焉。〔註16〕

不止象山能當機指點人做逆覺工夫，即孟子謂齊宣王見牛而不忍殺，即已指點此為良心之萌蘖矣。此種指點，意在使人經此逆覺體證，從不自覺到自覺，而「逆覺體證」實為道德實踐上，復其本心之最切要而中肯之工夫，亦是最本質之關鍵，明道所謂「學者須先識仁」，胡五峯亦謂「欲為仁，必先識仁之體」，此皆在教人經由逆覺體證以默識本心性體，近溪之如此指點，其意亦然。

然常人於近溪之指人「步趨來往、未見跌撞」與「我問你答、隨口應聲」，仍不能不起「混知覺本能為良知」之感，今如為近溪作解，則「我問你答、隨口應聲」與「行人往來、未見跌撞」，固同可說為良知之作用。此何以故？蓋人之問答與行動，固可類比為禽獸之鳴叫與奔走，然禽獸之行為反應大多循一定規則，而受制於本能，唯人則可自由決定其行為，人固可如理問答，亦可不與人問答，其問答與不問答之決定，則端在良知本心。人如存養得本心清明，則該惻隱自會惻隱，該羞惡自會羞惡，該問答亦自會問答，不該問答即不問答，今在課堂之上，師生講學，既非不該問答，則我問你答，隨口應聲，亦是應然之事，此固感官知覺所司，而實是良知本心作主。行人之步

〔註15〕詳參牟宗三先生《心體與性體》第二冊，頁476。
〔註16〕《理學宗傳》卷二十六。

趨亦然，人固可循序步趨，亦可故意與人跌撞，人既無與人跌撞之理由，則人即可選擇循序步趨，而不至與人跌撞，此時良知本心即與知覺本能同向，而作同一主張與反應，此反應固是知覺本能，然實仍是良知所使然也。

唯良知與知覺同向時，由於良知之作用不明顯，人即不容易於此看出良知之發用，於是如此之指點良知便可流於無效。近溪於行人步趨與隨聲問答指點良知，人固可因此良知之作用不明顯，而不解近溪之指點，然並不能謂此時良知即泯滅，而純為知覺本能之活動也。

二、自律道德與他律道德

在具體之道德實踐中，人固可如象山之自信本心即理，以下「依正以成正」之工夫，亦可如朱子之克己復禮、掃除氣稟之雜，以下「反反面以成正」之工夫，二者工夫不同，其效用則一。唯當人不能相應道德行為時，朱子一路之工夫，反較「有迹可循」，學者可依之以下克己、主靜、博學之工夫，不至有「茫然莫可措手」之感。

然心學家則不如此說。象山嘗斥此為依仿、條劃，陽明、近溪皆以此為無頭學問，何以心學家皆反對如此用工夫？此則因朱子特重性體之客觀存有義，與陸王之重超越而內在義不同，由是不止工夫入路不同，根本為他律道德與自律道德之分，《明道錄》云：

> 問晦菴先生謂：由良知而充之，以至無所不知，由良能而充之，以至無所不能，方是大人不失赤子之心，此意何如？曰：若有不知，豈得謂之良知？若有不能，豈得謂之良能？故自赤子即已無所不知，無所不能也。於是坐中諸友競求所謂赤子無所不知、無所不能，而竟莫得其實，乃命靜坐歌詩，偶及於「萬紫千紅總是春」之句，因憮然嘆曰：諸君知紅紫之皆春，則知赤子之皆知能矣。蓋天之春見於花草之間，而人之性見於視聽之際，今試抱赤子而弄之，人從左呼，則目即盼左，人從右呼，即目即盼右，其耳蓋無時無處而不聽，其目蓋無時無處而不盼，其聽其盼蓋無時無處而不展轉，則豈無時無處而無所不知能也哉？〔註17〕

近溪不止言性體之超越而內在義，更常即身言心，以見心體之自然平常，故此段話實是反對朱子一派之重性體之客觀存有義。然人依朱子之教，可從

〔註17〕《明道錄》卷七，頁5。

克己、主靜、博學等下手，而依良知學，反至「茫然莫可措手」，其故安在？究論其實，此中關鍵端在自律道德與他律道德之分。牟宗三先生在〈康德道德哲學述評〉一文中曾申論說：

> ……道德法則必須是自律的，也就是說，必須是由意志底自律性（「意志對于其自己就是一法則」這種特性）而發出，否則便不是道德；一切他律的道德原則，不管是基於幸福（屬感性），抑或是基於存有論的圓滿，或基於一最高的圓滿，即上帝（此皆屬理性），都是虛假的歧出的道德原則。

> 依前者（我爲睿智界之一分子），道德原則是分析命題：從我的純粹意志即可分析出自律原則，純粹意志底任何格言皆不可能與道德法則相衝突；一切我的活動必總是符合於意志底自律，我所應當是的即是我所必然地自必（自會）是的；此時這純粹的意志即是神聖的意志；凡此即是儒者所謂「堯舜性之」，所謂「自誠明謂之性」，揚眉瞬目，睟面盎背，皆是知體著見，而一切活動亦不可作現象看。

> 依後者（我只是感覺界一部分），道德原則皆是有條件的他律原則，此亦是分析命題，即從我的被決定的現實意志即可分析出這他律原則；一切我的活動自必被認爲完全符合于欲望及性好之自然法則，即符合於自然之他律，一切我的活動皆落于時間中而爲現象，亦皆爲其他現象即欲望與性好所決定；而由現實意志分析出的他律原則對于這些作爲現象的諸活動即有一種綜和作用，此是經驗的綜和，因爲感覺界的他律原則只是經驗的故。〔註18〕

依康德，自由自律之意志只屬於睿智界，是一理念，他從不說吾人可體現此理念，即不承認吾人可有智的直覺。然在儒家來說，性體是可以被體現的，至其如何體現，依牟先生之說法，可有以下三步：

> 首先，儒者視此性體可被體現，其可被體現並非完全靠外力，外力只是助緣，乃是根本上靠此性體本身之震動而驚醒了吾人，所謂性體本身之震動即是性體本身之「惻然有所覺」之覺之隨時呈露，「惻然有所覺」之覺隨時呈露即可以驚醒吾人反而正視之。由此「反而正視之」，吾人則說對之有一種純智的直覺，因爲此直覺不是由感性之被影響而引起，乃是由惻然之覺震動性而引起，所以是純智的，說實了，

〔註18〕 見《鵝湖》89 期。

它根本是惻然之覺于其隨時呈露時，通過其震動性，而反照其自己。此種回光反照，吾人名之曰逆覺體證。就人言，說逆覺體證，說吾人智的直覺地體證之，說吾人有此智的直覺；就法言，實即是惻然之覺之自照，惻然之覺本身就是智的直覺，它反身自照，即是純智地直覺它自己。是則性體本身就函蘊一種智的直覺，它根本是一種呈現，不是一假定或一理念，此由其隨時呈露即可知。人逆覺而體證之，即是不讓它流逝，不讓它忽隱忽現、出沒無常，此即把它定住，而讓它淵然澄渟、自在而呈現，此為性體之第一步體現。

性體既如是自在而呈現，吾人的生命即上遂而從它，從感性中解脫出來，它作主，不是感性作主，它作主，它當然是自由的，它作主而自由，它即不容已地起作用，此即是它的自律性，吾人的一切活動不能不符合于它的自律性，此即是順體而動，天理流行：所應當是的即是所必然自必（自會）是的。吾人的生命全上遂而從它，而體現之，此即在實踐中吾人的一切活動必自完全符合于它的自律，必自是順體而動，天理流行，此是體現之第二步。

儒者既承認吾人可有智的直覺，如是，自由可呈現，性體可呈現，（即陸王「心即理」之義），而同時並非不知吾人總是感覺界的一分子，吾人的現實意志亦總為感性（欲望與性好）所影響，然就實踐來說，這現實的意志是可轉可化的，不是定然的，實只能名之為「意念」，依是，一方面意念可轉可化，另一方面，性體可被體現而使之全幅朗現。當吾人的實踐起步時，吾人的意念可好可壞（陽明所謂「有善有惡意之動」，蕺山所謂「念兩在而異情」），此時道德法則（良知之天理）對它而言是綜和的，是強制，是命令，但不是綜和地命令之，使之應當符合，就算完事，而是性體呈現，化念還心，使意念成為順體而動，純善而無惡，亦即成為「無意之意」，而無意之意亦即是性體之意，自由而純淨的意。此即陽明所說的致知以誠意。意既誠，則全部感覺界（現象界）的現象（事事物物）即不在機械的因果中，而在良知天理中，此即所謂「致吾心之良知于事事物物，則事事物物皆得其理（正其不正以歸於正）」，所謂皆得其理，即是皆在良知之天理中而為「無物之物」，亦即皆是物之如相，即康德所謂「物之在其自己」，此即全部感覺界已被轉化成睿智界矣。感覺界可轉，即睿智界可呈

現，而此皆由性體本身之不容已地要湧現其自己而然，性體本身之不容已地要湧現其自己，即是其可被體現的內在力量。故只云「致知」，而不云格物窮理，如朱子所説。性體被體現而至全部朗現，則吾人之一切活動自必完全符合於性體之自律，此即所謂天理流行，堯舜性之，自誠明謂之性，此時即是神聖的性體之由隱而顯，而人亦為神聖的人，即聖人，即有限而無限矣。由此而有王龍溪之四無：無心之心則藏密，無意之意則應圓，無知之知則體寂，無物之物則用神。此為體現之第三步，亦即最圓實之境界。〔註19〕

在心學中，性體即存有即活動，其本身即有不容已要湧現出來的力量，此即道德法則之自律性。它是先驗的（即謂它不能由經驗而建立，因為經驗只能建立他律的道德原則），不能依樣畫葫蘆，是以常令初學者感「茫然莫可措手」，而轉入主靜、克己、博學一路。本來學者由此用功，亦不必即非，唯此皆是道德實踐之助緣功夫，本質功夫唯在逆覺體證，唯在順體而動、天理流行。人不能停留在助緣工夫，更不能以助緣工夫否定本質工夫，否則即端緒不明，即根本不對題。是以象山每教人自信其心之靈、理之明，原非蔽障之所能障，學者唯在泉原處，求更增益其自信，而不須羨慕世儒之「標末之盛」，象山嘗謂：「學者不能自信，見夫標末之盛，便自慌忙，舍涓涓而趨之，却自壞了，實不知我之涓涓之微，却是眞，彼之標末雖多，却是僞。」〔註20〕近溪亦每教人要先過「信人」一關，相信「善」為「實有諸己」，而謂「此道生機在於吾身，原是至眞無妄，至一無二，故雖不及後世訓詁之學，有幾許道理可以尋思，亦不及後世把捉之學，有幾許工夫可以操執，然而些子良知之知，些子良能之能，却如有源之泉，涓涓而不斷；有種之芽，滋滋而不息，可以自須臾而引之終身，從今日而通之萬世，殼足受用，固無餘剩，亦無欠缺也」〔註21〕，若是只在助緣工夫上用力，則「凡境工夫，縱熟亦終是凡，如水縱熱，亦只是水，不可謂水熱極便成火也」〔註22〕，學者如不能體證性體之「即存有即活動」之創生性，不能見性體有「自不容已要湧現出來的力量」，則性體即成「只存有而不活動」的「理」，心與性不能是一，則人亦永不能有智的直覺，如此基於存有論之圓滿

〔註19〕 同上。

〔註20〕 《象山全集》卷三十四〈語錄〉。

〔註21〕 《盱壇直詮》卷上，頁 66。

〔註22〕 《盱壇直詮》卷上，頁 58。

的道德原則，即爲他律，爲歧出，近溪之所以不許學者以**觀心**、**行己**、**博學**、
主靜等言學，正以自律道德與他律道德之端緒得失，不得不辨也。

三、下學與上達

　　近溪既重遮撥光景，又採「非分解的立義」〔註23〕方式以隨時啓發、指
點學者，故每指捧茶童子是道，指群胥之進退恭肅爲戒懼而能寧靜，指尋常
茶甌、食點心爲誠爲明，如此種種，但在破除道德實踐中所不免的僵持、限
隔與支撐、對治，以達一絲執著一毫作意皆不起的本心如如之境。嘗答人之
問「本體如何透徹」曰：

> 蓋聰明穎悟，聞見測識，皆本體之障，世儒以障爲悟者多矣，若欲
> 到透徹景界，必須一切剝落淨盡，不掛絲毫始得。〔註24〕

又曰：

> 此道炳然宇宙，原不隔乎分塵，故人己相通，形神相入，不待言說，
> 古今自直達也。後來見之不到，往往執諸言詮。善求者一切放下，
> 放下，胸中更有何物可有耶？〔註25〕

　　既要「一切放下」、「剝落淨盡」，即意涵實事實理之如如呈現，自然流行，
此即禪家所謂「無心爲道」是也，此「無心爲道」之「無心」是作用義的無
心，不是存有義的無心〔註26〕，此作用義的無心，既可通於道家之玄智，亦
可通於佛家之般若與禪，因而乃有禪的風格出現。就此風格來說，乃可謂近
溪近禪，果爲有據矣。

　　然根本說來，如此的風格本非禪宗所專有，道家既可表現此境，儒家何
以獨不能發之？故牟宗三先生即說：

> 此種作用義的無心之境界所代表之精神與風格是共法，不可把它同
> 一於佛教，視爲佛家之專利品，若把它同一於佛教，則凡表現此精
> 神與風格者，吾人皆可視之爲禪，而非聖人之道；凡言聖人之道者，
> 即不許有此精神與風格，如是，凡勝義皆推之於佛老，儒者只應處
> 於低下，而美其名曰平實，實則只是藉口平實而下委，此於弘揚儒
> 學乃大不利者，此種無謂之忌諱，實由於因「心思不廣不活，一間

〔註23〕此牟宗三先生語，見《從陸象山到劉蕺山》，頁 21。
〔註24〕《盱壇直詮》卷下，頁 67。
〔註25〕見《明儒學案》卷三十四〈泰州學案三〉所引。
〔註26〕亦牟宗三先生語，見《從陸象山到劉蕺山》，頁 14。

未達」而來之誤解而成，須知佛家義之般若不是共法（在佛家内爲共法，跳出佛家對其他教義便不是共法），而般若之精神可是共法，焉能將此精神同一於佛教，視爲佛教之專利品？同樣，佛家義之禪定不是共法（在佛家内爲共法，佛家外即非共法），而祖歸禪之風格可是共法，焉能將此風格同一於佛教，視爲佛教所專有？此種精神與風格皆是非分解方式下所函具之詭辭爲用（無心爲道）之一系義理，乃是人人皆可自發地表現之，乃至任何教皆可自發地表現之……此種精神與風格，佛家能發之，何獨明道、陽明等於儒家不能發之？明道、陽明等能發之而謂其不應發，並斥其爲禪者，皆不免有心思不廣，一間未達之過。〔註27〕

　　牟先生之說解極爲透闢。本來「無心爲道」之精神與風格，凡正宗儒家皆默許而不能否認，而言内聖踐履至成熟之境者，亦無不函有此義。〔註28〕唯先儒前賢皆重綱維之建立，而近溪則專以此爲勝場，所謂「抬頭舉目、渾全只是知體著見，啓口容聲、纖悉盡是知體發揮」，心體、性體、仁體隨事而具體眞實地呈現，圓頓地呈現，全體是用、全用是體，隨事著見，當下即是。時儒不能眞知儒佛之分際，妄以爲儒家只能講支撐、講對治，而以對治方法爲上達之下學、爲踐履之平實，此眞所謂一間之未達也。

　　以上疏釋時人對近溪之誤解，下面則當說明近溪學說之其他要點。

第三節　近溪學說之其他要點

　　近溪對於義理綱維之分解並無新說，只是以啓發、指點、訓誡、遮撥之方式來繼承之，唯其以非分解之方式解說，至有些話頭，乍讀之下，令人難以確定其義理分際，此處須加疏解。

一、論大學與致知格物

　　近溪之論致知格物曰：

　　問古本大學，其義何如？曰：

〔註27〕見牟先生前書，頁 16。
〔註28〕如明道定性書謂「天地之常，以其心普萬物而無心；聖人之常，以其情順萬物而無情」，陽明《傳習錄》卷下謂「無心俱是實，有心俱是幻；有心俱是實，無心俱是幻」，王龍溪「四無」之說等，皆函此義。

1. 大人者，以天下爲一人者也，以天下爲一人者，古之明明德於天下者也。古之明明德於天下者，由本以及末，而善斯至焉者也。故學大人以明明德以親民者，其道必在止於至善焉，若爲圓必以規，爲方必以矩，規矩者，方圓之至者也，學者於明親之至，而能知所止焉，則有定向而意誠，不妄動而心正，所處安而身修，由是而齊家治國平天下，自可慮之明而得其當矣。

2. 一知止，而大學之道得焉。是以明德親民者，必貴知止於至善，然至善之所當知者謂何？物有本末，是意心身爲天下國家之本也；事有終始，是齊治平之始於誠正修也，是有物必有則，有事必有式，一定之格，是爲明德親民之善之至者也。故知所先後，即知止矣，道其不庶幾乎。

3. 觀夫古人之欲平天下、治國、齊家以明明德於民者，固必先修身正心誠意以明明德於己焉，欲人己之間悉得其當者，又貴先明諸心知所往焉，致所往之知果何在？在於誠意正心修身之如何而爲本之始，齊家治國平天下之如何而爲末之終。若下文所言「毋自欺」以至「國不以利爲利，以義爲利」，物皆當其則，事皆合其式，而格之必止於至善之極焉耳。誠格之而知至善之所止焉，則意可誠，心可正，身可修，家可齊，國可治，而天下可平矣，故自天子以至於庶人，壹是皆以修身爲天下國家之本。……至此，凡言「知」者八，初言知止，次言知所先後，可見知所先後即知所止也。次言致知在格物，又次言物格而后知至，末則復言知本則知至，然則至善之爲本末，而本末之爲格物也，又不彰彰著明也哉？

4. 所謂誠其意者以後，則皆格物以致其知者也，蓋所謂誠其意者，即大學之本之始事也。毋自欺以至歷引淇澳諸詩、康誥諸書，而及夫無訟之說者，皆求知夫誠意之所以爲物之本、所以爲事之始，而一一須合夫至善之格者也。或曰：人能誠意則善矣，何必復求合格也哉？曰：程子不云乎？用意懇切，固是意誠，然著力把持，反成私意，是則誠意而出格者也，例之脩齊治平，節節爲格物致知也明矣。

5. 但誠意緊接著知本知至說來，即所謂知止而后有定也。蓋學大人者，只患不曉得通天下爲一身，而其本之重大如此，若曉得如此重大之本在我，則國家天下攢湊將來，雖狹小者，志意也著弘大，雖浮泛者，志意也著篤實，急緩者，志意也著緊切，自然欺不過，自欺不過，便自然已不住，如好色惡臭，又自然滿假不得，而謙虛受益，其凝聚一段精神於幽獨之中者，又

非其勢之所必至也哉？……

6. 君子明德之意既已誠切，則自然明明德于天下矣……所以康誥、太甲、帝典皆自明其德不已，而及諸民，又不已，而通諸天。其明德、親民之必得所止，如文王之仁敬孝慈信之浹洽於父子君臣朋友之間也。然總是從知止至善中來，知止至善從知所先後來，知所先後又是從知立本以及末來，故於意之能誠者而曰：大畏民志，此謂知本也。……

7. 正心即接著定而後能靜說。蓋其見已明透，其志已堅定，自然外誘不動，內念不生，又安有所忿懥、恐懼、憂患、好惡，而爲中心之累也哉？意誠、心正，則安其身而動自足以端本善，則與不知立本，而狥好惡於倫物之間者，萬萬不同，故其孝則足以事君，其弟則足以事長，其慈則足以使眾，是又將仁敬孝慈信而約言之，且引康誥以推極於不學而能，見孝弟慈悉出於良心自然，君子立本之功，至是愈精而愈微矣，則國之興仁興讓，天下之興孝興弟，應之甚速而至大者，又豈不愈神而愈妙也耶？故絜矩以下，即是老者思所以安，朋友思所以信，少者思所以懷，己欲立而立人、己欲達而達人，而凡用人者，用夫安養之人，行政者，行乎安養之政，孔子七十從心而不踰者，不踰此絜矩，而十五所志於學者，志此大學而已矣。……

此一大段甚長、甚費解，因如此講大學，講格物致知，既非朱子「即物窮理」義，亦非陽明「正其不正以歸於正」之義，乍看之下，反大類王心齋淮南格物義，《王心齋全集》：

> 或問格字之義，先生曰：格如格式之格，即後絜矩之謂，吾身是個矩，天下國家是個方，絜矩則知方之不正由矩之不正也，是以只去正矩，却不在方上求，矩正則方正矣，方正則成格矣，故曰物格。吾身對上下前後左右是物，絜矩是格也，「其本亂而末治者否矣」一句便見絜度格字之義。〔註29〕

心齋此論「格」爲格式之格，論絜矩，試與近溪前論之1段論「規矩」，2、3段之「物必有則，事必有式」比較，豈非如出一轍？然則近溪眞確之意指果爲何如？

近溪嘗謂「不明性善則無根源，不法先聖則無規矩」，此表面觀之，實有類朱子所謂「敬義夾持」，而其論格物、止至善又有「如覺己之所知能輕易而失之太過，則以聖賢之成法而裁抑之，如覺己之所知能卑弱而失之不及，則

〔註29〕見《王心齋全集》卷三〈語錄〉。

以聖賢之成法而引伸之。務使五倫之綱常，百行之酬應，皆歸純粹之中，而無偏駁之累，則良不徒良，而可以言善，善不徒善，而可以言至矣。」〔註30〕，此言則可以上下兩說，如重其客觀超越義，則可以引至朱子之性體存有論，如重其主觀內在義，則仍爲心學所涵。然既可上下兩說，則人將如何研判得近溪之眞指？

　　此中最大之關鍵，即須知近溪實採非分解立義之方式，其解說絕不在分解地立綱維，絕不說如何是格物，如何是致知，如何是誠意，如何是正心，如何是修齊治平等等，亦不說八條目之先後次序，而是一滾地說，渾淪地說，全用即體、全體即用地說，茲就近溪論大學之原文而疏通之。

（一）、言本末、先後乃一滾、圓頓地說

　　1 段論「大人者，以天下爲一人者也」，此以天下爲一人，並不是存有論地虛說，而是實見得此身之根諸父母，連諸兄弟，延之妻子，而此身一動，則五倫綱維隨之。6 段所謂「若曉得如此重大之本在我，則國家天下攢湊將來，雖狹小者，志意也著弘大」諸語，此「曉得」不是知識上之認知，而是體證，體證得五倫百行實自本身所發，此心性本爲性善，「自然欺不過，自欺不過，便自然已不住，如好色惡臭」，此即見性體有不容已要湧出來的力量，如此以論「爲圓以規，爲方以矩」，即不是重外在客觀之規範，而是由主觀內在義以言其必然。人能於此「知所止焉」，「則有定向而意誠，不妄動而心正、所處安而身修，由是而家齊國治天下平，自可慮之明而得其當矣」，此是本末、先後一滾地說，圓頓地說，故 2 段謂「知所先後，即知止矣」，人如眞能體知此性之善，此性體原有自不容已要湧出來的力量，則順體而動、天理流行，「誠格之而知至善之所止焉，則意可誠，心可正，身可修，家可齊，國可治，而天下可平矣」（3 段），如此圓頓地說，固不是逐步分析八條目之次第層級，如朱子之所爲也。

（二）、言格物致知無工夫義

　　4 段言所有物事「一一須合夫至善之格」，即指分散到各綱倫中，各綱倫所要求之「至善格則」，「如文王之仁敬孝慈信之浹洽於父子君臣朋友之間也」（6 段），此格則之須求，因人之「用意懇切，固是意誠，然著力把持，反成私意，是則誠意而出格者也」，此似涵有朱子「惟於理有未窮，故其知有不盡」之意，

〔註30〕《盱壇直詮》卷上，頁 38。

唯近溪並不採順取之路，亦不如朱子分析格致誠正之本末先後，而謂「例之脩齊治平，節節爲格物致知也明矣」，此以格物致知通貫誠正脩齊治平，頗類陽明，唯陽明言格致乃謂「知善知惡是良知，爲善去惡是格物」、「正其不正以歸於正」，如此言格物即有功夫義，而近溪以「格物」之格爲格式、格則，固未嘗不可以說，然並無工夫義，只是圓頓地說，完成地說，如此，在道德實踐之過程中，人之良知究須如何「致」得，則不能使人無疑〔註31〕。

（三）、良知良能乃不慮而知、不學而能

近溪論格致並無功夫義，然則人之良知將如何致得？此在近溪則以良知良能本不須慮、不須學，只要人能反心自見此「孝弟慈悉出於良心自然」（7段）或從父母之慈愛我以見仁體之呈現，或從我之敬順父母以見此心之不容已，或從兄弟間之敬長弟幼以見仁體之周遍，或從各種不安之情境中，以反顯此心之本即理即道，從而逆覺體證之，貞定之，使此性體澄然自在而呈現，令生命更自感性中解脫出來，以從此性體，而順體而動，天理流行，則知體隨時隨物隨事以著見，一切如如，即全部感覺界之轉化成睿智界矣。

近溪如此圓頓地說，一滾地說，全用即體、全體即用地說，固顯其義理之圓熟高妙，然當人尚未能體證其心之本能如是之善時，如此一滾地說，即令人起空疏不切之感，此中問題，當於下章更說明之。

二、論已發未發、中和、寂感、體用、動靜諸義

對於《中庸》已發未發、中和、動靜諸問題，近溪並不如時儒之分別剖析，而是打併歸一、管歸一路。《明道錄》云：

> 問陽明先生所指『良知』在人心從何所發？曰：良知無從而發，有所發則非良知也。然則良知實在果何所歸？曰：在天爲天，在地爲地，在人爲人，無歸無所不歸也。然則亦有動靜之時否？曰：亦無動靜，曰：若無動靜，則起居食息都無分別矣乎？曰：起居食息不過是人之事，既曰在人爲人，則人已渾然是個良知，其事之應用，又可得而分別也耶？曰：良知完具於人，又有見與昧，何也？曰：見是覺處，知常而覺暫，覺之現於知，猶泡之現於水也，泡莫非水，

〔註31〕 牟宗三先生亦謂大學之格物致知當有三系，而朱子一系，陽明一系，象山、王艮、蕺山又爲一系，則近溪當屬於王艮一系矣。詳《從陸象山到劉蕺山》，頁 484。

而現則有時，中庸見乎隱是言覺，顯乎微是言知，孟子亦云先覺後
覺，先知後知也。〔註32〕

　　此言良知心體無動靜之分，實本於陽明，《傳習錄》即言「心不可以動靜
為體用。動靜時也，即體而言，用在體；即用而言，體在用。是謂體用一源」，
陽明之〈答陸原靜書〉更明謂有事無事、寂然感通、未發已發、動靜中和，
其義一也。近溪謂良知無所從發，亦無動靜，正以良知之發，只是自循天理，
自如其性以行，故動而無動，感而恒寂，而常發亦常不發，常驚天動地，亦
常寂天寞地，若在一般善惡意念不生之時，則良知自無此發，只是空空寂寂。
然良知不以無意念善惡之可知而不在，亦恒自戒懼，自洒脫，而其能感能應
之體之用自在，則未發未嘗不發，寂而未嘗非感，靜而未嘗不動，此固陽明
本旨，近溪並無新說也。其答人問「喜怒哀樂未發前氣象」亦曰：

　　此是先儒看道太深，把聖言憶想過奇，便說有何氣象可觀也。蓋此
　　書原叫做中庸，只平平常常解釋便自妥帖，且更明快，蓋維天之命，
　　於穆不已，命不已則性不已，性不已則率之為道亦不已，而無須臾
　　之或離也，此個性道體段原常是渾渾淪淪而中，亦常是順順暢暢而
　　和，我今與汝終日語默動靜，出入起居，雖是人意周旋，却是自然，
　　莫非天機活潑也，即於今日直至老死更無二樣，所謂人性皆善，而
　　愚夫愚婦可與知與能者也，中間只恐怕喜怒哀樂或至拂性違和，若
　　時時畏天奉命不過其節，則喜怒哀樂總是一團和氣，天地無不感通，
　　民物無不歸順，相安相養，而太和在宇宙間矣，此只是人情才到極
　　平易處，而不覺功化却到極神聖處也。〔註33〕

　　近溪謂性體良知原自中和，更以平平常常解釋中庸，以見性道之渾淪順
適、平常自然，極高明而道中庸，唯此論「觀未發以前氣象」則稍須辯明。
　　案：所謂「觀未發以前氣象」，先儒多有言之者，如朱子記李延平，謂「先
生（延平）……危坐終日，以驗夫喜怒哀樂未發之前氣象為如何，而求所謂中
者」〔註34〕，牟宗三先生謂此觀未發以前氣象之默坐澄心，其意義即「在默坐
危坐之隔離的、超越的體證中，此體從私欲、氣質、喜怒哀樂情變之激發（感
性）之混雜中澄然凸現以自持它自己，成為其純粹自己之自存自在，此即是其

〔註32〕《明道錄》卷七，頁4。
〔註33〕《明道錄》卷三，頁21。
〔註34〕見《朱文公文集》卷九十七〈延平行狀〉。

『莫見乎隱、莫顯乎微』之澄然、森然的氣象」〔註35〕。就體證而言，人固可直就經驗感性生活中，就良心之發見而當下逆覺體證之，而不須默坐澄心以體認之，亦不須危坐終日以驗求之，此即是不隔的、內在的體證。然延平之觀未發以前氣象，即藉默坐澄心，以使超越之體徹底淨化，以與感性之私欲混雜徹底分開而取得一對照，而無論內在體證或超越體證，其本質意義要在表示逆覺，都是靜復以見體之義，故無論隔與不隔，皆未嘗不可。唯如此之逆覺體證，知體仍只在隔離、抽象之狀態，並未落實下來，故仍須進一步的「洒然」自得、「冰解凍釋」（李延平語）、拆除「光景」（近溪語），以達聖人化境之平平。如就內聖學之至極境界來說，此「觀未發以前氣象」固有不足，然就初學者而言，人藉默坐澄心、隔開感性混雜，以作超越體證，亦未可一概如是揮斥。此或因近溪舊嘗靜坐澄心以致病心火，故特別不喜人重蹈覆轍以免走入歧路也。

三、迷覺一心

問掃盡浮雲而見青天白日，與吾儒宗旨同否？子曰：後世諸儒亦有錯誤以此為治心工夫者，然與孔孟宗旨則迥然冰炭也。夫語孟俱在，如曰：苟志於仁，無惡也，又曰：我欲仁，斯仁至矣。又曰：凡有四端於我者，知皆擴而充之；若火之始然，泉之始達，苟能充之，足以保四海。看他受用，渾是青天白日，何等簡易，又何等方便也。曰：既是如此，何故世人却不能盡如孔孟耶？子曰：此則由於習染太深，聞見渾雜，縱有志向學者，亦莫可下手也。曰：此等習染見聞，難說不是天日的浮雲，故今日學者工夫須如磨鏡，將塵垢決去，方得光明顯現耳。子曰：觀之孟子謂『知皆擴充』，即一『知』字，果是要光明顯現，但吾心覺悟的光明，與鏡面光明却有不同，何則？鏡面光明與塵垢原是兩個，吾心之先迷後覺却是一個，當其覺時，即迷心為覺，則當其迷時，亦即覺心為迷，除覺之外，無所謂迷，而除迷之外，亦更無所謂覺也，故浮雲天日、塵垢鏡光，俱不足為喻，若必欲尋個善喻，莫若冰之與水，猶為相近也，若吾人閒居放肆，一切利欲愁苦，即是心迷，譬之水之通寒而凝結成冰，固滯蒙昧，勢所必至，有時共師友談論，胸次瀟灑，則是心開朗，譬之冰遇暖氣，消融成水，清瑩活動亦勢所必至也，況冰雖凝，而水體無

〔註35〕見牟先生《心體與性體》第三冊，頁5。

殊；覺雖迷，而心體具在，方見良知宗旨，眞是貫古今、徹聖愚、通天地萬物而無二無息，孔孟之功，眞是爲天地立心，爲生民立命，而開太平於萬萬世也已。〔註36〕

近溪之所以反對以浮雲天日喻心之迷覺，主要在於：心體迷覺，只是一心，而浮雲、天日，則拆成兩段，此在表面上，「掃盡浮雲而見青天白日」似是一「反反面以成正」之工夫，然此中幾微則相去甚遠。就工夫言，「掃盡」之工夫似全爲外加，而性體（青天白日）便只爲一理性之圓滿，只存有而不活動；就境界言，掃盡之工夫未免仍在對治、僵持之境，而未至一切如如、具體平常之化境，故近溪不喜人以浮雲、天日喻心之迷覺，此非是近溪不知人有氣稟之雜，唯在良知學中，儘管人去知善知惡、爲善去惡，只是此心之「自不容已」，此方是道德之自律。故曰「人能體仁，則欲自制」〔註37〕，若心體不能活動創生，反須借「掃盡浮雲」之工夫以顯理性之圓滿，此則成道德之他律，是以近溪最不喜人言氣質之性，《明道錄》云：

問：天命之性與氣質之性，原自宋儒立說，是亦性有三品，善惡混之類也，今吾儕只宜以孟子性善爲宗，一切氣質屛而去之，作聖工夫乃始純一也。（近溪）曰：性命在人原是神理，看子於言下執滯不通，一至於是，豈亦氣質之爲病，而子未之覺也乎？請爲子詳之。夫性善之宗，道之孟子，而非始於孟子也，繼之者善也，成之者性也，孔子固先言之也；氣質之說，主於諸儒，而非始於諸儒也，形色天性也，孟子固亦先言之也。且氣質之在人身，呼吸往來，而周流活潑者，氣則爲之；耳目肢體，而視聽起居者，質則爲之。子今欲屛而去之，非惟不可屛，而實不能屛也，況天命之性，固專謂仁義禮智也已。然非氣質生化、呈露發揮，則五性何從而感通，四端何自而出見也耶？故維天之命，充塞流行，妙凝氣質，誠不可掩，斯之謂天命之性，合虛與氣而言之者也。是則無善而無不善，無不善而實無善，所謂赤子之心，渾乎其天者也。……而近世諸家講套漸漸失眞，既將天性、氣質兩平分開，又將善惡二端各自分屬，殊不知理至性命，極是精微，聖賢猶且難言，而集說諸家妄生分解，其粗浮淺陋亦甚矣……識其心以宰身，則氣質不皆化而爲天命耶？昧其心以從身，則天命不皆化而爲

〔註36〕《旴壇直詮》卷上，頁63。
〔註37〕《旴壇直詮》卷下，頁21。

氣質耶？心以宰身，則萬善皆從心生，雖謂天命皆善，無不可也；心以從身，則眾惡皆從身造，雖謂氣質乃有不善，亦無不可也，故天地能生人以氣質，而不能使氣質之必歸天命；能同人以天命，而不能保天命之純全萬善。若夫化氣質以為天性，率天性以為萬善，其惟以先知覺後知，以先覺覺後覺也夫。〔註38〕

此段論氣質之性，兼及孟子「形色、天性」之義，可參觀前述近溪之本體論（第三章第二節）。以下更輯錄近溪對宋明諸儒之評議，於以明其根本路向。

四、近溪之評議宋明儒家

（一）、評濂溪、二程、朱子、象山、白沙、陽明

近溪嘗將周（濂溪）、程（伊川）、朱、王四家列舉並評：

問陽明學問似微與諸儒不同，何如？曰：豈惟陽明為然，即宋時諸儒，學問亦難盡同。如周子則學在主靜，程子則學在主敬（當是指伊川），朱子則學在窮致事物之理，至我朝陽明先生，則又獨謂學在致其良知。此雖各有所見，然究其宗旨，則皆志在學聖，故少有不同，而不失其為同也。蓋聖之為聖，釋作通明，如周子說無欲則靜虛動直，靜虛則明，明則通顯，是主於通明也，程子說主敬，則聰明睿智皆由此出，亦是主於通明也，朱子說在物之表裡精粗無不到，而後吾心之全體大用無不明，亦是主於通明也，是三先生之學皆主於通明，但其理必得之功效，而其時必俟諸持久，若陽明先生之致其良知，雖是亦主於通明，然良知卻即是明，不屬效驗，良知卻原自通，又不必等待，況從良知之『不慮而知』而通之聖人之不思而得，從良知之『不學而能』而通之聖人之不勉而中，渾然天成，更無斧鑿，恐三先生如在，亦必當為此公首肯而心契也已。〔註39〕

近溪之獨契於陽明，正以良知之「不慮而知、不學而能」最能顯心體之自然平常義，而周子之主靜，程子之主敬，朱子之窮理，則「其理必得之功效，而其時必俟諸持久」，便不免顯嚴肅清苦之相，故嘗讚許「白沙、陽明諸公奮然乃敢直指人心固有良知，以為作聖規矩」〔註40〕，案：白沙之學宗主

〔註38〕《明道錄》卷四，頁16。
〔註39〕《明道錄》卷七，頁2。
〔註40〕《明道錄》卷八，頁11。

自然，類於曾點，而良知則隨機流行，如珠走盤，無方所而能泛應曲當，皆與近溪之論學相合，雖亦嘗論朱子、陽明之短長曰：「宋有晦菴先生見得當求諸六經，而未專以孝弟慈爲本，明有陽明先生見得當求諸良心，亦未先以古聖賢爲法」〔註41〕，然又謂「有以氣質來補德性，說是有功於孟子，看來還於性善處有未脗合」〔註42〕，氣質之說爲朱子所持，然近溪實不契於朱子。究實來說，近溪之學路實更近於明道、象山、陽明，故嘗並讚三子曰：

> ……比至有宋，乃得程伯淳渾然與物同體之說倡之於先，陸子靜宇宙一心無外之語，繼之於後；入我朝來，尊崇孟顏曾孟，大闡求仁正宗，近得陽明王先生，發良知眞體，單提顯設，以化日中天焉，寧非斯文之幸而千載一時也哉。〔註43〕

近溪評時賢之語並不經見，唯於江右之雙江、念菴稍有評及，述之於下。

（二）、評雙江、念菴

> （曹胤儒）問曰：雙江聶先生所謂歸寂者，何謂也？師（近溪）曰：此主靜之別名也。儒曰：此等工夫何如？師曰：究竟此種工夫還是多了，然在初學或未可少。〔註44〕

雙江以已發未發論良知，以爲表現爲知善知惡之良知是已發，尙不足恃，更須通過致虛守寂底工夫，歸到那未發的寂體，此方是眞良知。故其工夫即是以默坐澄心、收斂心神爲主，是欲存養良知之體。如此體認良知爲中體本不誤，故近溪亦許爲「初學或未可少」，然究極而言，默坐澄心不過是將自己與物暫時隔開，而做超越體證（如李延平之觀未發以前氣象），此只是道德實踐之一關，在體證中，良知心體固因被置定而凸顯，然亦因此而成抽象虛懸，人如誤以此爲眞實良知，以爲眞見此心烱烱，幾番回頭尋究，便成捕捉光影，便將入於鬼窟，此正是近溪最忌諱之事，故在近溪看來，雙江之歸寂「在初學或未可少」，「究竟此種工夫還是多了」，眞正良知之體現，唯落實在日用平常，所謂「抬頭舉目，渾全只是知體著見，啓口容聲，纖悉盡是知體發揮」，學者若執著於守靜歸寂，未免是不知化境。

近溪評念菴之語，亦見於《盱壇直詮》：

〔註41〕《明道錄》卷一，頁5。
〔註42〕《明道錄》卷八，頁11。
〔註43〕《盱壇直詮》卷上，頁24。
〔註44〕《盱壇直詮》卷下，頁24。

　　乾齋甘公問念菴先生不信當下，其見云何？師曰：除却當下，便無下手，當下何可不信？甘曰：今人冒認當下便是聖賢，及稽其當下，多不聖賢，此念菴先生所以不信也。師曰：當下固難盡信，然亦不可不信。如當下是怵惕惻隱之心，此不可不信者也；當下是納交要譽之心，此不可盡信者也。不可不信，而不信之，則不識本體，此其所以不著察；不可盡信，而苟信之，則冒認本體，此其所以無忌憚也，善學者在審其幾而已。甘曰：怵惕惻隱便是聖賢否？師曰：此是聖體，擴而充之，便是聖賢。請問何以擴充？師曰：有所不忍，達之於其所忍，擴充之功也。若只見得怵惕惻隱之端，而不加擴充之功，亦只是閃電光，而難以語於太陽照也已。〔註45〕

　　念菴之學大抵與雙江同路，〔註46〕俱以「當下」已是「已發」，非是良知本體，故亦主張用歸寂守靜工夫，以復良知心體，近溪對於此工夫路向之評論及看法，可參前段論雙江處，今不復述。唯對「當下」是否可信之問題，則當略說如下。

　　案：念菴不信當下，即是不信良知之現成具足。因落實到一一具體之人身上時，則人不免因氣性之雜而有偏弊，即使人自信作事之當時絕無私欲蔽障，然人如事後反省，亦常發現：當時此決定實為一錯誤或較差之決定，而不免心懷愧疚，並感覺「下此決定時之『良知』」實不可恃，而當另以守靜、歸寂之工夫以澄靜本心，使此「未發之中」之良知能「發而皆中節」。此則念菴之意也。然此中問題即在內聖與外王之界限，蓋就逆覺體證而言，良知時時知是知非，時時保持虛靈明覺即可，不必與認知問題相涉（即謂良知本現成具足，不必以知識系統去求），而就道德實踐之圓滿而言，良知必責求一行為事業之完成，此時往往須關涉到知識系統，而有「良知自我坎陷」之需要〔註47〕。念菴主靜歸寂以復良知本體，固亦為逆覺之一種（為超越體證），然當關涉到外王問題，二溪（羅近溪與王龍溪）固難措手，而雙江念菴之主靜歸寂亦同不足以解決此問題，而由於雙江、念菴將良知關涉著道德實踐之圓滿而說，乃使良知學顯得淆亂，反不如二溪之純粹，此所以牟宗三先生謂雙江、念菴「畢

〔註45〕　《盱壇直詮》卷下，頁32。
〔註46〕　《明儒學案》卷十八江右〈王門學案三〉云：「轟雙江以歸寂以說號於同志，唯先生（羅念菴）獨心契之」，牟宗三先生先生論江右王門亦以雙江、念菴為代表，見《從陸象山到劉蕺山》，頁298。
〔註47〕　見牟宗三先生《從陸象山到劉蕺山》，頁245〈致知疑難〉。

竟於陽明之思路未能熟習」〔註 48〕也。本章略明此意，下章論近溪在儒學中之地位，當有更詳細之申說。

〔註48〕見牟先生前書，頁 298。

第六章　近溪之特色及其在儒學中之地位

第一節　近溪之特色及在王學中之地位

對於近溪論學之特色，前人亦有許多斷評，茲舉數條以為代表：

龍溪王先生曰：羅近溪，今之程伯子也，接人渾是一團和氣。〔註1〕

陽和張學士曰：羅近溪之心胸，風光月霽，羅近溪之氣宇，海闊天空，羅近溪之辭語，金聲玉振，羅近溪之威儀，鳳文麟趾。〔註2〕

（周汝登）曰：先生學以孔孟為宗，以赤子良心不學不慮為的，以孝弟慈為實，以天地萬物同體，撤形骸、忘物我，明明德於天下為大。〔註3〕

讀近老諸刻，且占此老真悟，一洗世儒種種造作之弊。〔註4〕

（郭子章）曰：先生即境即言，發其渾淪活潑之機，啟以並生同生之天，有苦思慮起滅者，則以心體未透覺之，有以中常炯炯為得力者，則以赤子原未帶來正之，有以持心不放為工夫者，則以意念端倪、聞見想像之錯認者提醒之，隨問隨答，惟是性靈朗耀，洞徹空澄而迴向無隔碍，自然圓妙迅疾。……先生之學惟從性地入手，故從虛上用功，坦然蕩然，忘垢忘淨，更無戚戚之懷，也無憧憧之

〔註1〕《盱壇直詮》卷下，頁70。
〔註2〕同上。
〔註3〕《羅近溪先生全集》卷十，頁23。
〔註4〕《盱壇直詮》卷下，頁71。

擾，安排無事，賢愚兼收，直欲心體與天地爲徒，意況共鳶魚活潑。〔註5〕

嘉定張建昌恒曰：參考羅汝芳揭孝弟爲良知之本體，指敬畏爲致知之工夫，謂信得過即聖賢實修，當得起即堯舜事業。〔註6〕

瀫陽趙閣學志皐云：先生之學，大都指點人心，以日用現前爲眞機，以孝弟慈爲實用，以敬畏天命爲實功。〔註7〕

（門人詹書講）云：師（近溪）嘗語人曰：鳶飛魚躍，無非天機，聲笑歌舞，無非道妙，發育峻極，眼前都是。其超然洒然，見之襟懷，雍然穆然，見之家庭，油然熙然，見之處人接物。〔註8〕

（門人萬煜）曰：我師之學，直接孔氏，以求仁爲宗；以天地萬物爲體，以孝弟慈爲實功，以古先聖神爲矩則。〔註9〕

以上諸說，雖亦可略見近溪之特色，然皆不免古詩評家「印象批評」之病，即含混不清。試問：宋明儒家，誰不以孔孟爲宗？誰不以赤子良心不學不慮爲的？誰不談孝弟慈？若所謂撤形骸、忘物我，根本是道家玄旨，近溪豈是道家？因此，上面諸評固不可廢，却須另用一番語詞析釋，以使近溪從其他儒家中凸顯出來，茲據牟宗三先生之解說，間以己意，說明如次。

依牟先生之意：宋明儒（如二程子、邵康節、陳白沙、尤其是王門之泰州學派）根據「維天之命，於穆不已」及「溥博淵泉而時出之」諸語以言道體平常，更以曾點「浴乎沂，風乎舞雩，詠而歸」之志趣解釋道體流行之境界，則道體流行於形形色色，眼前即是，自然有一種洒脫。因此，道體流行遂與輕鬆之樂趣打併在一起，成了一點極平常而實極高之境界。

此境界雖說是平常、自然、洒脫、樂，却不是感性的，而乃是超越與內在打成一片的，至道不離「鳥啼花落，山崎川流，饑食渴飲，夏葛冬裘」，然不是說穿衣吃飯之生理感受就是道，此不可誤解。這種境界可說是儒家內聖之學中所共同承認的，亦是應有的一種義理，亦可說是儒釋道所共同承認

〔註5〕 《羅近溪先生全集》卷十，頁2。《盱壇直詮》卷下，頁71引此語而誤以爲譚希思語，非也。
〔註6〕 《盱壇直詮》卷下，頁71，又《羅近溪先生全集》卷十，頁29。
〔註7〕 《盱壇直詮》卷下，頁70。
〔註8〕 《盱壇直詮》卷下，頁69。
〔註9〕 同上。

的，禪家尤其喜歡如此表示（若云喜歡多說此便流於禪，則非是），然此既是一種共同之境界，又須著個人之造詣，即非道德實踐之關鍵所在，多說亦無意思。因此歷來言學重點均不在此義上多加宣揚，若專以此為宗旨，人便說此為玩弄光景。故朱子最不喜人把學問（實踐之工夫）當作四時景緻來玩弄，嘗謂「曾點不可學」，陽明亦嘗曰：「某于良知之說，從百死千難中得來，非是容易見得到此，此本是學者究竟話頭，不得已與人一口說盡，但恐學者得之容易，只把作一種光景玩弄，孤負此知耳。」

　　然就良知教而言，良知本身最足以使人對之起一種光景，因良知必須在日用間流行，人如無真切工夫以支持之，則此流行只是一種光景（此是光景之廣義），而若不能使良知真實具體地流行於日用之間，而只懸空地去描畫它如何如何，則良知本身亦成了光景（此是光景之狹義），我們既須拆穿那流行底光景（即空描畫流行），亦須拆穿良知本身底光景（空描畫良知本身），這裡便有真實工夫可言，羅近溪之論學重點正全在此。

　　然道體平常（即道體之既超越而又內在）本是儒家之通義，何以他人不于於重視破除光景之義，而唯近溪特重視之？此非他人不重視，亦非他人不知光景之須破除，只因在展現此學之過程上，他人多重義理之分解以立綱維，故心思遂為此分解所吸住，而無暇正視此光景問題矣。然自北宋開始，發展而至陽明，分解已到盡頭，依陽明，天也，道也，理也，性也，皆是虛說，唯一本心才是實說。即使本心也是虛說，雖良知才是實說。問題到此，只縮成一知體，只是一知體之流行，知體之無所不在。良知即是天，即是道，即是理是性是心，如關聯著其他如意與物乃至其他種種工夫（除致良知工夫外）說，陽明亦皆分解無餘蘊矣，故順王學下來，問題只剩一光景之問題：如何破除光景而使知體天明能具體而真實地流行於日用之間耶？此蓋是歷史發展之必然，而近溪即承當了此必然。故近溪論學決不就每一概念之分解以立新說，他的一切話題與講說皆是就「道體之順適平常與渾然一體而現」而說，並無新說可立。然此順適與渾淪，就吾人之體現說，實非容易，此「當下渾淪順適」、「工夫難得湊泊，即以不屑湊泊而湊泊」，此不屑湊泊之工夫必須通過光景之破除，以無工夫之姿態而呈現，正是一絕大的工夫、弔詭的工夫，故並無義理分解之新說可立，甚至亦無工夫可立，而唯是求一當下呈現也。

　　就內聖之學而言，一切分解之綱維皆是外在的，表面的，只是立教之方便，

而當付之于踐履時，那些分解立義的系統相、軌道相、格套相、專學相，便一齊消化而不見。唯以羅近溪在良知學之發展中消除了此學的專學相，故能「一洗理學膚淺套括之氣」（黃宗羲），「一洗世儒種種安排造作之弊」（王時槐），而表現一「清新俊逸、通透圓熟」之風格，此則近溪最特出之所在，若漫然謂其學「以孔孟爲宗」、「以孝弟慈爲實」等等，實不得肯要。〔註10〕

近溪之特色既在拆穿光景以使道體眞實流行，此正是良知學之最高境界，是以牟先生即稱近溪爲王門之「調適上遂」者，此評語足以說明近溪在王學中之地位矣。

附論：本體論與工夫論之關係

由是以反觀近溪之本體論與工夫論，正皆表現出同樣之特色：即皆指向自然平常、渾淪順適一機。由近溪本體與工夫論之一致，即可附帶了解一問題：即王門諸子之本體與工夫論之問題。勞思光在〈王門工夫論之爭議及儒學精神之特色〉〔註11〕一文中，首引王龍溪之說以論王門諸子之歧見，並認爲王門後學種種爭論，只是工夫問題，他說：

> 第一、如龍溪所已說，這種種不同說法和主張，皆不是離開「良知宗說」的異論，而只是解釋「良知問題」的不同見解——即所謂「異見」。

> 第二、這種種「異見」，主要意義仍落在所謂「工夫論」上，因爲離開工夫，則這些不同見解的確切意義便都不能顯現出來，由此，王門後學種種爭論，皆可看作工夫問題之爭。

然後勞氏將王門諸子之歧見歸納爲三種，即是：

> 第一、以歸寂爲主，反對「現成良知」：可用聶雙江、羅念菴作代表。

> 第二、肯定「現成良知」，而以「悟」及「減」爲工夫：即是龍溪本人的說法。

> 第三、以爲不待「銷欲」，「直心而行」即是「致良知」；大致可用王心齋一支作代表。

此中第三種主張以王心齋爲代表，大抵即指泰州學派而言，然心齋雖謂「天性之體，本是活潑，鳶飛魚躍，便是此體」、「中也，良知也，性也，一也。識

〔註10〕見牟宗三先生《從陸象山到劉蕺山》，頁285。
〔註11〕《新亞學術集刊》第3期（西元1982年），頁1。

得此理，則現現成成，自自在在，即此不失，便是莊敬，即此常存，便是持養，真不須防檢」，然又謂「戒慎恐懼莫離却不覩不聞，不然，便入於有所戒慎有所恐懼矣，故曰人性上不可添一物」，〔註12〕此究當謂心齋實意在「消除對治僵持，以使良知具體真實地呈現於日用常行間」，而主張「無工夫之工夫」？或當謂心齋乃主張「不待銷欲，直心而行即是致良知」如勞氏之所說？然則勞氏以此斷語派給泰州學派，泰州學派必不敢受，羅近溪更不能接受矣。

另一更重要之問題即在：王門諸子間之歧異，是否真只是「工夫問題之爭」？是否「皆不是離開『良知宗說』的異論，而只是解釋良知問題的不同見解」如勞氏之所說？

勞氏說「離開工夫，則這些不同見解的確切意義便都不能顯現出來」，此語本不誤，因本體究屬形上，其確義固須在工夫上顯現，然此並不能令人下「只是工夫問題之爭」及「皆不是離開良知宗說的異論」之斷語，試問：如各人所見之本體真完全一致，則其工夫何以竟有如此之不同？此各人所主張的工夫論之差異，正足以見各人所持的本體論實有不同。

於此，人可以問：本體只是道體，只是性體，只是理，此抽象之形上根據如何能有不同？實則此形上本體正因各人的體會、偏重之不同而顯其異相，是以仁者見之謂之仁，智者見之謂之智。然雖有異相，並不影響其本質之為同，其實只是「一」而已。然此本質之「一」在諸儒心中，却因各人的體會與偏重之不同而殊異其內容，如同一之本體，在伊川、朱子則為只「存有而不活動」之靜存之理體，在象山、陽明則為「即存有即活動」之創生道體，此二系工夫自是不同。而在王門諸子中，雙江、念菴與龍溪之殊異，亦不止在「工夫問題之爭」，而實亦是對良知本體之體會、偏重有所不同，如雙江不信「見在良知」（致知議辯：雙江子曰：「獨知是良知的萌芽處，與良知似隔一塵」〔註13〕），以獨知之知為已發，屬於睹聞，此不足恃，必致虛守寂，別求一個虛明不動之體以為之主。然陽明詠良知詩云：「無聲無臭獨知時，此是乾坤萬有基」，獨知之知即是無聲無臭，即是不睹不聞，即是喜怒哀樂未發前所欲體證之中體，豈因它一知便為已發，便屬睹聞耶？它的這一知只是它自身之明覺。今雙江把獨知這一知看成是已發，又想別求一未發以為之主，此是將這良知之明覺看成是形而下的氣物，然陽明不如此看也。如此之論爭，

〔註12〕並據《明儒學案》卷三十二〈泰州學案一〉所引《王心齋語錄》。
〔註13〕見《王龍溪語錄》卷六，頁5。

豈只是「工夫問題之爭」？即以近溪與龍溪相比，於本體雖若無太大差異，然近溪所重在性體之自然平常，龍溪之所重則在悟先天虛寂的靈明之心，此固是工夫入路之不同，實亦本體偏重之有異也。

以上乃由近溪學風特色而兼論本體與工夫之一致性，下節當討論近溪在儒學中之地位。

第二節　近溪在中國儒學中之地位

近溪在王學中之地位已如上述。唯就整個中國儒學來看，則須進一步討論其學是否有不足處？須如何調整始能補足？此為本節析論之重點。

就近溪之學說而言，人或以為：循其教易流於「情識而肆」（劉蕺山語），故須更取朱子之學以相救濟。此種調和之說，自朱、陸相爭時即已開始，〔註14〕及陽明編朱子晚年定論，引朱子為同調，雖不免曲解朱子，亦可見陽明和會二說之苦心；至近溪評朱、王二家，則曰：「宋有晦菴先生見得當求諸六經，而未專以孝弟慈為本，明有陽明先生見得當求諸良心，亦未先以古聖賢為法，某自幼學即有所疑」，則雖近溪亦不無融貫二家之意。然陽明並不能真正消解朱子，近溪亦只能在王學中成其調適上遂，即劉蕺山亦只能「歸顯於密」以塞住王學末流之弊，〔註15〕可見宋明儒家雖欲和會「心即理」（陸、王）與「性即理」（伊川、朱子）二宗，實並未成功。此則須待船山之出，始有一完整之義理系統以融會之，近溪之不足，或者說宋明儒家之不足，亦唯有在整個中國儒學中始能看出。

完整的中國儒學，實應包括內聖與外王兩部分。內聖者，內在於個人自己，而自覺地作聖賢工夫（道德實踐）以發展、完成其德性人格之謂也；外王者，外而達於天下，以行王者之道也。先秦儒家中，荀子隆禮義而殺詩書，即向廣處轉，向外面推，雖於本源有不足，而其重在總方略、齊言行、知統

〔註14〕案：朱子年譜五十六歲「辨陸學之非」下，有答諸葛誠之書，云：「示諭競辨之端，三復惘然。愚意比來深欲勸同志者，兼取兩家之長，不可輕相詆訾。」；又五十四歲「陸子靜來訪」下，有答項平父書，云：「……大抵子思以來，教人之法惟以尊德性、道問學兩事為用力之要，今子靜所說，專是尊德性事，而熹平日所論，却是道問學上多了，……熹自覺雖於義理不敢亂說，却於緊要為己為人上，多不得力，今當反身用力，去短集長，庶幾不墮一邊耳。」是朱子本身即有調和二家之說。

〔註15〕詳見牟宗三先生《從陸象山到劉蕺山》第六章。

類、一制度，其莊嚴穩定足爲外王之典型，于中國文化史上，固無與倫匹也；孟子則敦詩書而立性善，此是向深處悟，向高處提，所謂「求則得之，舍則失之，是求有益於得也，求在我者也」（《孟子・盡心上》），此「求之在我者」實是儒家最內在之本質，宋明儒六百年之弘揚與講習，即是循孟子而將內聖之學發揮至充極之境。然儒家絕不以個人之成德爲滿足，此則關涉到外王問題，即如何使仁義客觀化之問題。宋明儒間之爭執有部份實起於此。

　　案：道德實踐之完整意義，一在求本源之澄澈（即動機純正），一在求行爲之無不合理，前者純爲內在、主觀，後者則須具體落實到現實中，即有客觀之精神。宋明儒學之主要課題唯在「內聖」，在本心之如理，在良知之呈顯。就逆覺體證言，是者吾知其是，非者吾知其非；時時知是知非，時時無是無非，使吾心常保清明，良知無不覺照，此即良知學之要旨。至其關涉於外在物時，仍只是一心之申展，一心之遍潤，即此未發之中（良知）於外物來感之時，能「發而皆中節」，然此時既發爲外在，則不能無糾纏。

　　心學家往往在不自覺中，有過分輕視外在物理之傾向，以爲但保此心清明，則當惻隱自會惻隱，當羞惡自會羞惡，即可物來順應，無不明照。然落到具體真實之情境上，人真要知「自己該作什麼，當如何做」，並非如此容易之事，如不通過格物窮理、道問學之工夫，焉能知所應做者爲何？此見「逆覺體證」實只是道德實踐中之一關，固只能成學之始，而不必能成學之終。欲成學之終，則良知不能不顯曲折相，以涵攝知識系統。是以唐君毅先生即謂：陽明喜言良知之無不知，乃是將良知流行之全程一滾說。

　　依唐先生之意：良知明覺固爲道德實踐之基礎，然亦不能無格物窮理之工夫，蓋人雖能知：人當本良知之善，以直道而行以止於至善（如爲人子止於孝，爲人父止於慈，與國人交止於信等），然此所謂「孝」、所謂「慈」、所謂「信」等，仍只是一抽象而普遍之善道，而人在實際生活中從事修養，亦時有種種問題，非只據此抽象普遍之善道便能定然無疑者，人在此所感之問題，即：人須如何作，始能將此抽象普遍之善道轉化成具體特殊之道德行爲？——當人發出此疑問時，其所面對之問題即有兩層，一是「何種抽象普遍之善道，當於一具體情境中表現」之問題，一是「以何種具體之行爲，應具體之情境，才能使此某一種善道之具體表現成爲真實可能？」之問題。

　　關於前一問題，即「在一具體情境中，人當以何種抽象普遍之善道以呈顯道德」，如爲人子，止於孝，爲人父止於慈，爲人臣止於敬（或忠），此種

抽象普遍之善道固人皆知之，然當人同時有兩種以上之抽象普遍之善道呈顯於心，而所在之境，似只能容許實現其一時，如志士仁人，處忠孝不能兩全之情境，則彼究竟將於此行忠以表現忠道，或行孝以表現孝道，則人初恒不能無疑。而當其有疑時，則在彼之心，雖已兼止於此二善道，然在其外表的行為上，則不知其所當止之較善或至善之道為何，此時，此較善或至善之道，即為超越於其現實的心靈之上，而非現成的內在於其心知的，亦如虛懸於上，而尚未從天而降者，則家國天下之物，雖來接來感而呈於前，彼亦將暫不知所以應之感之，一時亦不免於手足無惜，而於家國天下之物，則不得而格矣。

即使人已知在具體情境中，人當表現何種抽象普遍之善道，然尚有第二層問題，即「人應以何具體行為應具體情境，使已決定之某種善道能得其具體表現」之問題。如人已知孝順父母為一已知或決定之善道，然吾人如何在實際生活中盡孝，如何養父母之體，如何養父母之志，此皆關聯於我所處之具體情境（如貧賤、富貴等等）而有種種具體特殊的盡孝之道，此即非只抽象普遍之「止於孝」一語所能包涵，今如只有此「盡孝」一語，亦嘗尚寬博而無當，於此，人須更進一步以思慮此所當止之「具體特殊的盡孝之道」為何，然後可於父母之物來格時，吾人能以全幅至善之道以應之感之。如果此特殊之盡孝之道，吾人尚未思慮求得時，此道亦實超越於人現實的心靈之上，而非現成的內在於人之心知者，此所以人雖知良知本體之善，然一落到具體現實之情境中，乃常不知所措，而不必能以全幅至善之道應感之根本原因。〔註16〕

由此分疏，則宋明儒何以皆不能全捨朱子之原因，亦可得而明矣。蓋朱子雖不自覺歧出而為他律道德，然亦因此歧出而重道問學，重知識系統，此雖為朱學所附帶引出者，然任何人不能斥此為全無意義也。於此，吾人再回頭討論「逆覺體證」之意義。

單就逆覺體證而言，良知只要常保清明，時時覺照即可，故近溪可即人之「昨日之未悟，心即知之；今日之已悟，心亦知之」，以言良知之未嘗昏昧。及至泰州門下，則有言之而肆者，楊復所（近溪之弟子）《證學編》云：「友人以忘會語為歉。（復所）曰：予見子之未嘗忘也，子夙則興，興則盥，盥則櫛，櫛則衣冠，衣冠則或治事，或見賓，言則言，動則動，食則食，嚮晦則息，明發復然，予見子之未嘗忘也。友人曰：此與會語何與？曰：是不忘斯

〔註16〕詳唐君毅先生《中國哲學原論・導論篇・原致知格物下》。

可矣，又何事會語哉？」〔註17〕

　　此所謂言之而肆也。蓋人固可即人之「自知其過」而指其良知不昧，然就道德實踐而言，必求人之行為合理如道，今人忘會語而以為歉固是良知呈顯，然忘會話之疏忽（過失）並不因此時良知之呈顯而抵消，過失仍是過失，若以為只要「不忘斯可矣」（良知明覺、知是知非）而真可「何事會語哉」（讓罪惡感輕易滑過而不本之以改過遷善），此真蕺山所謂「猖狂者參以情識而一是皆良」，其虛妄亦云極矣。

　　是以就內聖學而言，近溪為王學之高峯（牟先生所謂「調適上遂」），就整個中國儒學而言，近溪，或者說宋明儒家，皆不免重內聖而輕外王，朱子之學雖涵攝知識系統，然並未顯為積極之「良知自我坎陷」以涵知識系統，而只是為「一旦豁然貫通」之準備，〔註18〕故外王之學亦開不出。真正兼論內聖外王，真能涵攝心、性二宗者，不能不數明末之王船山。

　　據吾師曾昭旭先生之研究〔註19〕：船山之融攝心、性，一面是肯定「心」之創造性（此同於陸王），一面亦肯定「性」為眾理之藏（此同於程朱），而心由性發，心以著性（此同於五峯、蕺山），即心之創造性不但超越地依據天，以確立其創造之本性良能，亦存在地依據性之藏，以確定其創造之方向，而其「即氣言體」，即包含存有之無限密藏與無限生化之創造性，所謂「乾坤有體，則必生用，用以還成其體」，則船山之道德創造，乃不止是當幾之化，而更能凝定其理，還滋其性者；其存有亦不止是靜態地為萬物存在之依據，乃更能發用而為創造之依據者。於是乃可說船山所領會之「體」乃真是即存有即活動，於主、客觀兩面俱充實飽滿而亭當凝合為一者。

　　而在工夫進路上，船山即不取宋明儒「逆覺體證」之路（因道德主體之肯定已若無疑問），而重在更從此道德主體向外發以成就具體之道德事業，故其學之趨向，即不如宋明儒之「由末反本」，而是由本及末、貫通為一。由末反本，則即用見體而全用是體，而以重在見體之故，其用乃隨時而化，而唯存其體之神，如此則一切現象畢竟無積極意義。由本貫末，則即體致用而全體在用，以重在致用之故，其用乃化而猶存，其所存之神乃不止是神體之如

〔註17〕《明儒學案》卷三十四〈泰州學案三〉。
〔註18〕詳《心體與性體》第一冊〈綜論〉第二章第三節論「存在之理與形構之理之區別」，又見第三冊論朱子。
〔註19〕詳曾師昭旭《王船山及其學術》第三編。

如恒在，亦是神用之高積日富，則一切現象於變化日新之餘，更有道德事業、歷史文化之凝成而具積極之意義。必如此融會，乃眞能涵攝心、性二宗，兼顧內聖、外王，而道德事業始能眞實挺立。俗儒之漫作加減以爲取兩家之長者，皆不足以語此也。

　　以上第一章考證近溪之生平、著作，以去妄存眞，第二章討論近溪之成學階段，以明其學術淵源，第三、四章談其本體論與工夫論，所重在將近溪學術作橫的平鋪開展，第五章疏解近溪學說，以明其眞意並避免纏雜，第六章則將王學與整個中國儒學縱貫豎起，以明近溪之特色與地位，則近溪之學術亦大體可明，故本文論羅近溪亦止於斯。

參考書目

一、近溪著述部份

1. 《盱江羅近溪先生全集》，萬曆戊午劉一焜浙江刊本。
2. 《盱壇直詮》，萬曆己酉曹胤儒刊本。
3. 《近溪子集》，萬曆丁亥季膺刊本。
4. 《明道錄》，萬曆乙酉刊本。
5. 《孝經宗旨》，萬曆庚寅楊起元刊本。

二、後人專論近溪學術部分

1. 《從陸象山到劉蕺山》，牟宗三，學生書局。
2. 《心體與性體》，牟宗三，正中書局。
3. 《中國哲學原論》（原教下），唐君毅，學生書局。
4. 《王門諸子致良知學之發展》，麥仲貴，香港中文大學。
5. 〈羅汝芳：王學發展的高峯〉，蔡仁厚，《華岡哲聲》3 期。
6. 〈論「成色分兩說」闡釋之流變〉（王陽明——羅近溪），陳弱水，《史繹》 13 期。

三、學術史部分

1. 《宋元學案》，明·黃宗羲，河洛出版社。
2. 《明儒學案》，明·黃宗羲，河洛出版社。
3. 《聖學宗傳》，明·周汝登。
4. 《理學宗傳》，清·孫奇逢，藝文印書館。
5. 《明史》（有關羅近溪諸列傳），張廷玉等，鼎文書局。
6. 《中國哲學史》，勞思光，三民書局。

7. 《中國哲學史》，馮友蘭。

8. 《中國理學史》，賈豐臻，商務印書館。

9. 《中國哲學思想史‧元明篇》，羅光，學生書局。

10. 《中國哲學的展望》，羅光，學生書局。

11. 《中國學術思想史論叢》（七），錢穆，東大圖書公司。

12. 《明代思想史》，容肇祖，開明書店。

13. 《理學綱要》，呂思勉，華世出版社。

14. 《宋明理學》，蔡仁厚，學生書局。

15. 《中國哲學原論‧導論篇》，唐君毅，學生書局。

16. 《中國哲學原論‧原性篇》，唐君毅，學生書局。

17. 《中國哲學原論‧原道篇》，唐君毅，學生書局。

18. 《中國哲學原論‧原教篇》，唐君毅，學生書局。

19. 〈宋明清新儒家哲學〉，方東美，《哲學與文化月刊》八、九卷。

四、其他三考資料

1. 《近思錄》，宋‧朱熹。

2. 《朱子大全、朱子語錄》，宋‧朱熹。

3. 《象山先生全集》，宋‧陸象山，商務印書館。

4. 《困知記等三種》，明‧羅欽順等，廣學社。

5. 《王陽明全書》，明‧王陽明，正中書局。

6. 《傳習錄》，明‧王陽明，廣文書局。

7. 《王龍溪語錄》，明‧王龍溪，廣文書局。

8. 《王心齋全集》，明‧王艮，廣文書局。

9. 《學蔀通辨》，明‧陳建，廣文書局。

10. 《王學質疑》，清‧張烈，廣文書局。

11. 《類輯姚江學脈附諸賢小傳》，王曾永，文海出版社。

12. 《明人傳記資料索引》，中央圖書館。

13. 《明清儒學家著述生卒年表》，麥仲貴，學生書局。

14. 《陽明學派》，謝無量，廣文書局。

15. 《左派王學》，嵇文甫，開明書局。

16. 《陽明學論文集》，張其昀編，華岡出版社。

17. 《王陽明致良知教》，牟宗三，中央文物供應社。

18. 《名家與荀子》，牟宗三，學生書局。

19. 《現象與物自身》，牟宗三，學生書局。

20. 《中國哲學的特質》，牟宗三，學生書局。

21. 《智的直覺與中國哲學》，牟宗三，商務印書館。。

22. 《康德的道德哲學》，牟宗三，學生書局。

23. 〈康德道德哲學述評〉，牟宗三，《鵝湖月刊》89 期。

24. 《康德知識論要義》，勞思光，友聯出版社。

25. 《哲學淺説》，勞思光，友聯出版社。

26. 《哲學概論》，唐君毅，學生書局。

27. 《文化意識與道德理性》，唐君毅，學生書局。

28. 《人生之體驗》，唐君毅，學生書局。

29. 《中國文化之精神價值》，唐君毅，正中書局。

30. 《原儒》，熊十力，明倫出版社。

31. 《體用論》，熊十力，學生書局。

32. 《明心篇》，熊十力，學生書局。

33. 《新唯識論》，熊十力，廣文書局。

34. 《生生之德》，方東美，黎明文化事業公司。

35. 《歷史與思想》，余英時，聯經出版社。

36. 《中國哲學與中國文化》，成中英，三民書局。

37. 《中國哲學的生命和方法》，吳怡，東大圖書公司。

38. 《中庸誠的哲學》，吳怡，東大圖書公司。

39. 《哲學演講錄》，吳怡，東大圖書公司。

40. 《公案禪語》，吳怡，東大圖書公司。

41. 《禪學的黃金時代》，吳經熊，商務印書館。

42. 《景德傳燈錄》，宋‧道原，眞善美出版社。

43. 《律宗思想論集》，張曼濤編，大乘文化出版社。

44. 《禪宗思想與歷史》，張曼濤編，大乘文化出版社。

45. 《孟子義理疏解》，王邦雄等，鵝湖月刊雜誌社。

46. 《王船山及其學術》，曾昭旭，（博士論文）。

47. 《王船山的致知論》，許冠三，香港中文大學。